Xenia Roth

Handbuch Elternarbeit

Xenia Roth

Handbuch Elternarbeit

Bildungs- und Erziehungspartnerschaft in der Kita

HERDER
FREIBURG · BASEL · WIEN

Gewidmet all jenen, die zu gelingenden Bildungs- und Erziehungspartnerschaften beitragen

MIX
Paper from responsible sources
FSC® C010798
FSC
www.fsc.org

1. Ausgabe der überarbeiteten Neuausgabe

www.herder.de

Umschlagkonzeption: R·M·E Roland Eschlbeck/Rosemarie Kreuzer
Umschlaggestaltung: Verlag Herder
Umschlagabbildung: Barbara Mößner

Fotos im Innenteil: Hartmut W. Schmidt, Freiburg

Satz und Layout: post scriptum, Emmendingen/Hinterzarten
Herstellung: Graspo CZ, Zlín

Printed in the Czech Republic

ISBN 978-3-451-32860-2

Inhalt

Verwendete Abkürzungen

Art.	Artikel
Abs.	Absatz
BGB	Bürgerliches Gesetzbuch
GG	Grundgesetz
SGB VIII	Achtes Sozialgesetzbuch (Kinder- und Jugendhilfe)
OECD	Organisation for Economic, Cooperation and Development (Organisation für wirtschaftliche Zusammenarbeit und Entwicklung)
PISA	Internationale Schulleistungsstudie: Das Akronym »PISA« wird in den beiden Amtssprachen der OECD unterschiedlich aufgelöst – englisch als Programme for International Student Assessment (Programm zur internationalen Schülerbewertung) und französisch als Programme international pour le suivi des acquis des élèves (Internationales Programm zur Mitverfolgung des von Schülern Erreichten).

Gestaltungselemente

Zusammenfassung des Kapitels	Die Zusammenfassung bietet einen Überblick zum Inhalt des Kapitels und verhilft zu einer schnellen Orientierung.
Fragen zur Selbstreflexion	Diese Fragen dienen der Selbstreflexion. Sie können auch den Austausch unter den Kolleginnen und Kollegen des Teams befördern oder eine Grundlage für ein Supervisionsgespräch sein.
Anregungen für die Praxis	Hier werden Vorschläge und Ideen angeführt, die als Anregung verstanden werden, die Inhalte des Kapitels in die eigene Praxis zu übertragen.
Praxisbeispiele	Diese sollen dabei helfen, die Bedeutung der theoretischen Zusammenhänge für die Praxis nachvollziehen zu können.

Vorwort

Die Augen von Samira Paret leuchten. Die Vierjährige wird von ihrer Mutter früh am Montagmorgen in den Kindergarten gebracht. Das Strahlen Samiras spiegelt sich im Ausdruck ihrer Mutter wider. Samira sprudelt nur so vor Begeisterung, als sie ihrer Erzieherin Petra Berger, die Mutter und Tochter am Eingang begrüßt, erzählt: »Wir haben gestern alle getanzt. Meine Mama, meine große Schwester und Tante Maja. Mein Bruder fand das zwar doof und ist gleich gegangen, aber wir haben weitergemacht. Das hat Spaß gemacht. Wir müssen das nachher hier auch wieder singen. Meine Mama hat in unserer Sprache gesungen, ich so wie im Kindergarten in Deutsch, und meine Schwester hat uns begleitet.« Samira hat sich lebhaft mitgeteilt und rennt weiter – ihre Freundin ist schon da.

»Nun, Frau Paret, da scheinen Sie aber einen munteren Sonntagnachmittag gehabt zu haben. Sie wirken auf mich auch noch ganz froh. Ich habe den Eindruck, das Singspiel von letzter Woche hat bei Ihnen große Kreise gezogen.«

»Ja, Frau Berger. Zuerst hat Samira immer dasselbe gesungen und ist um unseren Tisch getanzt. Ich wollte schon wieder sagen, sie solle ruhig sein. Doch dann habe ich mich erinnert, wie oft ich von Ihnen gehört habe, dass es gut ist, wenn wir unseren Kindern das Gefühl geben, uns für das zu interessieren, was sie tun. Und als die Männer draußen eine rauchen waren, bin ich einfach aufgestanden und habe mit Samira gesungen und getanzt. Ich konnte mich noch erinnern, dass es die gleiche Melodie war wie beim letzten Elternabend. Wir haben dann noch andere Lieder gesungen und getanzt – aus unserer Heimat. Also, wenn Sie Samira diese singen hören …«

»… dann müssen Sie mir demnächst zeigen, wie das geht. Da bin ich mal gespannt. Für Samira scheint es etwas ganz Besonderes gewesen zu sein. Ich freue mich für Sie beide – weiterhin einen guten Tag für Sie.«

Eine gelingende Zusammenarbeit mit dem Ziel einer Bildungs- und Erziehungspartnerschaft zwischen den pädagogischen Fachkräften einer Kindertageseinrichtung und den Eltern – Mutter und Vater – trägt entscheidend dazu bei, dass die Kinder sich frei und offen all den Dingen zuwenden können, die von ihnen entdeckt werden wollen und die ihnen die Kindertageseinrichtung bietet. Sie können sich frei zwischen den Welten des Elternhauses und der Kindertageseinrichtung bewegen. Sie bringen Erlebtes von der einen Welt in die andere, mischen beides und setzen ihre eigene Welt zusammen. Gelingt den Erwachsenen eine gute Bildungs- und Erziehungspartnerschaft, dann müssen Kinder nicht darauf achten, ob Loyalitäten verletzt werden; sie brauchen auf die Erwachsenen nicht acht zu geben, denn die kommen miteinander zurecht. Die Erwachsenen übernehmen die Verantwortung dafür, dass es dem Kind gut geht, und unterstützen es – auf ihre je eigene Weise – in seiner individuellen Entwicklung. Es ist wichtig, dass pädagogische Fachkräfte die Herausforderungen annehmen, die sich in der Zusammenarbeit mit Eltern stellen, weil eine gute Bildungs- und Erziehungspartnerschaft für die Kinder ein Gewinn ist und bei allen Beteiligten die Zufriedenheit erhöht.

An vielen Stellen ist bereits über die Elternarbeit oder die Bildungs- und Erziehungspartnerschaft mit Eltern geschrieben worden; vielfach aus der Perspektive eines bestimmten Themas, zum Beispiel der Perspektive der Eingewöhnung der Kinder, der Beobachtung und Dokumentation oder des Elterngesprächs, des Übergangs in die Grundschule etc. Das heißt, es steht in aller Regel ein pädagogisches Thema aus dem Kita-Alltag im Fokus, und die Bedeutung der Zusammenarbeit mit den Eltern für dieses Thema wird aufgezeigt. Was zeichnet nun das vorliegende Handbuch aus?

Sinn, Ziel und Zweck dieses Handbuches: Die Kooperation mit den Eltern eigens in den Blick nehmen

Sinn, Ziel und Zweck dieses Handbuches ist es, die Bildungs- und Erziehungspartnerschaft mit den Eltern eigens in den Blick zu nehmen. Die pädagogischen Fachkräfte wissen um ihre Bedeutung für das Kind, dennoch wird ihr Einfluss im Alltag vielfach unterschätzt. Die eigenständige Betrachtung der Zusammenarbeit mit den Eltern und Familien der Kinder – und zwar mit allen Eltern – wird dann überflüssig, wenn dies zur Selbstverständlichkeit im pädagogischen Alltag geworden ist. Dann überwiegt vielleicht auch das Gefühl der Entlastung bei allen Beteiligten; insbesondere bei den pädagogischen Fachkräften, die für die Gestaltung der Partnerschaft Verantwortung tragen. Soweit ist es jedoch noch nicht. Vielfach wird diese Kooperation noch als Belastung, Anstrengung oder lästiges Anhängsel bei der Arbeit mit den Kindern erlebt.

Deshalb möchte dieses Handbuch zugleich Mut machen. Es lädt ein, die Chancen einer Bildungs- und Erziehungspartnerschaft zu entdecken, gegebenenfalls auch immer wieder neu. Bildungs- und Erziehungspartnerschaft entsteht nicht von selbst. Als Bild hilft vielleicht hier das Gärtnern: Es geht darum, eine Saat zu legen, damit Partnerschaft keimen kann, es geht um Pflege und Düngung, vielleicht sogar um einen Zuschnitt, wenn der kritische Diskurs im Vordergrund steht – immer getragen von dem Ziel eines guten Wuchses bzw. zahlreicher Blüten oder Früchte. Im Blick habe ich als Autorin bei diesem Bild allerdings das eigenständige Wachsen aller Beteiligten, also einen bunten, im ersten Moment eigenwillig wilden Garten, und nicht das Biegen, Ziehen und Wachsen auf Spur und Linie. Anstrengend darf es übrigens auch manchmal sein. Aber es gibt Anstrengungen, die uns die Kräfte rauben und uns ermatten lassen. Und es gibt Anstrengungen, die uns ein Stück kräftiger werden lassen. Das Arbeiten an gelingenden Bildungs- und Erziehungspartnerschaften stärkt die Beteiligten. Eine Bildungs- und Erziehungspartnerschaft mit den Eltern aufzubauen und zu gestalten ist als eine Entwicklungsaufgabe anzusehen. Ihr ist mit Blick auf faire Bildungschancen für alle Kinder eine hohe Aufmerksamkeit zuzugestehen. Diese Entwicklungsaufgabe respektiert, dass die Bildung und Erziehung eines Kindes ohne oder gegen seine Familie nicht machbar ist.

Die Chancen einer Bildungs- und Erziehungspartnerschaft entdecken

Es geht in diesem Handbuch nicht um Methoden und schnell einsetzbares Handwerkszeug. Es geht um eine Haltung und ein beständiges Üben in dieser Haltung. Eine Haltung des Respekts, des Dialoges, des vorurteilsbewussten sowie kultursensiblen und dem Menschen zugewandten Handelns. Sich mit einer solchen Haltung auseinanderzusetzen, einen bewussten Umgang zu pflegen und ein Sich-Üben in dieser Haltung – das ist der rote Faden dieses Buches. Und ich möchte Sie ermutigen: Die Arbeit an der eigenen Haltung unterstützt nicht nur gelingende Bildungs- und Erziehungspartnerschaften mit Eltern, es ist dieselbe Haltung, die im pädagogischen Alltag professioneller Frühpädagogik mit Kindern gefordert ist und die im persönlichen Alltag

Es geht um ein beständiges Üben in der Haltung des Respekts, des Dialoges, des vorurteilsbewussten und kultursensiblen Handelns eines jeden Menschen wertvoll sein kann. Zum Gelingen von Bildungs- und Erziehungspartnerschaften trägt die Aneignung von Wissen ebenso bei wie die Selbstreflexion des eigenen Tun und Erlebens. Es geht um Herz, Sinn und Verstand. Das Befassen mit und der Einsatz für gelingende Bildungs- und Erziehungspartnerschaften mit den Eltern wirken sich förderlich auf viele Bereiche des pädagogischen Handelns aus und können maßgeblich zur Entlastung der Fachkräfte in diesem anspruchsvollen Berufsalltag beitragen. Denn wer in Partnerschaft investiert, erhält in aller Regel etwas zurück.

Auf diesem Hintergrund entwickelt sich die Zusammenarbeit von Kindertageseinrichtung und Eltern zu einer vielgestaltigen Kooperationslandschaft: Nicht über die Eltern reden, sondern mit ihnen. Funktionen und Ziele einer solchen Partnerschaft sind die gemeinsame Förderung des einzelnen Kindes, die Stärkung der Erziehungskompetenz der Eltern sowie die Mitgestaltung und Mitbestimmung. Kindertageseinrichtungen werden durch ein solches Verständnis zu Orten für Familien, zu Orten der Bildung und Erziehung von Kindern und Eltern. Eine demokratisch-partizipative Bildungs- und Erziehungspartnerschaft wirkt so auch präventiv auf Erziehungs- und Bildungsbenachteiligung. Eine gute Zusammenarbeit mit Familien ist ein Qualitätsmerkmal der Arbeit einer Kindertageseinrichtung. Studien legen nahe, dass dort, wo der Austausch zwischen Elternhaus und Kindertageseinrichtung funktioniert, auch die pädagogische Qualität insgesamt höher ist (Viernickel 2009, S. 62; Sylva & Taggart 2010, S. 9).

Basis jeder Bildungs- und Erziehungspartnerschaft ist das Grundverständnis, mit dem die pädagogischen Fachkräfte einer Kindertageseinrichtung den Eltern begegnen – diesem ist denn auch Kapitel 1 dieses Handbuches gewidmet. Die Zusammenarbeit mit den Eltern ist nicht nur ein pädagogischer Anspruch, sie ist als rechtlicher Anspruch der Eltern verankert. Kapitel 2 gibt einen Überblick über die rechtlichen Grundlagen der Bildungs- und Erziehungspartnerschaft. Kapitel 3 nimmt dann die Erziehungs- und Bildungspartner in den Blick. Zunächst geht es um die pädagogischen Fachkräfte als verantwortliche Gestalter der Partnerschaft. Es folgt eine Annäherung an die Gruppe der Eltern, die – ihrerseits vielfältig in unserer modernen Gesellschaft gefordert – selbst Erwartungen und Ansprüche an die Kindertageseinrichtung stellen. Pädagogische Fachkräfte haben in vielfältigen Situationen des Kita-Alltags die Möglichkeit, die Partnerschaft mit den Eltern zu gestalten und zu vertiefen. Eine Auswahl bedeutsamer Situationen stellt Kapitel 4 vor. Hier soll anhand der ausgewählten Situationen verdeutlicht werden, wie das Grundverständnis einer gelingenden Bildungs- und Erziehungspartnerschaft konkretisiert, umgesetzt und erfahren werden kann. Gewinner einer gelingenden Zusammenarbeit der pädagogischen Fachkräfte und der Eltern sind die Kinder. Herausgehobene Aspekte hierzu finden sich abschließend in Kapitel 5.

In diesem Handbuch werden bewusst die weibliche und männliche Form oder der besseren Lesbarkeit wegen neutrale Nennungen gewählt. Wir benötigen in der Frühpädagogik dringend eine stärkere Einbindung männlicher Erfahrungen, sei es durch männliche Fachkräfte, die Väter der Kinder oder andere männliche Personen, die sich in der Kindertageseinrichtung engagieren. Deshalb sollte nach meiner Ansicht die Fachliteratur den Überhang weiblicher Präsenz nicht fest- und fortschreiben. Gerade in der Bildungs- und Erziehungspartnerschaft mit den Eltern ist die Genderthematik bedeutsam. Wird von Eltern gesprochen, dann sind andere Erziehungsberechtigte stets mitgedacht.

Eltern sind bildungsmächtige Personen

Die Familie ist die für Kinder entscheidende Bildungsstätte. Eltern sind entsprechend bildungsmächtige Personen. Mit dem Eintritt in die Kindertageseinrichtung öffnen sich Eltern und Kinder einem öffentlich verantworteten Erziehungs- und Bildungsangebot. Dies geschieht freiwillig oder die Lebensumstände machen es erforderlich. Oft können Eltern die Kindertageseinrichtung nicht frei wählen – äußere Bedingungen schränken die Wahl vielfach ein. Dabei hat die Einführung des Rechtsanspruchs auf einen Betreuungsplatz ab vollendetem ersten Lebensjahr die Position von Eltern gestärkt. Eltern haben fachpolitisch an Bedeutung gewonnen.

Eltern und Kinder wünschen sich, dass sie willkommen sind. Es gehört zum professionellen Berufsverständnis pädagogischer Fachkräfte, die Gestaltung von Beziehungen zu lernen – ein Leben lang. Das Handbuch soll dieses professionelle Verständnis stärken, unterstützen und begleiten.

Gerald Hüther, Neurobiologe und als solcher vielfältig engagiert, die gewonnenen hirnphysiologischen Erkenntnisse in Handlungspraxis zu vermitteln, bringt immer wieder den Dreiklang »Einladen – Ermutigen – Inspirieren« zu Gehör (Denkwerk Zukunft 2013). Das heißt:

- Das Gegenüber einzuladen ist ein Angebot und ein Zuspruch zugleich und lässt ihm den Freiraum, sich zu dieser Einladung zu verhalten.
- Das Gegenüber zu ermutigen zeigt die Ernsthaftigkeit der Einladung. Ermutigen bringt zum Ausdruck, dass die Fähigkeiten und Stärken des Gegenübers gesehen werden. Ermutigung heißt auch, sich auf die Herausforderungen eines gemeinsamen Entwicklungsprozesses einzulassen.
- Eine ermutigende Einladung auszusprechen gelingt nur, wenn die einladende Person inspiriert ist, um mit Überzeugung tätig zu werden. Sie ist sich sicher, vielleicht getragen von einer Vision, dass es sinnvoll ist, sich auf neue Beziehungen und Entwicklungsprozesse mit anderen Menschen einzulassen.

Ich wünsche Ihnen, liebe Leserinnen und Leser, den Frohmut und die Zuversicht, immer wieder ermutigende Einladungen auszusprechen und anzunehmen – im Zuge der anspruchsvollen Herausforderung der Zusammenarbeit mit den Eltern und dem Ziel einer fruchtbaren Bildungs- und Erziehungspartnerschaft.

Xenia Roth

1 Grundverständnis der Bildungs- und Erziehungspartnerschaft

In der Bildungs- und Erziehungspartnerschaft werden Eltern als Partner gesehen. Der Perspektivenwechsel gegenüber der Elternarbeit ergibt sich aus den Erkenntnissen, dass ein respektvoller Umgang der Erwachsenen miteinander und die Berücksichtigung der elementaren Bedeutung der Eltern für das Kind auch eine wesentliche Basis für die Bildungsoffenheit des Kindes darstellen. In einer gelingenden Bildungs- und Erziehungspartnerschaft sind Kinder, Eltern und pädagogische Fachkräfte sich gegenseitig ergänzende, unterstützende und bereichernde Konstrukteure kindlicher Bildungsbiografien. Verantwortlich für die Gestaltung der Bildungs- und Erziehungspartnerschaft sind die pädagogischen Fachkräfte. Sie schaffen die Grundlagen für den Austausch, den entsprechenden Rahmen, die Verbindlichkeit und die Struktur der Zusammenarbeit. Hinter dem Anspruch, die Beziehung und Zusammenarbeit mit den Eltern partnerschaftlich zu gestalten, steht der Anspruch an eine reflektierte innere Haltung der pädagogischen Fachkräfte. Dazu gehören Respekt und Wertschätzung des Gegenübers, eine vorurteilsbewusste und nicht-beurteilende Beziehungsgestaltung, ein ressourcenorientierter Blick, die Sensibilität für ethnische und soziale Kulturen und die Bereitschaft zu Dialog und Diskurs sowie zur Selbstreflexion. Das Wissen um systemische Denk- und Arbeitsansätze gibt

Orientierung in komplexen Zusammenhängen, so auch in der Kooperation mit den Eltern.

1.1 Von der Elternarbeit zur Bildungs- und Erziehungspartnerschaft

Früher hieß es Elternarbeit (vgl. auch Bernitzke & Schlegel 2004, S. 7 ff.), heute geht es um die Gestaltung einer Bildungs- und Erziehungspartnerschaft. Was ist der Unterschied? Was ist neu oder anders?

Elternarbeit wurde überwiegend als Anhängsel der kindbezogenen Arbeit verstanden. Jedes Kind, dem der pädagogische Alltag zuteil wurde, hatte eben auch noch Eltern, die man ergänzend mit in den Blick nahm. Elternarbeit war häufig nicht viel mehr als die verordnete Unterrichtung der Eltern über den Stand der Dinge (Bauer & Brunner 2006, S. 9): Termine der Kindertageseinrichtung, eher spontane unregelmäßige Rückmeldungen zur Entwicklung des Kindes, allgemeine Hinweise für alle Eltern. In diesem Sinne war traditionelle Elternarbeit über lange Zeit tatsächlich ein Stiefkind der Pädagogik. Schon der Begriff Elternarbeit lässt offen, ob die pädagogischen Fachkräfte an den Eltern arbeiten oder ob die Eltern für die pädagogischen Fachkräfte Einsatz zeigen. Elternarbeit als Engagement für die Einrichtung zeigt sich zum Beispiel in der Mitarbeit beim Sommerfest oder bei handwerklichen Einsätzen. Wenn die pädagogischen Fachkräfte ihrerseits mit oder an den Eltern arbeiten, verweist dies deutlich auf eine asymmetrische Beziehung: Eltern werden zu Objekten einer Tätigkeit, die man an ihnen verrichtet. Im Begriff der Elternarbeit findet sich zudem der nicht selten zu beobachtende Wunsch der pädagogischen Fachkräfte wieder, die Eltern zu erziehen, manchmal verbunden mit der unbewussten Hoffnung, den Kindern andere Eltern angedeihen zu lassen.

Begriffe und Definitionen: Partnerschaft und Zusammenarbeit

Demgegenüber bringt der Begriff »Bildungs- und Erziehungspartnerschaft« den Anspruch an die Zusammenarbeit zum Ausdruck, nämlich den Eltern auf Augenhöhe zu begegnen. »Partnerschaft« beinhaltet zudem die Vorstellung einer grundsätzlichen Gleichwertigkeit und Gleichberechtigung der Partner (Viernickel 2009, S. 60 f.). Viele Eltern fordern heute mehr Mitsprache und sind aus unterschiedlichen Gründen an der frühen Förderung ihrer Kinder interessiert (Kobelt-Neuhaus

2011, S. 30ff.). Andererseits kann bei einer Begegnung auf Augenhöhe deutlich werden, dass manche Eltern eine enge Partnerschaft gar nicht wünschen, auch wenn sie sehr wohl an Informationen, einem Austausch und vor allem an gegenseitigem Respekt interessiert sind. »Zusammenarbeit« – das klingt sehr nüchtern, nach »Arbeit«. »Partnerschaft« bringt auch zum Ausdruck, dass beide Seiten – Eltern und pädagogische Fachkräfte – »Partner« mit Blick auf die Erziehung, Bildung und Betreuung des Kindes sind. Das bedeutet, dass die »Bildungs- und Erziehungspartnerschaft« ganz unterschiedlich gestaltet sein kann, immer geht es jedoch um eine gute Zusammenarbeit mit den Eltern.

Mit dem Begriff »Partnerschaft« wird die Beziehung zwischen Eltern und pädagogischen Fachkräften stärker in den Mittelpunkt gerückt (Prott & Hautumm 2004, S. 10f.); sich partnerschaftlich verhalten, bedeutet

- fair miteinander umzugehen,
- Vertrauen zueinander zu haben,
- sich der gemeinsamen Verantwortung bewusst zu sein.

Eine unreflektierte Verwendung dieses Begriffs verkennt, dass Eltern sich nicht gleich als Partner der pädagogischen Fachkräfte sehen können. Partnerschaft muss erst – auf Basis einer guten Zusammenarbeit – wachsen. Ebenso wird mit einer »Partnerschaft« schnell ein moralischer Anspruch verbunden. Es gehört zum Alltag in der Kindertagesstätte, dass manches Verhalten, auch wenn anders gemeint, von den Beteiligten als unfair erlebt wird. Vertrauen ist kein Selbstläufer. Eine vertrauensvolle Partnerschaft ist das Ergebnis eines längeren Prozesses und gemeinsam gegangenen Weges (Viernickel 2009, S. 61).

Das Konzept und der Begriff der »Zusammenarbeit« betonen, worum es geht: um die gemeinsame Anstrengung (Prott & Hautumm 2004, S. 11). Dies schließt das Gelingen gemeinsamen Handelns ebenso mit ein wie Fehlschläge und Misserfolge in der Zusammenarbeit. Pädagogische Fachkräfte und Eltern können Ziele und Aufgaben selbst bestimmen, miteinander festlegen und erfüllen. Zur Zusammenarbeit gehören auch Beteiligungsrechte der Eltern (ebd., S. 36). Eine solche Kooperation ermöglicht geteilte Erfahrung. Sie kann darin münden, dass die Zusammenarbeit als »Partnerschaft« von selbstbewussten Kooperationspartnern erlebt und gelebt wird.

Es geht um die gemeinsame Anstrengung der Erwachsenen für das Kind

Kobelt-Neuhaus (2011) sieht in der aktuellen Pädagogik verschiedene Formen der Partnerschaft, die sie begrifflich fasst:

- Erziehungspartnerschaft meint die gemeinsame Verantwortung von Eltern und pädagogischen Fachkräften für das Kind. Sie zeigt sich in einem dynamischen Kommunikationsprozess.
- Bildungspartnerschaft bedeutet das Zusammenwirken von Bildungsorten, hier die Bildungsorte Kindertageseinrichtung und Familie. Dabei hat das gesamte sozialökologische Umfeld, der Sozialraum von Kindertageseinrichtung und Familie, auf dieses Zusammenwirken Einfluss (Stange u. a. 2012, S. 14f.).
- Kompetenzpartnerschaft beinhaltet, dass Familie und pädagogische Fachkräfte sich in ihren Kompetenzen ergänzen (kompensatorischer Ansatz), um den Kindern umfassend gerecht zu werden. Die Beteiligten bringen ihre Ressourcen in die Zusammenarbeit ein.

Im Wissen um die geteilte Verantwortung für das Kind gestalten Kindertageseinrichtung und Eltern in gemeinsamer Abstimmung und in der Ausrichtung auf ähnliche Ziele die Erziehungs- und Bildungsthemen des Kindes, ohne dass damit die grundsätzliche Erziehungsverantwortung der Eltern infrage gestellt wird. Kooperation vollzieht sich somit auf der Grundlage eines gleichberechtigten Dialogs.

Eine gelingende Bildungs- und Erziehungspartnerschaft ist für das Kind bedeutsam

Es geht darum, die Eltern so zu nehmen, wie sie sind. Ursächlich für diesen Perspektivenwechsel, der sich aus dem veränderten Verständnis der Bildungs- und Erziehungspartnerschaft gegenüber der Elternarbeit ergibt, ist das Wissen um die große Bedeutung der sich gegenseitig respektierenden Haltung von Eltern und pädagogischen Fachkräften für das Kind. Denn für das Kind sind die Eltern – wie immer sie sich ihm gegenüber auch verhalten mögen – die wichtigsten Personen. Ihre Eltern sind für Kinder existenziell: Sie haben ihm das Leben geschenkt. Auch in kritischen Eltern-Kind-Beziehungen, in denen das Kindeswohl gefährdet ist, geht es darum, die Beziehung zwischen Kind und Eltern durch eine Stärkung und Unterstützung der Eltern und deren Verantwortungsübernahme zu verbessern; die Trennung von Kind und Eltern ist ein erheblicher Eingriff in diese bedeutsame Beziehung, deshalb gut abzuwägen und daraufhin zu befragen, ob sich gelingende Wege der Elternstärkung finden lassen. Die Bindungsforschung belegt diese (lebens-)wichtige Beziehung. Eine gute Bindung zu den für das Kind bedeutsamen Menschen, in der Regel Mutter und/oder Vater, ermöglicht den Kindern, leichter und freier zu weiteren Personen Bindungen einzugehen, zum Beispiel zu Großeltern, Nachbarn oder pädagogischen Fachkräften. Und für diese erweiterten Beziehungskonstellationen gilt: Kinder können sich umso freier ihre Welt zu eigen machen und diese erforschen, desto spürbarer die Erwachsenen an einem Strang ziehen oder sich zumindest respektieren und eine Kooperation anstreben. Die Kooperation der Erwachsenen miteinander, ihr gegenseitiger Respekt und ihre Wertschätzung wirken sich dergestalt positiv auf die Kinder aus, dass sie in Freiheit und Neugier der Welt begegnen, Erfahrungsschätze sammeln und von der Unterschiedlichkeit der Erwachsenen, die ihnen begegnen, profitieren können. Sie bleiben bildungsoffen. Kurzum: Die Kinder erfahren Bedingungen für eine ganzheitliche Bildung und Erziehung. Eine Erziehungspartnerschaft mit Eltern aufzubauen und zu gestalten ist eine Entwicklungsaufgabe, die gerade im Hinblick auf faire Bildungschancen für alle Kinder eine lohnende Anstrengung ist (vgl. Kebbe & Reemen 2009, S. 122). Unter diesem Aspekt ist Bildungs- und Erziehungspartnerschaft mit den Eltern Arbeit an und mit den Kindern.

Die Herausforderungen einer Bildungs- und Erziehungspartnerschaft sind für die verantwortlichen pädagogischen Fachkräfte gegenüber der Elternarbeit nicht geringer. Im Verständnis der Bildungs- und Erziehungspartnerschaft geht es um eine kooperative Haltung gegenüber den Eltern. Die Zusammenarbeit mit Eltern und der Aufbau einer Bildungs- und Erziehungspartnerschaft haben im fachlichen und politischen Diskurs einen hohen Stellenwert. Dies spiegelt sich in vielfältigen Argumentationszusammenhängen wider, wenn es darum geht, die grundlegende Bedeutung der Familie zu benennen, den gestiegenen Stellenwert frühkindlicher Bildung herauszustellen, die Vereinbarkeit von Familie und Beruf zu ermöglichen, präventiven Kindesschutz zu verfolgen oder ökonomische Betrachtungen hinsichtlich der Wirksamkeit erfolgreicher Familienbildung zu verfolgen (Cloos & Karner 2010; Stange u. a. 2013, S. 30 f.). Die partnerschaftliche Zusammenarbeit mit Eltern wird bildungspolitisch als Standard gesehen.[1]

Die Zusammenarbeit mit Eltern im politischen und fachlichen Diskurs

1 Empirische Studien zur Elternarbeit liegen insbesondere seit den 1990er Jahren vor (Westphal & Kämpfe 2012). Das Forschungsinteresse gründet sicherlich in dem seit 1996 geltenden Rechtsanspruch auf einen Kindergartenplatz für Kinder ab dem vollendeten dritten Lebensjahr in den westlichen Bundesländern. Zusammenstellungen

Es geht darum, wie das Verhältnis von familialer Erziehung und öffentlicher Kinderbetreuung mit Blick auf die Kinder gut gelingen kann (Cloos & Karner 2010; Liegle 2013). Eine jahrzehntelange Zurückhaltung, die in der gesellschaftlichen Überzeugung bestand, dass sich Politik und Staat nicht in familiale Angelegenheiten einzumischen hätten, und wenn, dann nur im äußersten Fall der Kindeswohlgefährdung, ist in den vergangenen Jahren zunehmend aufgegeben worden (Berth 2011, S. 72 ff.). Pflege und Erziehung der Kinder sind das natürliche Recht der Eltern und die ihnen obliegende Pflicht (Art. 6 Abs. 2 GG; vgl. Kapitel 2). Aufgabe der Gesellschaft und ihrer Institutionen ist es, Eltern zu unterstützen. Hier gründet das Ziel einer partnerschaftlichen Zusammenarbeit. All dies geschieht zum Wohle der Kinder und im Hinblick auf eine höhere Chancen- und Bildungsgerechtigkeit (ebd., S. 172 ff.). Es geht darum, den pädagogischen Alltag so zu gestalten, dass bewusst wird, wie bedeutsam die Eltern für die Kinder sind. Der pädagogische Alltag im Rahmen einer Bildungs- und Erziehungspartnerschaft vermag von außen betrachtet möglicherweise gegenüber der traditionellen Elternarbeit keine auffällige Veränderung erfahren haben, aber die innere Haltung der Beteiligten zueinander hat sich wesentlich gewandelt (vgl. Kapitel 1.4).

1.2 Bildungs- und Erziehungspartnerschaft – Basis für gelingende Erziehungs- und Bildungsprozesse in der Kindertageseinrichtung

Ihren Bindungspersonen gegenüber reagieren Kinder besonders sensibel

Eltern sind die ersten und in aller Regel wichtigsten Bindungspersonen ihres Kindes. Damit sind die Eltern auch die wichtigsten Partner der Kindertageseinrichtung bei der Erziehung und Bildung der Kinder.

Jedes Kind reagiert auf individuelle Art und Weise auf jede einzelne Bindungsperson. Allen Bindungspersonen gegenüber ist es jedoch besonders sensibel. Auf der Seite der Erwachsenen wiederum hat jeder Erwachsene seinen ganz speziellen Zugang zum Kind und nimmt auf seine individuelle Art Einfluss auf das Bild, das sich das Kind von der

empirischer Forschungsergebnisse, die Zusammenarbeit mit Eltern betreffend, finden sich bei Hess (2012, S. 15 ff.), Cloos und Karner (2010) sowie Westphal und Kämpfe (2012) und in internationaler Perspektive bei Pietsch u. a. (2010).

Welt macht, indem er seine eigenen Erwartungen, Wünsche, Hoffnungen und Themen an das Kind heranträgt. Das Kind macht sich also nicht alleine ein Bild von der Welt, sondern es entwickelt sein eigenes Bild von der Welt in den für es wichtigen menschlichen Bezügen. Die Wahrnehmung der Welt, eines Gegenstandes, einer Sache, eines Menschen wird mit geprägt von den persönlichen Beziehungen, in die ein Kind eingebunden ist. So ist Erziehung und Bildung als Prozess sowohl der sozialen Ko-Konstruktion zwischen dem Kind und den für es bedeutsamen Personen als auch der Erwachsenen untereinander zu verstehen (Kobelt-Neuhaus 2011, S. 120ff.; Neumann 2010, S. 86ff.). Es gehört daher zur Profession und der damit verbundenen Verantwortung, dass sich die pädagogischen Fachkräfte einer Kindertageseinrichtung zum einen bewusst sind, welche elementare Bedeutung Eltern und Herkunftsfamilie für das Kind haben, und zum anderen wissen, dass sie sich selbst mit ihrem eigenen Blick auf die Welt und ihrer eigenen Persönlichkeit in die Erziehung und Bildung der ihnen anvertrauten Kinder einbringen. In der Kindertageseinrichtung als Ort öffentlicher Erziehung und Betreuung muss die entscheidende Rolle der Bindungspersonen des Kindes beachtet werden: allen voran die Eltern, dann aber auch die fachliche Qualität und Persönlichkeitsbildung der pädagogischen Fachkräfte. Durch sie erfährt das Kind Respekt gegenüber seiner Person und damit für seine Identität. Je mehr das Kind erlebt, dass seine Eltern und die Kultur seiner Familie respektiert und geachtet werden, desto eher kann es ein positives Bild von sich und von sich in der Welt entwickeln. Dieses positive Bild bildet wiederum die Grundlage dafür, mutig und neugierig auf die Welt zuzugehen und sich diese zu erschließen – Basis jeglichen Bildungsgeschehens.

Erlebt ein Kind, dass seine Eltern respektiert werden, entwickelt es auch ein positives Bild von sich selbst

In einer gelingenden Bildungs- und Erziehungspartnerschaft sind Kinder, Eltern und pädagogische Fachkräfte sich gegenseitig ergänzende, unterstützende und bereichernde Konstrukteure kindlicher Bildungsbiografien. Die Grundlage hierfür liegt in der gegenseitigen Anerkennung und Wertschätzung. Dabei steht das Kind im Mittelpunkt. Alle Akteure arbeiten an dem Projekt »Erziehung, Bildung und Betreuung des Kindes«. Sie sind integriert in eine Bildungs- und Erziehungspartnerschaft. Das Kind erlebt, dass Familie und Bildungseinrichtung gleichermaßen an seinem Wohl interessiert sind, einander wertschätzend begegnen und sich wechselseitig bereichern.

Kinder, Eltern und pädagogische Fachkräfte – Ko-Konstrukteure im Bildungs- und Erziehungsprozess

Die konkreten Formen der Kooperation zwischen Kindertageseinrichtung und Eltern bestehen dabei durchaus aus den klassischen Elementen der Elternarbeit wie Elterngespräche, Elternmitarbeit oder Elternabende, allerdings erfahren diese mit der grundsätzlichen Haltung im Hinblick auf eine Bildungs- und Erziehungspartnerschaft eine neue Qualität in der Begegnung miteinander. Denn die Eltern sind Partner des Geschehens, ihre Gedanken und Ideen werden im Alltag der Kindertageseinrichtung berücksichtigt; sie sind Subjekte und nicht Objekte des Geschehens.

Die bildungs- und erziehungspartnerschaftliche Zusammenarbeit kann zu einem neuen konzeptionellen Fundament beitragen: Das fachlich begründete, vom pädagogischen Fachkräfteteam erarbeitete Konzept und Profil der Einrichtung muss nicht – wie vielfach im Alltag erlebt – vor den vielfältigen und unterschiedlichen Ansprüchen und Erwartungen der Eltern verteidigt und durchgesetzt werden. Das Profil der Einrichtung ist vielmehr Resultat eines gemeinsamen, von gegenseitiger Achtung geprägten Prozesses, der von einem beständigen Diskurs der pädagogischen Fachkräfte, Eltern und Kinder getragen wird und daher zur Grundlage einer andauernden und anregenden Fortentwicklung des Profils der Einrichtung wird.

1.3 Verantwortlich für die Gestaltung der Bildungs- und Erziehungspartnerschaft – die pädagogische Fachkraft

Die Kindertageseinrichtung ist der Arbeitsplatz der pädagogischen Fachkräfte. Sie schaffen die professionellen pädagogischen Bedingungen für die Erziehung, Bildung und Betreuung der Kinder. Sie legen die Grundlagen für den gemeinsamen Austausch mit den Eltern, den entsprechenden Rahmen, die Verbindlichkeit und die Struktur der Zusammenarbeit und damit die Arbeitsbasis der Bildungs- und Erziehungspartnerschaft mit den Eltern. Besteht für die pädagogischen Fachkräfte der professionelle Anspruch in der Zusammenarbeit, so gilt für Eltern der Grundsatz der Freiwilligkeit (Prott & Hautumm 2004, S. 23).[2]

2 Nancy Hoenisch-Pomeroy, eine der großen Elementarpädagoginnen unserer Zeit, lebt in Winchester/Virginia, USA, und arbeitete in den1960er bis 1980er Jahren in Deutschland, dann in den USA und später wieder in Deutschland. In dem Aufsatz »Ich

Der öffentliche Auftritt der Kindertageseinrichtung oder die Mund-zu-Mund-Propaganda vermittelt den Eltern bereits ein Verständnis einer möglichen Zusammenarbeit, bevor diese durch den Betreuungsvertrag rechtskräftig wird. Der Austausch und die Verständigung zwischen Kindertageseinrichtung und Eltern beginnen also bereits vor der Aufnahme des Kindes, zumindest finden erste Weichenstellungen statt: Ein öffentlich zugängiges Konzept der Einrichtung, Tage der offenen Tür, Elterncafés oder Möglichkeiten zur Hospitation ermöglichen Eltern, die Kindertageseinrichtung auszuwählen, die ihren Vorstellungen und Wünschen entspricht. In einem Aufnahmegespräch (vgl. Kapitel 4.1.2) kann die pädagogische Fachkraft die Eltern auf die bedeutsame Rolle einer guten Beziehung und Zusammenarbeit aufmerksam machen, wozu auch das Eingewöhnungskonzept der Einrichtung beiträgt. Entwicklungsgespräche (vgl. Kapitel 4.2.2) ermöglichen den kontinuierlichen Austausch mit den Eltern. Sie sind notwendiger Bestandteil des fortlaufenden Diskurses über die Erziehung, Bildung und Betreuung des Kindes. Eltern erhalten einen Einblick in die Bildungsprozesse der Kinder durch die individuellen Portfolios oder Dokumentationen von durchgeführten Projekten. Die pädagogischen Fachkräfte können die Eltern ermutigen, sich in der Elternvertretung der Einrichtung einzubringen. Auf diese Weise können pädagogische Fachkräfte Akzente setzen und initiativ werden, um eine Bildungs- und Erziehungspartnerschaft aufzubauen und zu pflegen.

All den genannten Gestaltungsmöglichkeiten liegt eine dialogische, diskursive und partizipative Praxis der Bildungs- und Erziehungspartnerschaft zugrunde (vgl. Kapitel 1.4). Es geht also um eine bewusste

folgte meinem Herzen oder: Wie ich lernte, die Familien meiner Kindergartenkinder in die Erziehung ihrer Kinder mit einzubeziehen« gibt sie einen lebendigen Einblick in ihre Arbeitsbiografie. Ihre pädagogische Arbeit ist geprägt davon, die Eltern ihrer Vorschulkinder, ob soziale Mittel- oder Unterschicht, für eine gemeinsam geteilte Erziehungsverantwortung zu gewinnen und zwar mit Verstand und Herz: »… entschlossen wir uns, einen ›Elterngarten‹ zu organisieren. Die Motivation sollte von den Kindern erzeugt werden. … Es war mein Ziel, dass die Eltern für sich und das Kind ein gutes Gefühl haben, dass sie sich der Schwächen und Stärken des Kindes bewusst sind und wissen, dass es seine eigene Lernweise oder Lernstil besitzt. … Die Konferenz lief umso besser, je mehr es mir gelang gleichmäßig und tief zu atmen, meine Worte mit Gewicht zu sprechen und den Eltern die gleiche Freundlichkeit, Respekt und Berücksichtigung zu geben, die ich von ihnen erhoffte. Aber auch in meinem Alter klopfte mein Herz so laut, dass wir alle dazu tanzen konnten!« (2008, S. 105, 109, 116).

Beziehungsgestaltung, die der Initiative der pädagogischen Fachkräfte bedarf. Insofern ist die Partnerschaft hinsichtlich ihrer Verantwortlichkeit für die Gestaltung nicht symmetrisch, hinsichtlich ihrer inhaltlichen Gestaltung dagegen eher: Die Wahrnehmungen und Erfahrungen der Eltern werden bei der Ausgestaltung des Erziehungs-, Bildungs- und Betreuungsauftrages berücksichtigt. Hinter dem Anspruch, die Beziehung und Zusammenarbeit mit den Eltern partnerschaftlich zu gestalten, steht ein Anspruch an die innere Haltung der pädagogischen Fachkräfte. Die reflektierte innere Haltung der pädagogischen Fachkraft ist Voraussetzung für ein Gelingen der Bildungs- und Erziehungspartnerschaft.

1.4 Voraussetzungen für ein Gelingen der Bildungs- und Erziehungspartnerschaft

Es zeigt sich, dass bestimmte Haltungen das Gelingen einer kommunikativen Beziehung maßgeblich begünstigen (Fröhlich-Gildhoff u.a. 2006; Ders. u.a. 2011)[3]. In der professionellen Gestaltung der Beziehung zu den Eltern im pädagogischen Alltag einer Kindertageseinrichtung werden diese Haltungen fachlich reflektiert von den pädagogischen Fachkräften eingesetzt. Dazu zählen:

- Eine respektvolle Haltung und Wertschätzung (vgl. Kapitel 1.4.1), d.h. ein ehrliches Interesse am Gegenüber und die Bereitschaft, sich ihm mit ganzer Aufmerksamkeit zuzuwenden.
- Eine vorurteilsbewusste und nicht-beurteilende Haltung (vgl. Kapitel 1.4.2), d.h. eine Haltung, die sich die eigenen Vorurteile bewusst macht und sie nicht negiert oder ausblendet. So kann offener und mit wachem Interesse dem Anders- bzw. Fremdsein des Gegenübers begegnet werden. Der »Ansatz vorurteilsbewusster Bildung

3 Die Bedeutung der Haltung der pädagogischen Fachkräfte in der Zusammenarbeit mit Eltern zeigt sich in empirischen Studien (Friederich 2011, S. 28ff.). Fröhlich-Gildhoff u.a. (2011, S. 18ff.) beschreiben eine Wirkungskette zur Gestaltung einer erfolgreichen Zusammenarbeit. An deren Ausgangspunkt stehen die Team-Weiterbildung, die Entwicklung eines Leitbildes und Konzepts zur Zusammenarbeit. Es vollzieht sich eine Haltungs- und Blickänderung bei den pädagogischen Fachkräften: Das Kind wird deutlicher als Teil der Familie gesehen. Die pädagogischen Fachkräfte gehen aktiv auf die Eltern zu und orientieren sich an ihren Stärken und Interessen.

und Erziehung«© (vgl. Wagner 2013b) bietet praktische Handlungshilfen für die Gestaltung des pädagogischen Alltags auf dem Weg zu einer inklusiven Praxis.

- Sensibilität für ethnische und soziale Kulturen (vgl. Kapitel 1.4.3): Die Kenntnis und das Wissen um unterschiedliche Erziehungskulturen und Sozialisationsziele von Eltern ermöglicht, eine Achtsamkeit für unterschiedliche Lebenswirklichkeiten von Familien zu entwickeln. So kann eine Sensibilität wachsen, Diversität im pädagogischen Alltag zu leben.
- Eine ressourcenorientierte Haltung (vgl. Kapitel 1.4.4): Was hat mein Gegenüber an Stärken, was kann er besonders gut? Was bringt mein Gegenüber Wertvolles in die Beziehung ein? Dazu zählt ebenso die Bereitschaft, im Verhalten des Gegenübers eine Stärke zu finden, die bislang als solche nicht gesehen oder bewertet wurde.
- Eine dialogische Haltung (vgl. Kapitel 1.4.5): Aktives Hinhören, Zuhören und Wahrnehmen von Aussagen – in Wort und Körperausdruck – meines Gegenübers.
- Bereitschaft zur Selbstreflexion (vgl. Kapitel 1.4.6).

Die einzelnen Aspekte einer professionellen Haltung ergeben ein Ganzes

Alle diese Haltungsaspekte ergeben ein Ganzes: eine dem einzelnen Menschen und seiner Lebensperspektive zugewandte Art, die zugleich die eigene Perspektive reflektiert und selbst-bewusst wahrnimmt. Es geht um die Entwicklung der eigenen Persönlichkeit im professionellen Wirken als pädagogische Fachkraft (vgl. Krenz 2007, S. 24ff.). Was auf den ersten Blick wie eine vielfache Herausforderung aussieht, stellt sich in der Auseinandersetzung mit den Einzelaspekten als ein zusammenhängendes Ganzes dar. Die gute und die schlechte Nachricht ist: Die einzelnen Aspekte hängen zusammen. Wer sich in der einen Haltung übt, übt sich auch in den anderen. Man muss also nicht alle Aspekte gleichzeitig im Blick haben. Und wer sich in keiner Haltung übt, riskiert, dass auch andere Aspekte verkümmern.

Die eigene Haltung betrifft die berufliche wie private Beziehungsgestaltung

Dass ein stetes Sich-Üben in diesen Haltungen nicht nur in beruflichen, sondern auch in privaten Zusammenhängen hilfreich ist, liegt auf der Hand. Die Arbeit an der eigenen Haltung kann dazu beitragen, das eigene Leben als bereichernd und erfüllter wahrzunehmen. Im Ergebnis bewahrheitet sich hier der Volksmund: »Wie man in den Wald hineinruft, so schallt es heraus.« Letztlich gilt: So wie ich mit mir umgehe, so gehe ich mit anderen um und so gehen andere mit mir um, was bedeutet: So wie ich meine eigene Biografie, mein eigenes Tun und Handeln mit allen Höhen und Tiefen respektiere, so respektiere ich mein Gegenüber, und mein Gegenüber wird sich mir nicht verschließen. Die hier beschriebenen professionellen Haltungen gegenüber den Eltern als Erziehungs- und Bildungspartner entsprechen zudem einer professionellen frühpädagogischen Haltung gegenüber dem Kind. Das bedeutet: In der pädagogischen Praxis entspricht die Grundhaltung gegenüber dem Kind der Grundhaltung gegenüber den Eltern. Letztlich handelt es sich um Haltungen, die menschliches Zusammenleben fördernd beeinflussen. Darüber hinaus ist das Wissen um systemische Denk- und Arbeitsansätze (vgl. Kapitel 1.4.7) hilfreich, um komplexe Zusammenhänge, Beziehungen und Reaktionen von Menschen verstehen bzw. neue und weitere Zugänge öffnen zu können.

1.4.1 Respektvolle Haltung und Wertschätzung

Wesentliches Merkmal einer Haltung, die zum Gelingen einer Bildungs- und Erziehungspartnerschaft beiträgt, ist die grundsätzliche Achtung des Erziehungsauftrags der Eltern. Dazu gehört, dass das Team der Kindertageseinrichtung den Eltern Respekt und Wertschätzung entgegenbringt.

Die pädagogische Fachkraft achtet den Erziehungsauftrag der Eltern

Eltern übernehmen für ihre Familie Verantwortung, und zwar auf eine ihnen eigene Weise. Familie verantwortlich zu leben, ist eine täglich neue Herausforderung; die Forschung spricht nicht umsonst von einer permanent zu erbringenden Herstellungsleistung (»Doing Family«, vgl. Kapitel 3.2.3). Die Familie ist ein zentrales Strukturelement unserer Gesellschaft: Sie erbringt durch ihren Einsatz in der Arbeitswelt Leistungen für die Wirtschaft und Gesellschaft, sie produziert »Humanvermögen« durch Sorge für den Nachwuchs, leistet private Fürsorge zum Beispiel im Pflegebereich und stiftet sozialen Zusammenhalt. Für all dies tragen Eltern maßgeblich Verantwortung und bringen sich ein.

Respekt und Wertschätzung zeigen den Eltern zudem, dass ihnen ein Recht auf Anderssein (vgl. Kapitel 3.2) zuerkannt wird. Das bedeutet jedoch nicht, dass die pädagogische Fachkraft gegenüber dem Erziehungsverständnis oder den Wertvorstellungen der Eltern gleichgültig sein soll oder sein wird. Der Respekt – und auch die Toleranz – vor dem

Anderssein des Gegenübers setzen das Wissen und den Respekt vor der eigenen Wertüberzeugung voraus.

Respekt und Wertschätzung sind aktiv erbrachte Leistungen

Respekt und Wertschätzung dem Gesprächspartner und der Gesprächspartnerin entgegenzubringen, kann zu einer aktiven Leistung und Herausforderung für die pädagogische Fachkraft werden. Wie sollen Respekt und Wertschätzung gelingen, wenn man sein Gegenüber möglicherweise im wahrsten Sinne des Wortes »nicht riechen« kann? Wie, wenn das Gegenüber respektlos mit seiner Umgebung und damit auch dem Team der Kindertageseinrichtung umgeht? Es hilft hier, sich bewusst zu machen, dass eine professionelle Haltung eine Leistung darstellt, die aktiv hervorzubringen und nicht als gegeben anzusehen ist. Die aktive Leistung besteht darin, dem Anderen zu begegnen und ihm nicht auszuweichen, seine Beweggründe zu erforschen (vgl. Kapitel 1.4.7), seine Ressourcen zu ergründen und diese wertschätzend in den Vordergrund zu stellen. Wer Stärken kommuniziert, fördert die Entwicklung von Stärken (Kebbe 2009a). Diese dialogische Haltung und die mit ihr verbundenen Methoden bieten professionelles Handwerkszeug, das im Alltag der pädagogischen Fachkräfte zum Einsatz kommen und eine Unterstützung bieten kann (vgl. Kapitel 1.4.5).

1.4.2 Vorurteilsbewusste Haltung – auf dem Weg zu inklusivem Handeln

Ein häufig vernommener Anspruch in pädagogischen Beziehungen lautet: Begegne deinem Gegenüber ohne Vorurteile. Doch selbst die noch so erfahrene Fachkraft im Erziehungsberuf ist eben – zum Glück – Mensch. Es gehört zum menschlichen Dasein gewissermaßen »ganz automatisch« dazu, zu kategorisieren, zu bewerten und zu beurteilen. Ein solches Verhalten dient zunächst einmal dem sehr sinnvollen Überprüfen, Sichern und Strukturieren der eigenen Lebenswelt: Ist meine Umgebung so, dass ich mich wohl fühle? Meint dieser Mensch es gut mit mir? Gehört er zu meiner Gruppe, zu meinem »Stamm«? Fühle ich mich sicher? Vorurteile können – versucht man ihrer Sinnhaftigkeit auf die Spur zu kommen[4]– eine Art Sicherungsprüfsystem

4 Dies ist dann zugleich eine Übung im Umgang mit systemischen Denk- und Arbeitsansätzen (vgl. Kapitel 1.4.7).

für den Menschen sein. Es geht also möglicherweise darum, vor etwas zu bewahren.

Vor etwas bewahrt zu werden, das kann durchaus positiv sein. Die Kehrseite davon ist aber konsequenterweise, etwas auszuschließen bzw. von etwas ausgeschlossen zu werden. Genau dies sind die Konsequenzen, die Menschen spüren, wenn sie von Vorurteilen berührt sind. Im pädagogischen Alltag geht es darum, diese Negativseite der Vorurteile zu vermeiden, weil sie Beziehungsgestaltung schwierig, wenn nicht gar unmöglich macht (Wagner 2013c, S. 248 ff.). Wenn Vorurteile aber eine Art Sicherungsprüfsystem des Menschen sind und wie selbstverständlich gefällt werden, dann können sie nicht einfach abgestellt werden. Daher ist ein reflektierter Umgang mit Vorurteilen gefragt. Es geht darum, sich der eigenen Vorurteile bewusst zu werden. Eine damit einhergehende vorurteilsbewusste Haltung erweitert die professionellen Handlungsmöglichkeiten und hilft, Ausschluss-Verhalten, Ausgrenzung und Diskriminierung zu verhindern oder zumindest zu reduzieren.

Die Dinge dieser Welt können auf unterschiedlichste Weise gesehen werden

Eine respektvolle, vorurteilsbewusste und wertschätzende Haltung bringt zum Ausdruck, dass die Dinge dieser Welt auf unterschiedliche Weise betrachtet und gestaltet werden können. Das Bereisen anderer Länder und Kennenlernen fremder Kulturen zeigt dies auf eine vielfach abenteuerliche und mit anregenden Erlebnissen erfüllende Weise. Der Alltag einer Kindertageseinrichtung gleicht vielfach einer solchen Reise, eröffnet neue Welten und Kulturen und kann somit die eigene Welt bereichern oder eigene Werte und Eigentümlichkeiten neu entdecken helfen. Die Neugier, das Andere kennenzulernen, zu verstehen oder in seiner Bedeutung für das Gegenüber zumindest zu erahnen, steht vor Kritik und Ablehnung.

Im Projekt KINDERWELTEN wurde der Ansatz einer vorurteilsbewussten Bildung und Erziehung entwickelt

Im Projekt »KINDERWELTEN« wurde der »Ansatz einer vorurteilsbewussten Bildung und Erziehung©« entwickelt. Er bietet mit seinen Grundlagen, Zielen, didaktischen Prinzipien eine Orientierung und praktische Handlungshilfe für die Gestaltung des pädagogischen Alltags auf dem Weg zu einer inklusiven Praxis (Wagner 2013b, S. 26). Eine vorurteilsbewusste Bildung und Erziehung und eine damit verbundene inklusive Praxis können nicht durch eine einzelne pädagogische Fachkraft alleine geleistet werden, auch wenn jede auf ihre Weise einen Beitrag zur Entwicklung einbringen kann. Inklusive Praxis schließt individuelles und institutionelles Handeln ein. Das bedeutet, es handelt sich um einen andauernden gemeinsamen Lernprozess der Beteiligten auf unterschiedlichen Ebenen, es geht um »Verwobenheit statt Trennung« (Weltzien & Albers 2014, S. 16).

Anregungen für die Praxis

Der »Ansatz vorurteilsbewusster Bildung und Erziehung©« geht zurück auf die pädagogische Arbeit nach dem Anti-Bias-Approach (= Ansatz gegen Einseitigkeiten und Diskriminierung) von Louise Derman-Sparks – in den 1980er Jahren in den USA entwickelt. Die Übertragung auf deutsche Verhältnisse erfolgte im Rahmen des Projektes KINDERWELTEN und hat die Gestaltung einer inklusiven Praxis zum Ziel. Der Anspruch auf Inklusion gründet in den Menschen-[5] und Kinderrechten[6].

Anti-Bias ist Teil einer umfassenden Bewegung für soziale Gerechtigkeit, verbunden mit der Vision einer Welt, in der es allen Menschen möglich ist, die eigenen individuellen Fähigkeiten und Begabungen zu entfalten (Derman-Sparks 2013). Es geht darum, alle institutionellen und individuellen Formen von Vorurteilen und Diskriminierung zu beenden. Wesentliche Grundlagen der Anti-Bias-Pädagogik sind:

- Menschen haben eine persönliche Identität, eine kulturelle und viele soziale Identitäten. Sie alle tragen zu ihrem Selbstbild und ihrem Bild von der Welt bei.
- Menschen sind gleichzeitig anderen ähnlich und verschieden. Dies erfordert eine Balance bei der Erkundung von Gemeinsamkeiten und Unterschieden.
- Es bedarf einer Wahrnehmung und Ausdrucksmöglichkeiten, um Diskriminierung angemessen zur Sprache zu bringen.

5 Allgemeine Erklärung der Menschenrechte (1948). Verfügbar unter: http://www.un.org/depts/german/grunddok/ar217a3.html. Siehe auch: http://www.de.wikipedia.org/wiki/Menschenrechte.

6 UN-Kinderrechtskonvention (1989): Übereinkommen über die Rechte des Kindes. Verfügbar unter: http://www.national-coalition.de/pdf/UN-Kinderrechtskonvention.pdf.

- Es bedarf alltagstauglicher Handlungsstrategien, um mit Vorurteilen und Diskriminierung umzugehen.

»KINDERWELTEN – Bildung ***konsequent*** *inklusiv* – Vorurteilsbewusste Bildung und Erziehung« in Kindertageseinrichtungen ist ein im Jahr 2000 begonnenes Projekt des Institutes für den Situationsansatz an der Internationalen Akademie der Freien Universität Berlin. Die Grundlagen der Anti-Bias-Pädagogik finden sich in vier pädagogischen Zielen des Ansatzes zur Vorurteilsbewussten Bildung und Erziehung© wieder (http://www.kinderwelten.net; Wagner 2013b):

- Kinder in ihrer Identität stärken
- Vielfalt kennenlernen und Empathie entwickeln
- Kritisch werden gegenüber Einseitigkeiten, Vorurteilen und Diskriminierung
- Aktiv werden gegen Einseitigkeiten, Vorurteilen und Diskriminierung

Der Name KINDERWELTEN bringt zum Ausdruck, dass Kinder, aber auch ihre Eltern, in vielfältigen Lebenswelten aufwachsen und leben, Unterschiede aufweisen und Gemeinsames teilen.

Inklusion: Verschiedenheit als Selbstverständlichkeit

Eine vorurteilsbewusste Haltung ist ein Baustein auf dem Weg zu einer inklusiven Pädagogik. Diese vollzieht sich nicht in Projekten, sondern im Alltag. Inklusion geht von Verschiedenheit als Selbstverständlichkeit, als Alltäglichkeit aus. Sie sieht das jeweils verschiedene als gleichwertig an (Keller 2011, S. 4). Menschen unterscheiden sich – hinsichtlich ihres ethnischen, kulturellen und sozialen Hintergrundes, des Betroffenseins von Krankheit oder Behinderung, des Geschlechts und der Sexualität, der Begabungen und Lebenserfahrungen u.v.m. –, doch sie sind gleichwertig. Inklusion, Diversität, Heterogenität, Multikulturalität, Integration – auch die Benennungen sind vielfältig. Immer geht es um die diskriminierungsfreie Alltagsgestaltung unter Berücksichtigung und Anerkennung von Gleichheit und Differenz (Weltzien & Albers 2014).

Denkt man dies weiter, so kann einem ganz schwindelig werden angesichts der Vielfalt, die sich in einer Kindertagesstätte trifft. Wie schnell erfolgt im Alltag unbeabsichtigt Bewertung oder Diskriminierung, ist in aller Regel nicht einmal bewusst.

Vorurteilsbewusstes und inklusives Handeln ist eine ständige Herausforderung. Das Aneignen von Wissen und Kenntnissen über die Andersartigkeit, die gegebenenfalls durch Fortbildung und Supervision begleitete Reflexion der eigenen Haltung und die Bereitschaft, dies immer wieder in den Alltag einzubringen (vgl. auch Kapitel 1.4.3) bietet Orientierung. Für die pädagogische Fachkraft geht es darum, (Handlungs-)Sicherheit in der Unsicherheit eines immer wieder neuen (Beziehungs-)Alltages, wie ihn die Kindertageseinrichtung darstellt, zu gewinnen. Aber welche Sicherheit ist hier gemeint? Denn es geht ja gerade nicht darum, in Stereotypen zu handeln. Hier ist mit Sicherheit gemeint, zu lernen, dass man unsicher und irritiert sein darf. Irritationen sind »Störungen«, und Störungen verhelfen dazu, Gewohnheiten zu (unter-)brechen und zu hinterfragen (Wagner 2013c, S. 244). Zu einer frühpädagogischen professionellen Identität gehört ein Selbstverständnis, das diese Ungewissheit als Aufforderung zur kontinuierlichen fachlichen und persönlichen Reflexion des eigenen professionellen Handelns versteht und das nicht nach »Rezeptwissen« sucht (Nentwig-Gesemann u. a. 2011, S. 9). In der Auseinandersetzung mit der konkreten Praxis geht es darum, eine »Sprache für die Dilemmata« zu finden (Wagner 2013c, S. 244). Die pädagogische Fachkraft qualifiziert sich in Kompetenzen, die es ihr ermöglichen, ausgehend von wissenschaftlich-theoretischem Wissen und reflektiertem Erfahrungswissen in komplexen Situationen selbst organisiert, kreativ und reflexiv zu handeln, fall- bzw. situationsadäquate Lösungsmöglichkeiten zu finden und damit neue Aufgaben und Anforderungen zu bewältigen (Nentwig-Gesemann u. a. 2011, S. 11).

Die systematische Bearbeitung von und die Auseinandersetzung mit Vorurteilen nimmt folgende Aspekte in den Blick:

- »Was empfinde ich?« (Klärung der emotionalen Ebene)
- »Warum empfinde ich so? Gibt es eigene biografische Spuren (vgl. Kapitel 3.1.2), die mich zu einer Antwort führen?«
- »Warum verhält sich mein Gegenüber auf diese Weise?« (Systemische Betrachtung, vgl. Kapitel 1.4.7)
- »Was heißt dies für mein Handeln? Was fällt mir leicht, was schwer?«

Das eigene und das Bezugssystem des Gegenübers in den Blick nehmen

Deutlich wird, dass es jeweils darum geht, das eigene Bezugssystem und das des Gegenübers in den Blick zu nehmen: Ethnische, nationale, politische, soziale, berufliche, religiöse, geschlechtsbezogene Aspekte können von Bedeutung sein. Durch die Analyse der Bezugssysteme werden vielfach gemeinsame Ansatzpunkte gefunden, die eine Basis für die Gestaltung der Beziehung bilden können. Jede Familie ist anders und besonders. Wird Vielfalt in der Einrichtung sichtbar, so lernen Kinder, Eltern und pädagogische Fachkräfte, sich mit Unterschieden wohl zu fühlen und sie zu respektieren (Azun 2013). So kann die pädagogische Fachkraft mit den Eltern gegebenenfalls in einen Aushandlungsprozess eintreten, der die Ziele und Werte der Eltern ernst nimmt und zugleich die pädagogische Kultur der Einrichtung nicht vernachlässigt.

1.4.3 Sensibilität für ethnische und soziale Kulturen

Viele japanische Eltern[7] sind zufrieden, wenn ihr Kind beim Abschied in der Krippe weint. Es zeigt ihnen, dass sie vermisst werden. Für afrikanische Mütter ist es undenkbar, ein wenige Monate altes Kind ganz alleine in seinem Zimmer schlafen zu lassen. Deutsche Eltern wiederum halten es schlichtweg für Körperverletzung, wenn afrikanische Kinder schon in den ersten Monaten in einen Plastiktopf gesteckt werden, um möglichst früh das Sitzen zu lernen (Keller 2013, S. 7 & 18ff.).

Die Zusammensetzung der Kindergruppen und der Elternschaft bringt unterschiedliche Kulturen in die Kita: unterschiedliche ethnische Kulturen bei Familien mit Migrationsstatus, aber auch unterschiedli-

7 Während die Eingewöhnung in deutschen Kindertagesstätten mit dem Anspruch gestaltet wird, dass Kinder und ihre Eltern einen Übergang vollziehen, der negative Emotionen für das Kind möglichst vermeiden hilft, wird in japanischen Kitas das Weinen der Kinder als Kriterium und Medium zur Betrachtung der Bindungsqualität gesehen. In dem Film »Anleitung zur Neugier« (Elschenbroich & Schweitzer 1995) wird folgende Szene videografiert und kommentiert: Eine japanische Mutter bringt ihr Kind zum ersten Mal in die Kindertageseinrichtung. Sie übergibt es ohne weitere Rituale der pädagogischen Fachkraft. Diese geht mit dem Kind in einen Gruppenraum. Dort befinden sich bereits mehrere Kinder, jeweils mit einer Betreuungsperson, die zu Beginn die ganze Woche nur für ein Kind zuständig ist. Die Kinder weinen bitterlich. Dies wird von den pädagogischen Fachkräften positiv gesehen, da auf diese Weise für sie gesichert ist, dass die Kinder enge Beziehungen zur Mutter bzw. Familie haben. Durch die Interaktionen der pädagogischen Fachkraft mit dem weinenden Kind wird eine Beziehung aufgebaut.

che soziale Kulturen, vielfach abhängig vom Bildungshintergrund der Familien. Ein Drittel der Kinder in Deutschland hat einen Migrationshintergrund, 91 Prozent von ihnen leben in Westdeutschland, und je jünger die Kinder sind, desto höher ist der prozentuale Anteil mit einer Zuwanderungsgeschichte (Otremba 2013, S. 14). Das Wissen um den bedeutsamen Einfluss von Kultur, Tradition, Religion und Muttersprache auf die jeweilige Bildung und Entwicklung der Kinder wird für die pädagogische Praxis immer wichtiger. Kultur definiert, was Reichtum und Armut oder Schutz und Sicherheit bedeuten, wie Bindung und Liebe aussieht, was Vertrauen ist, Anregung und Förderung ermöglicht (Keller 2011, S. 94ff.). Kultur bestimmt, wer dazugehört und wer nicht.

Kultur bestimmt, wer dazugehört und wer nicht

Anregungen für die Praxis

Es ist gut, sich zu vergegenwärtigen, dass es überall Kulturen gibt, die eine Zugehörigkeit bestimmen. Dies gilt für ethnische und soziale Kulturen, geografische oder geschichtliche Zugehörigkeiten (man denke an die Ostfriesen- oder »Ossi- und Wessi«-Witze), Berufsgruppen (oft mit eigenen Fachsprachen), Vereine, Unternehmen und damit auch für die (Team-)Kultur einer Kindertageseinrichtung. Kulturelle Regeln sorgen für die Herstellung und Aufrechterhaltung der Grenzen sozialer Systeme. Die Kulturen bestimmen, wer dazugehört und wer nicht (zum Beispiel wer einen »Witz« versteht und wer nicht). Das Erlernen der jeweils geltenden Spielregeln bestimmt die Zugehörigkeit. Wer neu hinzukommt, hat erst einmal Verständigungsschwierigkeiten – vieles ist ungeschriebenes Gesetz. Viele Regeln und Abläufe ergeben sich nicht aufgrund bewusster sachlicher Ziele, sondern sind Teil einer evolutionären Entwicklung und Historie; wir nehmen sie gewissermaßen, so sagt es eindrücklich der Volksmund, mit der »Muttermilch« auf. Entsprechend kann die Veränderung kultureller Muster nicht einfach angeordnet werden. Hilfreich ist eine Unterscheidung in

- grammatikalische kulturelle Regeln: das, was in dieser Kultur auf jeden Fall zu tun oder zu lassen ist und tief als Regeln verinnerlicht ist, ohne reflektiert zu werden,

- technische Regeln: sie folgen einer Art »Rezeptbuch«, zum Beispiel Standards, Wissen etc. und
- informelle Regeln: erlaubte und erwartete Möglichkeiten von Verhalten, zum Beispiel Mode.

Regeln bestimmen die jeweilige Kultur (Simon 2006). Während »technische« Regeln leichter gelernt werden können, sind »grammatikalische Regeln« nur schwer »nachträglich« in das eigene Verhaltensrepertoire aufzunehmen (ebd.). Führt man sich diese Zusammenhänge vor Augen, dann erklärt sich zum Beispiel, warum die Globalisierung in der digitalen Welt des Internets, wo es eher um technische und informelle Regeln geht, leichter fällt als in der analogen Kultur unseres Alltags. Und es erklärt, warum die Änderung einer Team- oder Management-Kultur ein Prozess ist, der Zeit und vielfach supervisorische Begleitung benötigt.

Interkulturelle Kompetenz wird zu einer Schlüsselkompetenz

Der Umgang mit kultureller Differenz in Kindertageseinrichtungen stellt für sich genommen noch keinen neuen Aspekt der pädagogischen Praxis dar, aber die Einschätzung der gesellschafts- und bildungspolitischen Brisanz ethnischer Diversität hat sich verändert und fordert fachliche Auseinandersetzung und Antworten (vgl. Fthenakis 2008, S. 139 ff.). Interkulturelle Kompetenz wird in einem Zuwanderungsland wie Deutschland und in unserer globalisierten Welt zu einer Schlüsselkompetenz und einem entscheidenden »soft skill« (Gernhardt u. a. 2013; Keller 2013, S. 11; Sulzer 2013; Wagner 2013c). Keller (2011, 2013; vgl. auch Wagner 2013c) zeigt, dass drei Aspekte für die Praxis bedeutsam sind, um interkulturelle Kompetenz zu beschreiben und zu erlangen:

- Kenntnis und Wissen
- Haltung und Achtsamkeit
- Diversität leben: Handeln und Können

Dabei stehen »Wissen«, »Haltung« und »Können« in stetiger Wechselwirkung und können als zentraler Faktor für die Professionalisierung der pädagogischen Fachkräfte gesehen werden (Wesseln-Borgolt 2013). Auf diese drei Aspekte wird im Folgenden näher eingegangen.

Kenntnis und Wissen

Unterschiedliche kulturelle Modelle bilden sich in den elterlichen Erziehungstheorien und Erziehungsstrategien ab (Keller 2013; vgl. auch Kapitel 4.1.1). Das Wissen und die Kenntnis über unterschiedliche Sozialisations- und Erziehungsstile stellt eine Grundlage im pädagogischen Alltag dar und stärkt die eigene interkulturelle Kompetenz. Für die Zusammenarbeit mit Eltern sind vor allem zwei kulturelle Modelle relevant, die Prototypen darstellen und in vielfältigen Mischformen wiederzufinden sind (Keller 2013, S. 13):

Das Sozialisationsziel der Wissensgesellschaften: psychologische Autonomie

1. Das vertraute, öffentlich sichtbare und entsprechend meist anzutreffende kulturelle Modell in Deutschland ist das der »psychologischen Autonomie«. Autonomie wird dabei als eine psychologische Fähigkeit verstanden, Kontrolle über das eigene Leben und die eigenen Handlungen auszuüben und das eigene Leben selbstverantwortlich zu gestalten (Keller 2011, S. 16). Eine primär autonomiebezogene Sozialisation hat die Selbstständigkeit des heranwachsenden Kindes zum Ziel. Sie betont von Geburt an die kindliche Autonomie. Das Kind lernt früh, seine eigene innere Welt wahrzunehmen und seinen eigenen Standpunkt zu behaupten. Dieses Erziehungsideal findet sich in hoch technisierten Industrie- und Wissensgesellschaften wieder. Unabhängigkeit und Eigenständigkeit, Selbstbestimmung und die Realisierung eigener Wünsche und Bedürfnisse sind für diesen Erziehungsstil zentral. Schon das Kleinstkind wird befragt und soll Auskunft über seine Gedanken und Gefühle geben. So kann man beobachten, dass Eltern ihr Baby zum Beispiel fragen: »Sollen wir zu Oma und Opa gehen?« oder »Möchtest du lieber den Möhrenbrei oder die Banane?« Das bedeutet, vieles geht über den sprachlichen, den kognitiven Modus, selbst wenn das Kleinstkind der Sprache selbst noch nicht mächtig ist. Der Begriff »psychologische Autonomie« umschreibt, dass das Kind früh lernen soll, seinen Fokus auf die innere Welt mit ihren Kognitionen und Emotionen zu legen und seinen eigenen Standpunkt zu behaupten. Weniger Wert wird in diesem Sozialisationsmuster auf soziale Verantwortung und Gehorsam gelegt (Keller 2013, S. 13).
2. In der Mehrheit der Weltbevölkerung gilt ein anderes Menschenbild. Relationalität, also Verbundenheit, als maßgeblicher Erziehungsstil findet sich:

Das Sozialisationsziel in der Mehrheit der Weltbevölkerung: Relationalität = Verbundenheit

- insbesondere in eher bäuerlich geprägten Kulturen (ethnischer Hintergrund),
- in Familien mit eher niedrigem Bildungsstand (sozialer Hintergrund, unabhängig von der Ethnie),
- in der ostasiatischen Denktradition, in der die Betonung der Individualität nicht so verankert ist wie in der westlich philosophischen Tradition.

Es geht um Eingebundensein und »In-enger-Beziehung-stehen«, statt psychologischer Autonomie. Das (familiäre) Beziehungsgefüge steht im Zentrum der Definition von sich selbst und anderen (Keller 2011). Die Werte und Normen dieser Familien sind vielfach an Verbundenheit orientiert. Gemeinschaftliche Ziele der Familie erfordern Kooperation und verantwortungsvolles Handeln (Keller 2013, S. 15). Solche Familien haben eine stärkere hierarchische Ausrichtung. Gehorsam, verbunden mit Respekt und respektvollem Verhalten Älteren gegenüber, ist oberstes Erziehungsziel, um den familiären Pflichten nachzukommen (ebd.). Auch in dieser Lebenswirklichkeit ist Autonomie bedeutsam, sie wird jedoch anders verstanden. Es geht um eine bereits in frühem Alter wahrgenommene **Handlungs**autonomie. Hiermit ist das selbstständige und verantwortungsvolle Erledigen von Aufgaben unterschiedlichster Art im familiären Kontext gemeint, das selbstständiges und verantwortungsbewusstes Handeln fördert (Keller 2011, S. 17).

Unterschiedliche Erziehungsideale treffen in der Kita aufeinander

Die Kenntnis unterschiedlicher kultureller Sozialisationsmodelle, wie hier dargestellt, betrifft nicht nur Kulturen anderer Länder (ethnische Kulturen), sondern auch die unterschiedlichen sozialen Kulturen und Milieus im eigenen Land. Zwischen den geschilderten Extremen liegt eine Vielzahl an Abstufungen sowohl zwischen Völkern und Gesellschaften als auch innerhalb einzelner Gruppierungen von Völkern und Gesellschaften. Menschen leben in unterschiedlichen »Welten« – und das manchmal Tür an Tür. In der Kindertageseinrichtung wird erlebbar, dass Eltern, Familien, Familienclans und die sie umgebende Gemeinschaft in anderen Kulturen ganz anders agieren. Verschiedene soziale Milieus stellen unterschiedliche kulturelle Kontexte dar. Die Arztfamilie aus Delhi wird sich der deutschen Erziehungsphilosophie näher fühlen, als weniger formal gebildete Familien unabhängig von ihrer ethnischen Kultur. So finden sich auch bei deutschen Familien mit geringerem Bildungshintergrund relationale Erziehungsstile und -ideale. Bühler-Niederberger (2013) zeigt aus soziologischer Sicht auf, dass eine Erziehung, die sich an den besonderen Anliegen, Fähigkeiten und der Autonomie des Kindes ausrichtet, in den mittleren und höheren sozialen Schichten häufiger anzutreffen ist, während Familien unterer Schichten dagegen stärker auf Einfügen und Gehorsam bestehen. Der Erziehungsstil der Eltern ist abhängig von ihren gesellschaftlichen Erfahrungen und stattet seinerseits die Kinder mit kulturellem Erbe aus, einer Präsentation der eigenen Person und mit dieser verbundenen Fähigkeiten, die Aussichten auf bestimmte Erfolge eröffnen oder verhindern (ebd., S. 88).

Die Kenntnis unterschiedlicher Erziehungsmodelle ist damit auch dann notwendig, wenn in Kindertageseinrichtungen deutsche Kinder ohne Migrationshintergrund aus verschiedenen sozialen Milieus zusammenkommen. Aber auch die pädagogischen Fachkräfte können unterschiedliche Erziehungskulturen verinnerlicht haben, sodass sich Unterschiedlichkeiten im Team zeigen, die als Chance in der Begegnung mit Eltern genutzt werden können. Den jeweiligen Angehörigen einer Kultur ist ihr Handeln nicht bewusst, denn es gehört zur »gesellschaftlichen Selbstverständlichkeit«. Umso mehr irritiert die jeweilige Außenansicht, wenn die Sozialisationskulturen zusammentreffen. Dieses Wissen um kulturelle Unterschiede macht verständlich, warum es notwendig ist, sensibel mit den Wertvorstellungen anderer Familienkulturen umzugehen, d. h. den erzieherischen Alltag kultursensitiv zu gestalten (Otto & Keller 2012, S. 11; vgl. Kapitel 4.1.1).

Praxisbeispiel

Hülya hat ihre Tochter Fatma in der Kita angemeldet. Sie selbst ist in der Türkei geboren und lebt mit ihren Eltern und der Familie ihrer Tante sowie der Schwiegerfamilie ihres Vaters bereits seit ihrer Einschulung mit sieben Jahren in Deutschland. Eine Kita hat sie bislang nicht kennengelernt. In ihrer Familie – alle wohnen nahe beieinander – kümmern sich alle Erwachsenen, also auch Onkel und Tanten, aber auch die größeren Kinder, um die Jüngsten. Hülya ist jedoch davon überzeugt, dass es für ihre Tochter Fatma gut ist, wenn sie eine Kita besucht. Die pädagogischen Fachkräfte werden mit dafür Sorge tragen, dass Fatma positiv gefördert wird, um später einen guten Beruf ergreifen zu können.

Hülya versteht jedoch gar nicht, warum sie sich so viel Zeit nehmen soll, um eine langwierige Eingewöhnung ihrer Tochter zu begleiten. Das hat man ihr beim Anmeldegespräch vor einigen Wochen gesagt. Fatma ist doch an andere Kinder und Erwachsene gewöhnt. In ihrem Lebensumfeld und ihrer Familie ist es normal, dass man sein Kind, auch das Kleinstkind, zur Tante, Oma, Cousine, zu Geschwistern, Freunden etc. bringt. Das »ganze Dorf / die ganze Familie« erzieht doch mit. Für Hülya gehört die Kita mit zu diesem sozialen Umfeld; die Kita ist für sie ein Teil dieser großen Familie. Die Erzieherin ist ausgebildet und somit eine kompetente Fachkraft, der sie als Mutter hohen Respekt entgegenbringt. Ihre Tochter Fatma ist doch an unterschiedliche Personen bereits gewöhnt.

Als die Erzieherin Edith sie anruft, um mit ihr die konkreten Termine abzustimmen, fasst Hülya sich ein Herz und spricht ihr Unverständnis an. Die Erzieherin spürt schnell, dass es gut wäre, wenn sie ein Gespräch anbietet. Aufgrund ihrer Fortbildungen zur interkulturellen Arbeit hat Edith die Ahnung, dass das übliche Eingewöhnungsmodell der Kita für Fatma und ihre Mutter vielleicht nicht passt. Edith hat gelernt, dass die ihr vertrauten Eingewöhnungsmodelle einer bestimmten kulturspezifischen Sicht auf die Eltern-Kind-Beziehung folgen. Die meisten Kinder kennen exklusive Bindungen an ihre Mutter und ihren Vater, also **dyadische** Bindungen. Sie sind es nicht gewöhnt, dass sie von unterschiedlichen Menschen versorgt werden, also **multiple** Bindungsmuster eingehen.

Bindungsmuster bei Kindern sind verschieden: dyadische und multiple Bedingungen

Im gemeinsamen Gespräch ist Edith daran interessiert, die Perspektive von Hülya zu verstehen. Wertschätzend neugierig fragt sie nach den für Fatma wichtigen Personen. Zugleich erklärt sie, was es mit dem Eingewöhnungsmodell auf sich hat. Beide Frauen verabreden, dass in den ersten Tagen immer eine für Fatma vertraute Person in der Nähe sein soll – das werden Großmutter, Tante und

die Cousine neben Hülya sein. Auch werden sie Fatma beobachten, um zu sehen, ob sie gut zurechtkommt.
Hülya ist froh, dass sie eine gute Kita gefunden hat. Sie hatte schon Sorge, die Betreuung anders organisieren zu müssen. Und Edith ist froh, erste Schritte für eine gute Erziehungs- und Bildungspartnerschaft eingeleitet zu haben.

Haltung und Achtsamkeit

»Das ist ja alles ganz interessant, dass Eltern andere Erziehungsvorstellungen haben, aber jetzt sind sie hier (in der Kita) und müssen sich an unsere Erziehungsvorstellungen anpassen.« In Diskussionen zur interkulturellen Kompetenz kann man solche Äußerungen vielfach hören. Doch unterschiedliche Erziehungsstile sind nicht nur eine Frage der Ethnie und eines Migrationshintergrundes, sie sind insbesondere auch eine Frage der sozialen Zugehörigkeit und des Bildungshintergrundes.

Hier zeigt sich eine der Herausforderungen in der Zusammenarbeit mit Eltern und dem Aufbau einer Erziehungs- und Bildungspartnerschaft. Die pädagogischen Fachkräfte sind gefordert, fremde Praktiken und Gebräuche der Erziehung und Bildung mit Neugier kennenzulernen und sie – ebenso wie die eigenen – zu hinterfragen. Respektvolle Haltung und Wertschätzung (vgl. Kapitel 1.4.1), vorurteilsbewusstes Handeln (vgl. Kapitel 1.4.2), Ressourcenorientierung (vgl. Kapitel 1.4.4), Bereitschaft zum Dialog (vgl. Kapitel 1.4.5) und die Bereitschaft zur Selbstreflexion (vgl. Kapitel 1.4.6) sind wesentliche Voraussetzungen, um Andersartigkeit zu begegnen und sie als wertvollen Teil unserer Gesellschaft zu sehen.

All dem voraus gehen eine Offenheit der pädagogischen Fachkraft für Neues und die Neugier auf Anderes. Diese Grundhaltung ist nicht nur wertvoll im pädagogischen Alltag mit Blick auf die Bildungsbegleitung der Kinder[8], sondern auch in der Zusammenarbeit und Begleitung der

8 Das Aufwachsen in unterschiedlichen (Sozialisations- und Erziehungs-)Kulturen spiegelt sich auch in Kinderzeichnungen wider. Ariane Gernhardt zeigt in ihrer Veröffentlichung (2012) die Unterschiede in der Selbstdarstellung der Kinder bzw. der Darstellung ihrer Familie, je nachdem, ob diese Kinder innerhalb einer Sozialisations-

Die pädagogische Fachkraft ist bereit, sich irritieren zu lassen

Eltern. Die Bereitschaft, sich »irritieren« zu lassen, ist der erste Schritt, hinzuschauen und hinzuhören, welche Werte, Rituale und Verhaltensregeln die elterliche Erziehung in anderen Kulturen bestimmen. Neugier erfordert, dem Neuen und Andersartigen offen zu begegnen, es in dem jeweiligen Bedeutungszusammenhang verstehen zu wollen, gewissermaßen mit den Augen des Anderen zu sehen (vgl. Kapitel 1.4.7). Das schließt den bewertenden Vergleich aus. Relationale Erziehungsstile und daraus abgeleitete Lebensalltage sind nicht traditionell, konservativ oder gar rückständig – sie sind anders, allenfalls zeigen sie Ähnlichkeiten zu Lebensweisen auf, wie sie sich im 20. Jahrhundert in Deutschland zeigten.

Andere Erziehungskulturen werden deshalb als fremd erlebt, weil sie mit den eigenen Vorstellungen, Lebenserfahrungen und Idealen konfrontieren. Da die pädagogische Arbeit in der Kindertagesstätte sich in Beziehungen vollzieht, ist die pädagogische Fachkraft als Person mit ihrer eigenen Biografie gefordert. Die eigene Biografie ist Basis ihres Handelns, und immer wieder gilt es, sich die eigenen Haltungen und Erfahrungen bewusst zu machen, das eigene Handeln zu reflektieren (vgl. Kapitel 3.1.2)[9].

kultur psychologischer Autonomie oder der gemeinschaftlichen Verbundenheit groß geworden sind. So werden zum Beispiel Figuren von Kindern aus einer westlich geprägten Kultur größer (psychologische Autonomie) gemalt. Die Figurengröße hängt wesentlich davon ab, ob in einer Familie eher das Individuum oder die Gemeinschaft im Vordergrund steht. Fehlende Gesichter älterer Familienmitglieder können ein Hinweis darauf sein, dass es in manchen Kulturen ein Respekterweis ist, älteren Menschen nicht in das Gesicht zu schauen.

9 Die Forschungsgruppe um Heidi Keller (Forschungsstelle Entwicklung, Lernen und Kultur an der Universität Osnabrück; http://www.nifbe.de/das-institut/forschung/entwicklung) hat einen Fragebogen entwickelt und veröffentlicht (Keller 2011, S. 20f.), der eine Selbsteinschätzung bezüglich der subjektiven Bewertung bedeutsamer Sozialisationsziele ermöglicht. So kann man für sich überprüfen, inwieweit eher relationale Erziehungsziele (z. B. »ältere Menschen respektieren«, »mit anderen teilen«, »tun, was Eltern sagen«) oder psychologische Autonomie (z. B. »von anderen verschieden sein«, »eigene Vorstellungen klar ausdrücken«, »sich durchsetzen«) dem eigenen Denken und Handeln zugrunde liegen.

Anregungen für die Praxis

Curricula öffentlicher Sozialisationsinstanzen tragen dem angezielten Menschenbild Rechnung, und Entwicklungsabweichungen werden auf dieser Grundlage bestimmt. Das Sozialisationsmuster der »psychologischen Autonomie« und die damit angestrebten Sozialisationsziele finden sich in Deutschland in den Bildungsplänen und -programmen der Länder zur frühkindlichen Bildung ebenso wieder wie in den Konzeptionen der Einrichtungen (Keller 2011, S. 139ff.; Dies. 2013, S. 14). Gleichzeitig wird das Thema »Interkulturalität« in allen Bildungsplänen und -programmen angesprochen und von der Fachpraxis gefordert (Borke 2013). Während also auf der einen Seite der Anspruch einer »psychologischen Autonomie« als Sozialisationsziel institutionell verankert ist, fordert Interkulturalität auf der anderen Seite die Bereitschaft der pädagogischen Fachkräfte, für Sozialisationsziele, die sich an einer stärkeren Relationalität und Verbundenheit orientieren, offen zu sein. Auf allen Verantwortungsebenen, ob in der Kindertagesstätte, bei Träger oder Jugendamt und weiteren Organisationen, ist es gut, sich dessen bewusst zu sein.

Diversität leben: Handeln und Können

Den jeweiligen Angehörigen einer Kultur ist ihr Handeln nicht bewusst, denn es gehört zur »gesellschaftlichen Selbstverständlichkeit«. Der pädagogischen Fachkraft ist bewusst: Die eigene Sicht der Dinge ist nicht die einzige. Den unterschiedlichen Familienkulturen wertschätzend und interessiert gegenüberzustehen gibt Raum für Ideen, wie der Alltag kultursensibel gestaltet werden kann. Diversität leben und Heterogenität zulassen ist eine Bereicherung der alltäglichen pädagogischen Praxis. Eine Ressourcenorientierte Haltung (vgl. Kapitel 1.4.4) erleichtert es, Vielfalt als eine Chance zu sehen.

Erhöht die Chancengerechtigkeit: Ungleiches wird unterschiedlich behandelt

Wie aber kann man angesichts der gegebenen Vielfalt und Heterogenität Kinder und Eltern gerecht und gleich behandeln? Chancengerechtigkeit wird dadurch erhöht, dass Ungleiches nicht gleich, sondern unterschiedlich behandelt wird. Jedes Kind – und seine Familie – ist anders. Die Familien schauen anders und unterschiedlich auf die Geschehnisse in der Kindertageseinrichtung und benötigen daher Gegenüber, die ihnen helfen, einen Zugang zu diesem Alltag zu finden. Diversität leben bedeutet, pädagogische Strategien im Alltagshandeln der Kindertageseinrichtung zu integrieren, die den Eltern und Kindern mit ihren verschiedenen kulturellen Modellen vertraut sind. Dies ist zu Beginn eine Herausforderung und Anstrengung im anspruchsvollen Arbeitsalltag, jedoch schon bald eine Entlastung, da weniger Reibungen im Alltag notwendig werden; also eine Anstrengung, die das Team stärkt und nicht nur Kräfte kostet.

Praxisbeispiel

Das Projekt »Sprachkultur in der Kita«[10] ist ein Beispiel gelungener Integration, die sich im anspruchsvollen Alltag der Kindertageseinrichtung verwirklichen lässt. In kulturvergleichenden Beobachtungen wurden unterschiedliche Diskurs- und Kommunikationsstile zwischen Müttern und ihren Kindern festgestellt. Der wichtigste kulturspezifische Unterschied fand sich darin, dass sich Gespräche bei Müttern, die einem eher autonom orientierten Sozialisationsstil zuzuordnen sind, um das individuelle Kind drehen. Bei Müttern aus eher relational orientierten kulturellen Milieus stehen Gespräche über das »Wir« und andere Personen im Mittelpunkt. »Entsprechend haben Kinder in psychologisch autonom organisierten kulturellen Milieus mehr an Unterhaltungen teilgenommen und sich damit sprachlich weiterentwickelt, wenn die Gespräche auf sie zentriert waren, während in eher relational organisierten kulturellen Milieus Kinder bessere Sprachergebnisse erzielten, wenn mehr über andere und Gruppenzusammenhänge gesprochen wurde« (Keller 2013, S. 21).

10 Es handelt sich um ein Projekt am Niedersächsischen Institut für frühkindliche Bildung (nifbe). Die Projektbeschreibung ist einsehbar unter: http://nifbe.de/index.php/fachbeitraege-von-a-z?view=item&id=285; die Forschungsergebnisse sind veröffentlicht (Schröder & Keller 2012).

1.4.4 Ressourcenorientierte Haltung

Eine ressourcenorientierte Haltung nimmt die Stärken und Fähigkeiten des Gegenübers in den Blick. Dabei kommt es zugleich auf die Bereitschaft an, zu hinterfragen, was eine Stärke und was eine Schwäche überhaupt ist. Und damit verbunden: Eine Schwäche kann, aus einer anderen Perspektive betrachtet oder in einen anderen Zusammenhang gestellt, eine bedeutsame Stärke sein (vgl. Kapitel 1.4.6 & 3.1.2). Wahrnehmungspsychologisch sicher ist: Wer Stärken wahrnimmt und kommuniziert, stärkt die Entwicklung von Stärken. Stärken zu stärken ist also die beste Förderstrategie (Kebbe 2009a).

Stärken zu stärken ist die beste Förderstrategie

Durch die eigenen schulischen Erfahrungen, die jedem in unterschiedlicher Weise in Erinnerung sind, gibt es eine gesellschaftlich tief verwurzelte und traditionell verankerte Haltung, was das Bewerten und Vergleichen anbelangt, oft verbunden mit dem Gefühl, nicht gut genug zu sein oder mit den eigenen Schwächen konfrontiert zu werden[11].

11 Kinder und Familien mit niedrigerem Bildungsstand oder von Langzeitarbeitslosigkeit Betroffene erfahren in besonderer Weise eine defizitäre Bewertung und begegnen Vorurteilen. Deutlich wird, dass unsere Gesellschaft aufgrund der gegebenen sozialen Kulturen (vgl. Kapitel 1.4.3) nicht so durchlässig ist, wie der bildungspolitische Anspruch es vorsieht. Aber selbst, wenn der äußere Erfolg, der »Aufstieg« gelingt, so wächst das innere Gefühl »zu genügen« oft nicht so schnell mit oder es stellt sich die Frage der Loyalität zur eigenen Vergangenheit und den Eltern. So wie Migrantenkinder vielfach zwischen ihrer Heimatkultur und der deutschen Kultur stehen, so stehen »Sozialaufsteiger« zwischen ihrer Herkunftskultur und ihrer neuen Umgebung. Eigene Selbstzweifel und Scham oder das Gefühl, sich und seine Herkunft verteidigen zu müssen, sind nicht selten Begleiter in Beziehungen. Alles dies spielt in der Zusammenarbeit von pädagogischen Fachkräften und Eltern eine Rolle, und es ist gut, sich dies als pädagogische Fachkraft zu vergegenwärtigen und vielleicht in der eigenen Biografie ebensolche Muster zu erkennen. In sehr eindrücklicher Weise hat Undine Zimmer in ihrer Autobiografie »Nicht von schlechten Eltern« (2013) die Summe ihrer Erfahrungen als Hartz-IV-Kind erzählt: »Träumen erfordert viel Mut, wenn dir keiner Hoffnung macht. Und es ist so viel leichter, für Träume zu kämpfen, wenn du unterwegs Menschen triffst, die dich verstehen und an dich glauben, wenn du selbst noch zweifelst. Zum Glück habe ich immer wieder solche Menschen getroffen. Und ich möchte selbst eines Tages jemand sein, der andere ermutigt, nach ihren Träumen zu suchen und an sie zu glauben (S. 25). … In vielen Tagebucheinträgen erkenne ich aber auch, dass es damals wie heute noch die gleichen Windmühlen sind, gegen die ich innerlich kämpfe. Immer geht es dabei um Geringschätzung meiner eigenen Arbeit, um den Wunsch, dazugehören zu wollen (S. 57). … Immer wenn ich das Gefühl der Verletztheit bei meiner Mutter spürte, nach Amtsbesuchen etwa oder nach Konflikten mit anderen Menschen, habe ich die Übeltäter in meiner Phantasie durch meine bloße Anwesenheit und ein paar gut gesetzte Worte fertig gemacht. Wie ein beschützender Wächter wollte ich

Demgegenüber nimmt die ressourcenorientierte Haltung Abschied vom Vergleich mit Anderen oder einem angenommenen objektiven Maßstab. Sie nimmt den Einzelnen als Individuum in den Blick und benennt seine individuellen Stärken. Vielleicht ist es manchmal eine herausfordernde kreative Suche, aber wer Stärken sucht, wird sie finden.

Paradigmenwechsel in der Pädagogik: sich an den Ressourcen des Gegenübers orientieren

Die Ressourcenorientierung, d.h. Stärken und Fähigkeiten im Anderen zu sehen und diese hervorzuheben, kennzeichnet einen Paradigmenwechsel in der Pädagogik, der in der Frühpädagogik weitgehend und im schulischen Bereich beginnend zur grundlegenden Praxis wird. Die positiven Auswirkungen bestätigen diesen Ansatz (vgl. Kebbe 2009a, S. 71; Weltzien & Kebbe 2011, S. 258ff.):

- Kinder ebenso wie Erwachsene werden neu wahrgenommen.
- Gespräche werden konstruktiver.
- Menschen, die in ihren Stärken gesehen werden, gewinnen Selbstbewusstsein.
- Werden die Stärken gesehen, fällt es viel leichter, auf die Schwächen zu schauen und diese – möglicherweise durch die wahrgenommenen Stärken – zu überwinden.

Der ressourcenorientierte Blick der pädagogischen Fachkraft auf das Kind rührt Eltern vielfach an und ermutigt sie, das eigene Kind gegebenenfalls in einem anderen Licht zu sehen. Entwicklungsgespräche (vgl. Kapitel 4.2.2), die auf einer stärkenorientierten Beobachtung und Dokumentation beruhen und stärkenorientiert geführt werden, führen dazu, dass sich alle Beteiligten auf den Austausch und die Informationen über das Kind freuen. Aber genauso wie der Blick auf das Kind stärkt der ressourcenorientierte Blick der pädagogischen Fachkraft auf die Eltern das Gefühl der Wertschätzung und des Respekts und ermöglicht eine größere Offenheit der Eltern.

In einer Kindertageseinrichtung, deren Fachkräfte sich in einer konzeptionell verankerten ressourcenorientierten Haltung üben, werden die vielfältigen Situationen und Anlässe mit Kindern und Eltern, aber auch die in der Einrichtung zum Einsatz kommenden Methoden und

mich vor meine Eltern stellen, so dass keiner ihnen wehtun, sie traurig machen oder benachteiligen konnte (S. 242).«

Instrumente einer kritischen Reflexion unterzogen, ob sie dem stärkenorientierten Ansatz entsprechen[12].

Der bewusste Blick auf die Stärken des Gegenübers – ob Kind oder Erwachsener – wirkt zudem zurück auf die pädagogische Fachkraft: Die eigene Entwicklung wird gefördert, die Kreativität gestärkt und damit die berufliche Motivation erhalten (Kebbe 2009a).

1.4.5 Dialogische Haltung

Eine dialogische Haltung der pädagogischen Fachkräfte unterstützt das Ziel der Bildungs- und Erziehungspartnerschaft, in gemeinsamer Verantwortung die Erziehungs- und Bildungsprozesse des Kindes zu gestalten. Eine dialogische Haltung hilft, die dafür notwendigen, im Einzelfall auch konfliktbeladenen Aushandlungsprozesse zu führen.

Weltzien und Kebbe (2011, S. 106) verweisen auf den jüdischen Sozial- und Religionsphilosophen Martin Buber (1878 – 1965), der sich intensiv mit der Erforschung des Dialogs und der dialogischen Haltung befasst und ihre Voraussetzungen, Grenzen und Wirkungen in den Blick genommen hat. Martin Buber hat in seinen »Schriften zum dialogischen Prinzip« (1957) Gedanken und Möglichkeiten für unsere Gesellschaft formuliert, die das Gespräch mit dem Anderen als Grundlage und Chance für die Verwirklichung einer echten Gemeinschaft konstituieren. Im Dialog ist das Gegenüber Subjekt. Bei einem solchen Zusammentreffen geht es um Fragen und Antworten, bei denen die sich Begegnenden im Gespräch sich nicht als Ich und Es, sondern als Ich und Du verstehen. In dem Augenblick, in dem das Ich das Andere zum Du werden lässt, sich ernsthaft für das Gegenüber interessiert, spricht Buber von einem lebendigen »Zwischen« (Buber 2008).

Eine dialogische Haltung unterstützt das Ziel, in gemeinsamer Verantwortung zu handeln

Kennzeichen einer dialogischen Haltung sind (Kebbe & Reemen 2009, S. 134ff.):

12 Bei Kebbe (2009a, S. 72ff.) werden neun Kriterien aufgeführt, an denen stärkenorientierte Methoden zu erkennen sind: Kindzentrierung (1), Wahrnehmung von Potenzialen und Fähigkeiten (2), Systematische Dokumentation (3), Dialog mit dem Kind (4), Austausch mit den Eltern (5), Fachlicher Austausch der Fachkräfte (6), Beachtung der Kooperation mit anderen Fachdiensten, zum Beispiel Grundschule und andere Fachdienste (7/8), Begründungszusammenhänge zum Einsatz der Methode (9).

- **Akzeptanz und Annahme des Gegenübers:** Meinungen und Erziehungsvorstellungen sowie Lebensweisen der Familie werden als für diese Eltern bedeutsam akzeptiert. Die Person wird so angenommen, wie sie ist. Ihr wird ohne Abstriche Wertschätzung entgegengebracht.
- **Empathie und Mitgefühl:** Die pädagogische Fachkraft lässt sich mit Verstand und Herz auf die Kommunikation mit den Eltern ein. Sie fühlt sich in die Situation des Gegenübers ein, so wie sie sich für den Anderen darstellt.
- **Kongruenz:** Die pädagogische Fachkraft verhält sich jederzeit authentisch. Sie ist offen für ihr eigenes Erleben und versteckt sich nicht hinter einer Rolle. Sie ist sich ihrer Gefühle bewusst und leugnet sie nicht. Sie weiß, dass sich Echtheit nicht nur in Worten, sondern auch in der Körpersprache zeigt. Das, was sie versteht, fühlt und wahrnimmt, ist kongruent, d.h. es stimmt überein mit dem, was sie dem Gegenüber rückmeldet. Macht sie etwas traurig oder rührt sie etwas an, dann bringt sie zum Ausdruck, dass sie genau dies empfindet.
- **Aktives Zuhören:** Die pädagogische Fachkraft lässt sich ganz auf das ein, was das Gegenüber zum Ausdruck bringt. Das eigene Mitteilungsbedürfnis wird zurückgenommen (Textor 2006f, S. 113). Es geht darum, den Gesprächspartner umfassend zu verstehen und zu erfassen, was er mitteilen möchte.

Die personenzentrierte Gesprächsführung nach Carl Rogers – mehr Haltung als Methode

Die aus diesen Kennzeichen abgeleitete konkrete Umsetzung einer dialogischen Haltung als Kommunikationsinstrument[13] und Kommunikationskultur greift auf das Wissen und die Erkenntnisse der personen- bzw. klientenzentrierten Gesprächsführung nach Carl Rogers (Rogers 1985; Weinberger 2011) zurück. Diese Gesprächsführung – mehr Haltung als Methode – führt dazu, dass das Gegenüber über sich und sein Erleben spricht, sich selbst besser verstehen lernt und leichter zu Einstellungs- und Verhaltensänderungen gelangt. In der personenzentrierten Gesprächsführung (Weinberger 2011, S. 37ff.) folgt die für die Gesprächsführung verantwortliche pädagogische Fachkraft ganz den

13 Verwiesen sei als Voraussetzung jeder Kommunikation auf die grundlegenden Veröffentlichungen von Schulz von Thun (2010a, 2010b, 2013) zur Psychologie der Kommunikation.

Themen der Eltern und hält sich mit eigenen Statements und Meinungen zurück (vgl. auch Kapitel 4.4.2.& 4.4.5).

Anregungen für die Praxis

Verlauf einer personenzentrierten Gesprächsführung am Beispiel eines Elterngespräches:

- Eltern erzählen etwas, das für sie von Bedeutung ist.
- Die pädagogisch Fachkraft erkennt das Thema und benennt dieses. Zugleich versucht sie zu ergründen, mit welchen Gefühlen dieses Thema für die Eltern verbunden ist, zum Beispiel: »Sie haben den Eindruck, dass Kevin keine Freunde findet, und das betrübt Sie.«
- Die Eltern werden dies bejahen oder korrigieren und dann weiter erzählen.
- Die pädagogische Fachkraft spiegelt die Äußerungen und Gefühle der Eltern.
- Die Eltern können so eigenständig ihren Gedanken folgen und eigene Ideen entwickeln oder Hypothesen bilden.
- Die pädagogische Fachkraft folgt den Gedanken und Überlegungen der Eltern. Nur wenn das Gespräch stockt, gibt sie Anregungen.

Auf Außenstehende wirken diese Gesprächsabläufe im ersten Moment so, als wären die Gesprächsspiegelungen der pädagogischen Fachkraft ein papageienhaftes Nachplappern. Tatsächlich können sich auf diese Weise alle Beteiligten intensiv den Gedanken der Eltern widmen, deren Vorstellungen und Ideen maßgeblich sind für das Aufwachsen ihres Kindes. Auch verlangsamt sich so meist der Gesprächsfluss, was die Konzentration erleichtert und die Chance erhöht, beim Thema zu bleiben. Um sich in der personenzentrierten Gesprächsführung zu üben oder mehr Sicherheit zu erfahren, empfiehlt sich der Besuch einer qualifizierten Fortbildung.

Deutlich wird: Eine auf dialogischer Haltung beruhende Kommunikationskultur verfolgt stets das Ziel, den Gesprächspartner als autonomes Gegenüber zu sehen, als einen Menschen, der in eigener Verantwortung handelt und in seiner Selbstständigkeit Unterstützung erfährt.

»Mit-dem-Widerstand-gehen« – eine hilfreiche Gesprächsmethode

Eine dialogische Gesprächskultur fällt möglicherweise dann besonders schwer, wenn das Gegenüber aufbrausend, aggressiv oder ungerecht kritisch anmutet. Hier hat sich eine Haltung entsprechend der personenzentrierten Gesprächsführung bewährt, das sogenannte »Mit-dem-Widerstand-gehen«: Man bleibt in einem Gespräch sehr konsequent dabei, das Gegenüber verstehen zu wollen und nicht mit Widerspruch, Rechtfertigung, Verteidigung oder mit »Ja, aber …« zu reagieren. »Mit-dem-Widerstand-gehen« lässt dem Anderen seine Meinung und Auffassung und versucht, diese genauer zu verstehen und ihr zu folgen. Nicht selten führt dies dazu, dass das Gegenüber nicht mehr um seine Meinung und Auffassung kämpfen muss, sondern angesichts des entgegengebrachten Verständnisses gelassener und zugänglicher wird; Aggression und Aufbrausen verpuffen. »Mit-dem-Widerstand-gehen« heißt, mitgehen als die Person, die man ist, ohne die eigene Auffassung in den Vordergrund zu bringen. »Mit-dem-Widerstand-gehen« heißt, es geht mir als pädagogische Fachkraft und als Person und ebenso der Kindertageseinrichtung nichts verloren, wenn ich den Gedanken und den Auffassungen des Gegenübers folge, mich in sie hineindenke. Denn in den meisten Fällen gründet das Verhalten meines Gegenübers in seiner Weltsicht: Vielleicht musste er in seiner Vergangenheit immer um alles kämpfen oder hat die Erfahrung gemacht, jemandem erst einmal richtig Bescheid geben zu müssen, damit er verstanden wird. Hier hilft das Wissen um systemische Denk- und Arbeitsansätze (vgl. Kapitel 1.4.7). Indem die pädagogische Fachkraft »mit-dem-Widerstand-geht«, wird dem Gespräch die Aggression genommen, es ist nicht auf Auseinandersetzung und Kampf ausgerichtet; es trägt beim Gegenüber zur Entspannung bei, es darf verbal abgerüstet werden, weil die Meinung gelten darf und nicht erkämpft werden muss. Wenn dies geschieht, steht der Gesprächspartner notwendigen Aushandlungsprozessen in aller Regel aufgeschlossen gegenüber. Denn ernsthaft und mit Ausdauer entgegengebrachter Respekt und Wertschätzung eröffnen beim – auch für schwierig erachteten – Gegenüber in den meisten Fällen Zugänge.

Widerstand beim Gegenüber bedeutet im professionell pädagogischen Kontext mangelnde Flexibilität auf der eigenen Seite. Widerstand entspringt nicht der Bösartigkeit des Gegenübers, sondern ist vielfach ein Hinweis auf einen fehlenden Kontakt auf der Beziehungsebene. Dies kann durch Bemühungen um die Beziehung, möglicherweise erneut und immer wieder, ausgeräumt werden (DJI 2011, S. 159).

1.4.6 Bereitschaft zur Selbstreflexion

Für eine respektvolle, vorurteilsbewusste, kultursensible, ressourcenorientierte und dialogische Haltung ist die kontinuierliche Selbstreflexion der pädagogischen Fachkraft, besonders im Hinblick auf die eigenen Wertvorstellungen, eine entscheidende Voraussetzung (vgl. Kapitel 3.1.2). Es gibt in unserer pluralen Gesellschaft vielfältige kulturell, traditionell oder sozial geprägte und entsprechend heterogene familiäre Lebensformen. Die eigenen Annahmen der pädagogischen Fachkraft über das, was eine gute Familie oder eine gute Eltern-Kind-Beziehung ausmacht, bestimmen entscheidend mit darüber, mit welchem Respekt und welcher Wertschätzung sie den Eltern begegnet. Bei der kontinuierlichen Selbstreflexion geht es um Fragen an die eigene Grundhaltung, die das alltägliche pädagogische Handeln beeinflussen. Auch die eigenen Wahrnehmungsmuster werden hinterfragt, zum Beispiel ob man eher dazu neigt, Defizite wahrzunehmen oder es gelingt, die Stärken des Gegenübers zu erkennen (Kebbe 2009b).

Fragen zur Selbstreflexion

Gelingt es mir, den Eltern als Personen und ihrer Verantwortung grundsätzlichen Respekt entgegenzubringen? Wann fällt mir dies schwer? Was hilft mir?

Bin ich offen für mein Gegenüber? Habe ich Interesse an ihm? Wann fällt mir dies schwer? Was hilft mir?

Habe ich Achtung vor der Eigenständigkeit und Eigenverantwortlichkeit des Menschen? Wann fällt mir dies schwer? Was hilft mir?

Gelingen mir Wertschätzung und einfühlsames Verstehen meines Gegenübers? Wann fällt mir dies schwer? Was hilft mir?

Gelingt es mir, meinem Gegenüber Wärme und Zugewandtheit entgegenzubringen? Wann fällt mir dies schwer? Was hilft mir?

Kann ich meinem Gegenüber sein Recht auf Anderssein zuerkennen? Wann fällt mir dies schwer? Was hilft mir?

Gestalte ich den Austausch mit Eltern im Dialog? Unterstütze ich sie darin, sich auszudrücken sowie ihre Meinungen und Beobachtungen mitzuteilen? Gelingt es mir, ihnen aktiv zuzuhören? Wann fällt mir dies schwer? Was hilft mir?

Gibt es in der Kindertageseinrichtung eine diskursive Praxis? Wie tauschen wir Fachkräfte uns untereinander aus? Bringen wir uns gegenseitig Respekt und Wertschätzung entgegen?

Gelingt mir bei auseinanderliegenden Ansichten eine konstruktive Auseinandersetzung mit den Eltern? Kann ich Abwertung vermeiden? Wann fällt mir dies schwer? Was hilft mir?

Bin ich selbst in meinem Auftreten für mein Gegenüber echt, wahrhaftig und authentisch, als Fachkraft und Person? Wann fällt mir dies schwer? Was hilft mir?

Gelingt es mir, meine eigenen Erziehungsvorstellungen transparent zu machen, sie zu erklären, mit den Eltern bei unterschiedlichen Erziehungsvorstellungen einen Weg zu finden? Wann fällt mir dies schwer? Was hilft mir?

Selbstreflexion erweitert die eigene Erlebnisfähigkeit

Die Selbstreflexion erweitert die eigene Erlebnisfähigkeit (Goleman 2004, insbes. S. 67 ff.). Zugleich hilft sie, Selbstdistanz zu üben, um sich so neuen Perspektiven und Blickwinkeln zuwenden zu können. Damit trägt die Selbstreflexion dazu bei, dass die pädagogischen Fachkräfte darin gestärkt werden, kontinuierlich für die Beziehungsgestaltung Verantwortung zu übernehmen.

In der Selbstreflexion geht es um Selbstbilder, Menschenbilder und Weltbilder, die das eigene Denken, Fühlen und Handeln bestimmen. Hirnforscher können aufzeigen, dass diese inneren Bilder alles andere als belanglos sind. So gibt es innere Bilder, die Menschen dazu bringen, sich immer wieder zu öffnen und Neues zu entdecken, aus denen sie Mut, Ausdauer und Zuversicht schöpfen; es gibt aber auch Bilder, die Menschen ängstigen und dazu führen, sich vor der Welt zu verschließen (Hüther 2009). Hirnforscher bestätigen somit, was Psychologen und Pädagogen als Erfahrungsschatz bereits in ihrem Handeln berücksichtigt haben: Die Macht der inneren Bilder wirkt sich auf die eigene Person und die eigene Umwelt aus (ebd.).

Eine pädagogische Fachkraft, der es gelingt, ihre eigene innere Wahrnehmung zu reflektieren, kann sich in der äußeren Wahrnehmung offener auf die Welt des Gegenübers einlassen. Sie wird sich als Lernende verstehen und immer wieder neu durch die Erkenntnisse aus den Begegnungen mit dem Gegenüber anregen lassen, ihre eigenen Annahmen und Erwartungen zu hinterfragen.

1.4.7 Wissen um systemische Denk- und Arbeitsansätze

In der Kindertageseinrichtung treffen die Systeme »Familie« und »Einrichtung« aufeinander. Gemeinsam ist beiden Systemen das Ziel, die bestmögliche Erziehung und Bildung der Kinder zu gestalten. Eine spannende Dynamik entsteht, denn nicht immer stimmen die Wege zu diesen Zielen überein. Aus der Sicht der pädagogischen Fachkräfte ist manches Handeln der Eltern unverständlich, wird vielleicht sogar abgelehnt. Eltern ihrerseits fühlen sich manchmal missverstanden, nicht ernst genommen. Hier kann Wissen um systemische Denk- und Arbeitsansätze für das professionelle Handeln hilfreich sein (Klein & Vogt 2008, S. 28ff.).

Systemisches Denken: Jede Handlung erfüllt einen Sinn

Systemisches Denken geht von der Überzeugung aus, dass jede Handlung und jedes Verhalten aus der Perspektive des Handelnden einen Sinn erfüllt, auch wenn es möglicherweise für die aktuelle Situation unangemessen ist. Systemische Denk- und Arbeitsansätze können den pädagogischen Alltag bereichern und erleichtern.

Praxisbeispiel

Der kleine Philipp (4 Jahre) will voller Stolz in Anwesenheit seines Erziehers der Mutter erzählen, was er in der Bauecke Tolles geleistet hat. Die Mutter sieht ein unförmiges Gebilde vor sich, bei dem unterschiedlich große, dicke und dünne Holzscheite mit zum Teil krummen Nägeln zusammengehalten oder zusammengeklebt sind. An manchen Stellen hängen dicke Tropfen Kleber, andere Teile sind mit Tesafilm umwickelt. Der Mutter ist dieses in ihren Augen »unschöne« Werkstück ihres Kindes unangenehm. Dem Redeschwall ihres Sohnes begegnet sie mit einem unwirschen »Tu dich nicht so hervor!«.

Wirklichkeiten werden subjektiv wahrgenommen und (re-)konstruiert

Ein systemisches Verständnis geht davon aus, dass alle Eltern für sich und ihre Kinder das Bestmögliche wollen (vgl. auch Klein & Vogt 2008, S. 31f.), auch wenn sie – wie im Praxisbeispiel – oftmals vielleicht verletzend oder unklug handeln. Den Eltern, die ihr Kind nicht fördern und stützen oder ihm sogar schaden, mit Abwertung und Verurteilung zu begegnen, ist zwar emotional verständlich, verhindert aber zugleich ein konstruktives und auf Veränderung abzielendes Zugehen. Veränderung, Entwicklung und Wachstum – auch von Eltern – sind in einer Atmosphäre des Zutrauens und der Akzeptanz viel leichter möglich. Statt einer Schuldzuschreibung – »Die Mutter geht schlecht mit ihrem Kind um!« – geht eine systemische Perspektive auf die Suche nach einem möglichen Sinn der Handlung der Mutter. Denn auch die Beobachter von Wirklichkeiten geben dem Wahrgenommenen ihren eigenen subjektiven Sinn – Wirklichkeiten werden konstruiert[14]. Entsprechend

14 Der Mensch benötigt für sich eine »Erklärung« von der Welt, um sich in ihr mit seinem Denken und Handeln zurechtzufinden und ein Gleichgewicht (DJI 2011, S. 157ff.; Klein & Vogt 2008, S. 34ff.) für sich mit seiner Umwelt herzustellen; man denke an den Ausspruch »er/sie ist aus dem Gleichgewicht geraten«, der diesen Zusammenhang sprachlich gut ausdrückt. Es gibt viele Möglichkeiten, die Welt zu sehen, abhängig von den Kulturen, in denen wir aufwachsen und leben, und den damit in uns gewachsenen Überzeugungen und Denkmustern. Wahrnehmungen werden verarbeitet, und es entsteht ein individuelles Bild von der Welt. Der Begriff »Konstruktion« macht deutlich, dass die individuellen Theorien des Menschen (oder einer ganzen Gruppe von

besteht die Möglichkeit, dem Beobachteten nicht nur die augenfällige Erklärung zuzuschreiben, sondern es in einem neuen Rahmen und unter veränderten Bedeutungen zu sehen – Wirklichkeiten werden rekonstruiert. Es können Hypothesen gebildet werden: In welchem Zusammenhang könnte das beobachtete Verhalten sinnvoll sein? Was mag die Mutter dazu bewogen haben, sich in dieser Situation so zu verhalten?

Systemisch denkende und handelnde Praktikerinnen und Praktiker sagen: Hypothesen zu bilden hilft, Probleme zu erweichen und Sichtweisen zu erweitern (Renolder u. a. 2007, S. 22). Das erweitert die eigenen Handlungsmöglichkeiten und lässt Hilflosigkeit überwinden.

Im Beispiel von Philipp und seiner Mutter könnten folgende Hypothesen den Blick weiten:

- Hypothese 1: Philipps Mutter möchte nicht, dass ihr Sohn ausgelacht wird wegen seines in ihren Augen unschönen Objektes; sie möchte ihn vor einer Blamage beschützen.
- Hypothese 2: In der Familie von Philipp dürfen sich Kinder nicht hervortun; sie müssen im Hintergrund bleiben. Philipps Mutter hat Angst, dass er sich nicht an diese familiären Regeln halten wird, wenn er in der Kita so ausgelassen ist.
- Hypothese 3: Philipps Mutter spürt, dass ihr Kind etwas ganz Besonderes erlebt hat, aber sie versteht nicht, was an diesem Objekt Besonderes sein soll. Sie weiß nicht damit umzugehen.

Menschen) über die eigene Lebenswirklichkeit abhängig sind von diesen Wahrnehmungs- und Verarbeitungsprozessen. Es ist ein inneres Bild und nicht eine Abbildung der Realität außerhalb der eigenen Wahrnehmung (DJI 2011, S. 159; Schwing & Fryszer 2007, S. 22 f.): So ist die »Speisekarte« nicht die »Speise« und die »Landkarte« nicht das »Gebiet« (Simon 2006, S. 41 ff.). Deshalb ist es auch müßig in solchen Zusammenhängen, die wesentlich von der persönlichen Wahrnehmung und dem eigenen Blick auf die Welt geprägt sind, darüber zu streiten, ob etwas richtig oder falsch ist. Die Konstruktivisten fragen daher auch nicht nach der Wahrheit oder Richtigkeit einer Theorie, sondern danach, ob sie brauchbar oder nützlich ist (Schwing & Fryszer 2007, S. 24). Systemisch zu denken bedeutet somit, Ereignisse und Handlungen in einem Zusammenhang zu sehen (Kontextualisierung). Die Perspektive eines Menschen, sein Handeln, seine Bewertung eines Problems oder eines Erfolges sind innerhalb seines Lebenszusammenhangs zu betrachten (ebd., S. 26). Systeme, das kann ein einzelner Mensch, eine Gruppe oder ein ganzes Volk sein, organisieren sich im Austausch mit ihrer jeweiligen Umwelt ein für sie lebenserhaltendes Gleichgewicht (Renoldner u. a. 2007, S. 14).

Aus möglichen Hypothesen entstehen neue Handlungsimpulse. Die pädagogische Fachkraft bleibt nicht in ihrer Zuschreibung und ihrem Urteil »Die Mutter geht schlecht mit ihrem Sohn um!« stecken, sondern kann Zugänge zur Mutter suchen. Dabei liegt die Betonung auf dem Suchen, auf dem aktiven Prozess einer Erforschung des Gegenübers. Jede Hypothese bedarf der Überprüfung – es geht nicht um schnelles Finden. In diesem Miteinander werden Eltern Zugänge zum Erleben ihres Kindes eröffnet, zugleich erhält die pädagogische Fachkraft die Chance, Verhaltenshintergründe zu verstehen.

Im Beispiel von Philipp und seiner Mutter könnten die pädagogischen Fachkräfte folgende Zugänge zur Mutter wählen:

- Zugang zur Mutter bei Hypothese 1: »Ich sehe, Ihnen ist das nicht geheuer, dass Ihr Sohn so stolz auf dieses Objekt ist. Vielleicht kann ich Ihnen noch etwas dazu erzählen. Dann können Sie möglicherweise besser nachvollziehen, dass Ihr Sohn etwas ganz Besonderes geleistet hat.«
- Zugang zur Mutter bei Hypothese 2: »Es scheint Ihnen fast unheimlich zu sein, wie Ihr Sohn aus sich herausgeht. Vielleicht können wir zusammen einmal schauen, ob es nicht doch möglich ist, dass Ihr Sohn in der Kindertageseinrichtung gelegentlich im Mittelpunkt steht und trotzdem die Regeln bei Ihnen zuhause einhält? Wir könnten überlegen, welche Chancen dies für Philipp hätte.«
- Zugang zur Mutter bei Hypothese 3: »So wie Ihnen geht es vielen Eltern und Erwachsenen. Als Erwachsene sind wir es gewohnt, das Ergebnis oder das Produkt an seiner Schönheit oder Funktion zu messen. Dieses Produkt ist aber gerade dadurch etwas Einzigartiges, weil Philipps Erfahrungen und Können darin besonders zum Ausdruck kommen. Wir können es mit Philipp gemeinsam entdecken. Wollen Sie mitschauen?«

Das Bild vom Mobile veranschaulicht die Komplexität menschlicher Beziehungen

Diese Herangehensweise bedeutet, erst einmal ein wenig Abstand zu nehmen von dem, was vordergründig zu sehen ist. Systemisches Denken und Arbeiten geht von einer vielschichtigen Komplexität menschlicher Beziehungen und Handlungen aus (ebd., S. 26ff.). Es ist wie bei einem Mobile: Bewegt sich nur ein Teil, kommt das Ganze in Bewegung. Und mit dieser Bewegung verändern sich die Perspektiven.

Entsprechend gibt es in menschlichen Beziehungen nicht nur einen, sondern vielfältige Zugänge. Das entlastet enorm, denn so kann ein vermeintlich gerissener »Beziehungsfaden« auf andere Art und Weise wieder neu aufgenommen werden. Unerlässlich ist dabei allerdings, sich auf Spurensuche zu begeben, um den Anderen besser verstehen zu können. Dies bedeutet eine Abkehr von der Frage »Was ist richtig?« hin zu der Orientierung: »Was ist hilfreich?«

Wie alle Menschen neigen auch pädagogische Fachkräfte dazu, die Komplexität von Situationen zu reduzieren. Einfache und klare Zusammenhänge machen vermeintlich leichter handlungsfähig. In systemischer Sicht hängt aber alles mit allem zusammen. Deshalb lohnt es sich, möglichst viele der Bedingungen und Einflussfaktoren in den Blick zu nehmen. Es geht zum Beispiel darum, dass der erste Eindruck, den man von einer Situation gewonnen hat, nicht der einzig mögliche ist. Entsprechend gibt es nicht nur eine Handlungsmöglichkeit oder eine Lösung, sondern immer noch mindestens eine weitere (ungeahnte) Alternative.

Simon (2007, S. 9) hält an dieser Stelle als weiteren entlastenden Zusammenhang fest: »Wer immer aufgrund seiner Rolle vor der Aufgabe steht, das Verhalten anderer Menschen oder sozialer Prozesse **zielgerichtet** beeinflussen zu sollen … muss mit dem Widerspruch leben, die Verantwortung für das Verhalten von Systemen zu tragen, die ganz offensichtlich nur in sehr begrenztem Maße steuerbar sind.« Die vermeintlich »schlechte« Nachricht, nur begrenzt Einfluss nehmen zu können, ist zugleich eine Entlastung: Der Einfluss auf das Gegenüber ist begrenzt und die Eigenverantwortung des Anderen und das »Es ist wie es ist« wird ernst genommen (vgl. Kapitel 3.1.2).

Selbstreflexion

Die folgende Übung kann am besten in einem sogenannten »Reflecting Team« durchgeführt werden. Dazu setzen sich drei bis vier Personen zusammen. Nun erzählt Person A (nicht länger als 5 Minuten) über eine persönliche Eigenschaft, die sie an sich nicht mag und am liebsten verändern würde oder gar nicht mehr hätte. Die anderen Teilnehmenden hören zu, fragen nach, bis sie verstanden haben, um welche Eigenschaft es sich handelt, wie sie sich auswirkt, warum sie vom Gegenüber als störend erlebt wird. Die nächsten 15 Minuten hört Person A still zu, ohne Kommentare abzugeben. Denn jetzt überlegen die anderen gemeinsam als »Reflecting Team«, warum diese Eigenschaft von Person A etwas Gutes ist, welche Ressource sie möglicherweise für Person A darstellen kann, wie sie sich positiv auf von ihr nicht geschilderte Zusammenhänge auswirken kann etc. Nach 15 Minuten gibt Person A eine kurze Rückmeldung. Dann erfolgt ein Wechsel in den Rollen, bis alle Teilnehmenden die Erfahrung einer veränderten Perspektive machen durften.

Ebenso können Eltern und ihre Eigenarten aus dieser anderen Perspektive in den Blick genommen werden. Ganz nebenbei übt sich so eine ressourcenorientierte Haltung (vgl. Kapitel 1.4.4).

Eine systemische Betrachtungsweise will keine gradlinigen Erklärungsmuster liefern, gemäß dem Prinzip »Ursache – Wirkung«. Vielmehr geht es bei systemischen Betrachtungsweisen darum, sich anderen, dem eigenen Denken möglicherweise fremden und ungewohnten Perspektiven zu nähern. Dies ist eine beständige Suchbewegung, mit der immer neue Entdeckungen einhergehen[15].

Systemisches Denken befreit von dem Anspruch, das Gegenüber »richtig einzuschätzen« und fordert den Anspruch, sich für das Gegenüber »zu interessieren«. Auf diese Weise nähern sich die Gesprächspartner gemeinsam den vielfältigen Blickweisen auf unsere Welt.

Eine systemische Denk- und Arbeitsweise eröffnet neue Zugänge in schwierigen Situationen

Eine systemische Denk- und Arbeitsweise will neue Zugänge zum Verständnis und zur Bewältigung von Schwierigkeiten schaffen. Da-

15 Suchbewegungen finden am sinnvollsten durch Kommunikation statt, denn im gemeinsamen Gespräch können mögliche Hypothesen am besten überprüft werden. Fragen helfen Zugänge zu finden, wenn sie nicht so gestellt sind, dass sich das Gegenüber im Verhör wiederzufinden meint. Anregend wie der Titel – »Fragen können wie Küsse schmecken« – ist die Sammlung von Kindl-Beilfuß (2011); das Buch ist eine Einladung leidenschaftlich zu fragen, voranzuwollen und doch dabei alle verfügbare Behutsamkeit dem Gesprächspartner gegenüber zu zeigen. Kindl-Beilfuß ermutigt: »Wer fragt, ist interessiert, klug, führt das Gespräch, schafft Bewegung und gestaltet menschliche Begegnung« (S. 13).

mit ist systemische Pädagogik mehr eine Summe von Haltungen (z. B. Respekt und Wertschätzung, Ressourcenorientierung, Sensibilität für Kulturen) als ein Methodenkoffer. In Situationen, in denen pädagogische Fachkräfte mit dem Verhalten von Kindern oder Eltern nicht einverstanden sind, können sie dennoch deren Selbstwert fördern, wenn sie davon ausgehen, dass es einen Sinn hinter diesem Verhalten gibt, und versuchen, diesen Sinn – aus der Perspektive der Betroffenen – zu verstehen. Dann erhalten die Kinder oder Eltern eine Wertschätzung als Person, auch wenn das konkrete Verhalten vielleicht unangemessen war. Dieser Umgang miteinander ist zugleich die Voraussetzung für Wachstums-, Entwicklungs- und Veränderungsprozesse, die dann beim Gegenüber einsetzen können.

Fragen zur Selbstreflexion (in Rückschau auf Kapitel 1.4)

Was ist mir am Grundverständnis der Bildungs- und Erziehungspartnerschaft als besonders bedeutsam aufgefallen?

Was hat mich am Grundverständnis der Bildungs- und Erziehungspartnerschaft besonders angesprochen, was provoziert meine Kritik?

Wo sehe ich in meiner eigenen Praxis eine große Übereinstimmung, wo Unterschiede? Was ist mir wichtig, um es für meine eigene Arbeit zu sichern?

Wo sehe ich für mich eine Herausforderung, mich weiterzuentwickeln? In welcher der beschriebenen Grundhaltungen sehe ich bei mir besondere Stärken? Welche möchte ich bei mir fördern?

Gibt es Aspekte, die für die Konzeption der Kindertageseinrichtung bedeutsam sind? Sind diese in der Konzeption der Einrichtung enthalten oder bedarf es einer Anpassung der Konzeption?

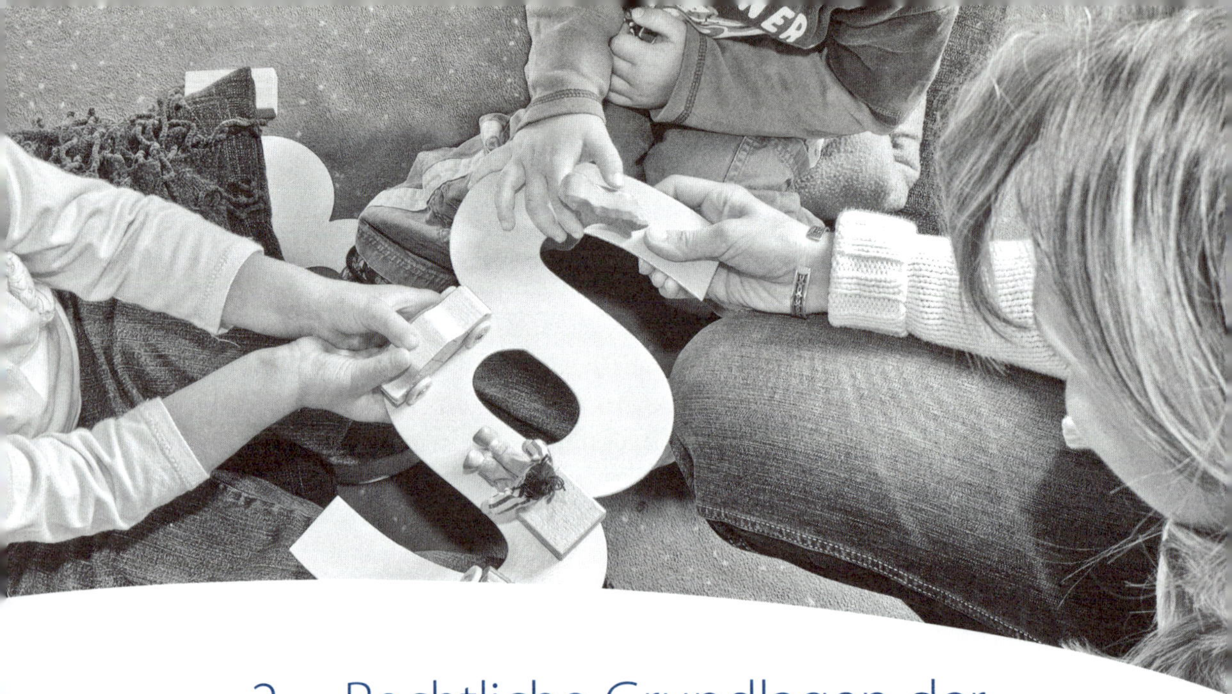

2 Rechtliche Grundlagen der Bildungs- und Erziehungspartnerschaft

»Pflege und Erziehung der Kinder sind das natürliche Recht der Eltern und die zuvörderst ihnen obliegende Pflicht.« Dieses Elterngrundrecht bildet im Grundgesetz wie im Achten Sozialgesetzbuch die Grundlage dafür, dass der Staat den Eltern familienunterstützende Leistungen zur Verfügung stellt. Dazu zählt die institutionelle Kinderbetreuung. Ihr Auftrag ist ein dreifacher: Erziehung, Bildung und Betreuung. Diese Trias ist nicht spannungsfrei und berührt wesentlich die Zusammenarbeit mit den Eltern: Der bildungspolitische Blick orientiert sich deutlich am Kind und seinen Interessen, der familienpolitische Blick schaut stärker auf Angebote, die die Vereinbarkeit von Familie und Erwerbsleben sichern.

Die rechtlichen Normierungen im Bundesgesetz und in den Ländergesetzen, aber auch die privatrechtlichen Betreuungsverträge oder öffentlich-rechtlichen Satzungen, die das Verhältnis zwischen dem Träger der Einrichtung und den Eltern bestimmen, bilden die Basis für die Ausgestaltung der Bildungs- und Erziehungspartnerschaft. Dabei berücksichtigt die Rechtsetzung Rechte, Pflichten und Gestaltungsmöglichkeiten der verschiedenen handelnden Personen, Institutionen und Verantwortungsträger im System der institutionellen Tagesbetreuung –

der Kinder und Eltern, der Träger der Kindertageseinrichtung und der örtlichen Träger der öffentlichen Jugendhilfe. Die Partizipation von Eltern findet ihre rechtliche Grundlage in Bundes- und Landesrecht. Ausführungen zur inhaltlichen Ausgestaltung finden sich zudem in den Bildungsplänen der Länder. Datenschutzrechtliche Regelungen unterstreichen die Berücksichtigung der Elternverantwortung und -beteiligung.

2.1 Verankerung im Bundesrecht

»Jeder junge Mensch hat ein Recht auf Förderung seiner Entwicklung und auf Erziehung zu einer eigenverantwortlichen und gemeinschaftsfähigen Persönlichkeit.«

Aus diesem in § 1 Abs. 1 des Achten Buches des Sozialgesetzbuches (SGB VIII)[16] formulierten Leitsatz ergibt sich der Auftrag der Kinder- und Jugendhilfe, junge Menschen in ihrer individuellen und sozialen Entwicklung zu fördern und Eltern bei der Erziehung ihrer Kinder zu beraten und zu unterstützen (siehe § 1 Abs. 3 SGB VIII). Die pädagogische Arbeit in Kindertagesstätten ist geprägt von dem Bild des Kindes, das als aktiv lernendes in seinen Bildungs- und Entwicklungsprozessen gefördert und unterstützt wird. Das Kind ist Subjekt. Das Recht spiegelt dies durch die eigene Rechtsposition von Kindern wider (Gerstein 2014, S. 17ff.). Die Kindertageseinrichtung ist im Auftrag der Eltern tätig und berücksichtigt somit das den Eltern zustehende Erziehungsrecht. Die Rechtspositionen von Kindern, Eltern und Kindertageseinrichtung sind daher in Bezug zu bringen (ebd.). Es ist die vorrangige Pflicht und Verantwortung von Eltern, für ihre Kinder zu sorgen. Dieses Elterngrundrecht in Art. 6 Abs. 2 GG wird wortgleich in § 1 Abs. 2 SGB VIII wiederholt: »Pflege und Erziehung der Kinder sind das natürliche Recht der Eltern und die zuvörderst ihnen obliegende Pflicht.« Auf dieser Grund-

16 Wer gezielt nach einem Gesetz oder einem Paragrafen eines Bundesgesetzes suchen will, kommt über die Eingabe (zum Beispiel § 1 SGB VIII) auf die vom Bundesministerium der Justiz und von Juris betriebene Internetseite und von dort auf den aktuellen Gesetzestext: http://www.gesetze-im-internet.de/sgb_8/. Landesgesetze, die den Bereich der Kindertageseinrichtungen betreffen, sind verfügbar unter: http://www.bildungsserver.de/Ausfuehrungsgesetze-der-Laender-zu-Tageseinrichtungen-fuer-Kinder-Kitagesetze--1899.html. Bei dieser Seite ist zu beachten, dass nicht zwingend gewährleistet ist, dass es sich um eine aktuelle Fassung des Gesetzes handelt.

lage stellt der Staat Eltern und anderen Erziehungsberechtigten familienunterstützende Leistungen und – nur für den besonderen Fall, dass Eltern ihrer Verantwortung selbst nur begrenzt oder nicht mehr dem Wohl des Kindes entsprechend nachkommen können – familienergänzende und familienersetzende Leistungen zur Verfügung (Gerstein 2014, S. 21ff.). Eine rechtliche Ausgestaltung dieser Leistungen findet sich im Zweiten Kapitel des SGB VIII. Hier werden in den Paragrafen 22ff die Leistungen der Jugendhilfe zur Förderung von Kindern in Tageseinrichtungen und in der Kindertagespflege genauer beschrieben und die Ziele der Förderung festgelegt (ebd., S. 30ff.).

§ 22 Abs. 2 Nr. 2 und 3 SGB VIII
»Tageseinrichtungen für Kinder ... sollen die Erziehung und Bildung in der Familie unterstützen und ergänzen [sowie] den Eltern dabei helfen, Erwerbstätigkeit und Kindererziehung besser miteinander vereinbaren zu können.«

§ 22a Abs. 2 Nr. 1 und Abs. 2 letzter Satz SGB VIII
Danach soll sichergestellt sein, dass die Fachkräfte in den Einrichtungen »mit den Erziehungsberechtigten ... zum Wohl der Kinder und zur Sicherung des Erziehungsprozesses« zusammenarbeiten. »Die Erziehungsberechtigten sind an den Entscheidungen in wesentlichen Angelegenheiten der Erziehung, Bildung und Betreuung zu beteiligen.«

In den einzelnen Bundesländern konkretisieren Landesgesetze als Ausführungsgesetze zum SGB VIII (z. B. Kindertagesstättengesetze) die näheren Bedingungen für diese die Eltern unterstützenden Leistungen (ebd.).

§ 22 Abs. 3 SGB VIII
»Der Förderungsauftrag umfasst Erziehung, Bildung und Betreuung des Kindes und bezieht sich auf die soziale, emotionale, körperliche und geistige Entwicklung des Kindes. Er schließt die Vermittlung orientierender Werte und Regeln ein. Die Förderung soll sich am Alter und Entwicklungsstand, den sprachlichen und sonstigen Fähigkeiten, der Lebenssituation sowie den Interessen und Bedürfnissen des einzelnen Kindes orientieren und seine ethnische Herkunft berücksichtigen.«

In diesem Absatz formuliert das Gesetz weitere Grundsätze der Förderung, die die Zusammenarbeit mit Eltern wesentlich betreffen. Insbesondere die sogenannte Trias der »Erziehung, Bildung und Betreuung« ist nicht spannungsfrei. Sie verfolgt einen ganzheitlichen sozialpädagogischen Anspruch an die Qualität des Angebotes (vgl. OECD 2004, S. 23f.). Während die bildungspolitische Ausgestaltung die frühe Förderung der Kinder im Blick hat und damit pädagogische und organisatorische Aspekte einer Betreuungskontinuität zu sichern hat (vgl. Kapitel 5.3), betrifft die Betreuung des Kindes den familienpolitischen Anspruch einer Vereinbarkeit von Familie und Beruf und damit pädagogische und organisatorische Aspekte flexibler und zeitlich ausgedehnter Betreuungsarrangements (vgl. Kapitel 3.2). Kindertageseinrichtungen erfüllen eine bildungs- und sozialpolitische Funktion: Sie sind elementarer Bestandteil der Lebensplanung von Familien und spielen für Kinder und ihre Lebenschancen eine zentrale Rolle (Roth 2012b, S. 109). Dies ist nicht spannungsfrei (Cloos & Karner 2010; vgl. auch Kapitel 4.5.2). Die Maßstäbe für eine gute Kindertageseinrichtung sind durch den Anspruch der Trias von »Erziehung, Bildung und Betreuung« entsprechend voller Dilemmata (Honig 2004, S. 33). Entscheidend ist daher die in Satz 3 des § 22 Abs. 3 formulierte Orientierung am Kind, d. h. »die Förderung soll sich am Alter und Entwicklungsstand …, der Lebenssituation sowie den … Bedürfnissen des einzelnen Kindes orientieren und seine ethnische Herkunft berücksichtigen.« (siehe zu letztem Aspekt insbes. Kapitel 1.4.3).

Der Auftrag der Kita ist nicht spannungsfrei

2.2 Für die Bildungs- und Erziehungspartnerschaft bedeutsam – das Sozialrechtliche Dreiecksverhältnis

Zwischen Eltern bzw. Erziehungsberechtigten (als Leistungsberechtigten), dem Jugendamt (als Leistungsverpflichtetem) und dem Träger der Einrichtung (als Leistungserbringer) besteht ein sogenanntes Sozialrechtliches Dreiecksverhältnis (Gerstein 2014, S. 60f.). Denn den Anspruch auf eine Leistung können Eltern nicht an den Träger einer Einrichtung stellen, sondern nur an den örtlichen Träger der öffentlichen Jugendhilfe (Jugendamt). Das Jugendamt seinerseits beauftragt dann den Einrichtungsträger (kommunale und/oder freie), die entsprechenden Leistungen zur Erfüllung des Anspruchs zu erbringen. Bei Ansprüchen oder Erwartungen von Eltern ist daher stets zu prüfen, an welchen Partner des Sozialrechtlichen Dreiecksverhältnisses diese zu richten sind. Der Anspruch auf einen Kindergartenplatz richtet sich zum Beispiel an den örtlichen Träger der öffentlichen Jugendhilfe. Erwartungen an die konkrete Umsetzung der Bildungs- und Erziehungspartnerschaft entsprechend des träger- und einrichtungsspezifischen Konzeptes richten sich an den Einrichtungsträger. Da der örtliche Träger der öffentlichen Jugendhilfe gemäß § 22a SGB VIII für die Qualität der Einrichtungen, die er zur Auftragserfüllung benannt hat, verantwortlich ist, können sich Eltern im Falle der Auseinandersetzung an das zuständige Jugendamt wenden.

Sozialrechtliches Dreiecksverhältnis

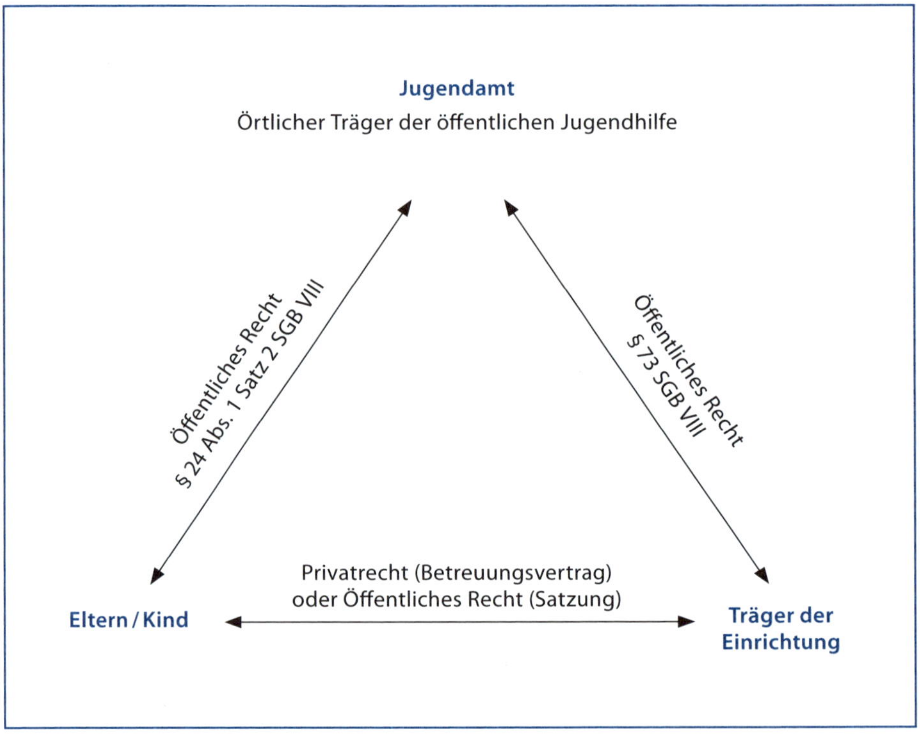

2.3 Der Betreuungsvertrag – rechtliche Basis für die Bildungs- und Erziehungspartnerschaft in der Einrichtung

Für die Betreuungszeit in der Kindertageseinrichtung werden die elterlichen Aufgaben der Erziehung, Bildung und Betreuung sowie die Fürsorge- und Aufsichtspflicht dem Träger der Einrichtung übertragen. Rechtliche Grundlage für die temporäre Übertragung der Verantwortung für das Kind und die Zusammenarbeit von Eltern und Kindertageseinrichtung ist in der Regel der (privatrechtliche) Betreuungsvertrag zwischen Eltern und Träger der Einrichtung (Gerstein 2014, S. 60ff.). Öffentliche, d.h. kommunale Träger können das Betreuungsverhältnis auch durch eine öffentlich-rechtliche Satzung regeln (ebd.). Mit dem Betreuungsvertrag beauftragen die Eltern den Träger

- für die Zeit des Aufenthaltes des Kindes in der Einrichtung die Aufsicht zu übernehmen,
- gegenüber dem Kind auf Grundlage der Konzeption der Einrichtung durch die beauftragten Fachkräfte dem Erziehungs-, Bildungs-, Betreuungs- und Förderauftrag nachzukommen.

Verbindliche Vorgaben für die inhaltliche Ausgestaltung der Betreuungsverträge gibt es nicht. Die Orientierung der pädagogischen Arbeit am Elternwillen ist aber eine sogenannte Nebenpflicht, die sich aus dem Vertragsverhältnis als solchem ergibt.

Mit dem Betreuungsvertrag akzeptieren die Eltern, dass ihr Kind entsprechend der vom Träger vertretenen weltanschaulichen und pädagogischen Grundrichtung (z.B. konfessionelle Gebundenheit, anthroposophische Ausrichtung etc.) und im Rahmen der Konzeption der Einrichtung betreut und gefördert wird. Es zeigt sich also, dass der Elternwunsch nicht alleiniger Maßstab der pädagogischen Arbeit in Kindertageseinrichtungen ist. Die Eltern sollen eigene Wünsche und Bedürfnisse bereits bei der Wahl der Einrichtung berücksichtigen. Dies setzt voraus, dass für die Eltern eine Vielfalt von Trägern unterschiedlicher Wertorientierung und eine Vielfalt von Einrichtungen mit unterschiedlichen Inhalten, Methoden und Arbeitsformen in erreichbarer Nähe zur Verfügung stehen. Dies sicherzustellen ist Aufgabe der Bedarfsplanung, für die in der Regel das Jugendamt zuständig ist. In

Flächenländern und ländlichen Gebieten kann dieses Wunsch- und Wahlrecht der Eltern nur sehr eingeschränkt ermöglicht werden. Entsprechend sind die gegebenen Einrichtungen gefordert, ihre Konzeptionen so auszurichten, dass möglichst viele Eltern sich mit dem Angebot strukturell und inhaltlich arrangieren können.

Anregungen für die Praxis

In der Praxis hat sich bewährt, im Betreuungsvertrag zwischen Träger und Eltern Folgendes festzuhalten:

- Konkrete Vereinbarungen für das Bringen und Abholen des Kindes
- Regeln für die Teilnahme am Mittagessen
- Grundsätze zur Beobachtung und Dokumentation in der pädagogischen Arbeit
- Finanzielle Beiträge für pädagogische Materialien

Rechtliche Vorgaben des jeweiligen Bundeslandes oder Vorgaben des örtlichen Trägers der öffentlichen Jugendhilfe oder des Trägerverbandes sind dabei zu berücksichtigen.

2.4 Rechtliche Verankerung der Partizipation von Eltern – Grundlage der Ausgestaltung der Bildungs- und Erziehungspartnerschaft

Die Partizipation der Eltern in der Kindertageseinrichtung findet ihre rechtliche Grundlage in § 1 Abs. 3 Nr. 2 SGB VIII, in dem leitbildartig die Jugendhilfe dazu verpflichtet wird, Eltern und andere Erziehungsberechtigte bei der Erziehung zu beraten und zu unterstützen. Diese Aufgabe wird in weiteren Regelungen für die Förderung von Kindern in Tageseinrichtungen und Kindertagespflege konkretisiert:

- Das Leistungsangebot soll die Erziehung und Bildung in der Familie unterstützen und ergänzen (§ 22 Abs. 3 Nr. 3 SGB VIII).

- Die Fachkräfte sollen mit den Erziehungsberechtigten zum Wohl der Kinder und zur Sicherung der Kontinuität des Erziehungsprozesses zusammenarbeiten (§ 22a Abs. 2 Nr. 1 SGB VIII).
- Die Erziehungsberechtigten sind an den Entscheidungen in wesentlichen Angelegenheiten der Erziehung, Bildung und Betreuung zu beteiligen (§ 22 Abs. 2 letzter Satz). Wesentliche Angelegenheiten sind zum Beispiel (Gerstein 2014, S. 69ff):
  - Grundsätze des pädagogischen Konzepts
  - Personelle, sächliche und räumliche Ausstattung
  - Öffnungs- und Schließzeiten

Es zeigt sich, dass die Partizipation von Eltern in zweierlei Hinsicht erfolgt: Zum einen geht es um die individuelle Zusammenarbeit mit Eltern und Erziehungsberechtigten mit Blick auf das einzelne Kind, zum Beispiel mittels Entwicklungsgesprächen. Zum anderen handelt es sich um strukturell verankerte Kooperationsformen, wie zum Beispiel Elternausschüsse oder Elternbeiräte.

Den Bundesländern ist es vorbehalten, die im SGB VIII getroffenen Regelungen näher auszugestalten. Entsprechend gibt es Landesregelungen in Ausführungsgesetzen und -verordnungen zum SGB VIII, die den Kindertageseinrichtungen in den einzelnen Ländern einen eigenen Rahmen setzen. Nach Viernickel und Schwarz (2009, S. 38) werden in allen Landesgesetzen Anforderungen an die Zusammenarbeit mit Eltern formuliert. Darin finden sich zum Teil nähere Vorgaben, wie die Elternbeteiligung konkret zu gestalten ist. Beteiligung versteht sich dabei stets als qualifizierte Form der Einflussnahme, die auf mehr als bloße Information und Anhörung zielt. Vielfach gibt es in den Ländern eigene Rechtsverordnungen, um die Vertretung der Eltern und Erziehungsberechtigten und damit ihre Rechte in den Kindertageseinrichtungen abzusichern (ebd.). Es finden sich rechtliche Bestimmungen über die Bildung von Elternvertretungen, Elternausschüssen oder Elternbeiräten, die zumeist verpflichtend für alle Einrichtungen vorgesehen sind. In den meisten Fällen sind sie mit Informations-, Anhörungs- und Beratungsrechten ausgestattet. Weitgehend sind zum Beispiel die Bestimmungen in Brandenburg: Dort hat der Kindertagesstättenausschuss ein Beschlussrecht in pädagogischen und organisatorischen Angelegenheiten der Tagesstätte, insbesondere über die pädagogische Konzeption.

Die Kindertagesstättengesetze und Ausführungsverordnungen zum SGB VIII in den Ländern regeln neben den Kompetenzen der Vertretungen zum Teil auch die Modalitäten der Wahl von Elternvertretungen. In einigen Ländern, zum Beispiel Rheinland-Pfalz, ist darüber hinaus die Wahl örtlicher, überörtlicher sowie landesweiter Elternvertretungen vorgesehen.

Eine Besonderheit gilt für kirchliche Kindertageseinrichtungen: Religionsgemeinschaften und kirchliche Organisationen können nach Art. 140 GG in Verbindung mit Art. 137 der Weimarer Reichsverfassung ihre inneren Angelegenheiten selbst regeln und sind insoweit nicht dem staatlichen Recht unterworfen. Sie können demnach eigene, den staatlichen Regeln vergleichbare Regelungen der Elternbeteiligung in Kindertageseinrichtungen treffen.

2.5 Bildungspläne der Länder – Grundlagen für die pädagogische Gestaltung der Bildungs- und Erziehungspartnerschaft

Bildungspläne und Bildungsprogramme[17] stellen in der Regel keine rechtlichen Normierungen dar, sie sind aber von erheblicher Bedeutung für die pädagogische Ausgestaltung der Konzeption vor Ort. Diese in allen Bundesländern entwickelten Bildungspläne, Bildungsprogramme oder Bildungsempfehlungen sind – so unterschiedlich sie auch erarbeitet wurden – Grundlage für die jeweilige einrichtungsspezifische Konzeption. Das Land Bayern hat die Umsetzung des Bayerischen Bildungs- und Erziehungsplans zur Voraussetzung für eine finanzielle Förderung gemacht. Und fast alle Länder stellen durch mit den Verantwortungsträgern getroffene Vereinbarungen sicher, dass die Grundlagen für die Bildungsarbeit in den Einrichtungen eingehalten werden – und dies immer unter Berücksichtigung des im SGB VIII grundgelegten Rechts der Trägerautonomie und der damit verbundenen Selbstverantwortung der Einrichtungsträger. Auf Bundesebene haben Jugendminister- und

17 Die Bildungspläne, -programme und -empfehlungen der Länder sind einsehbar unter: http://www.bildungsserver.de/Bildungsplaene-der-Bundeslaender-fuer-die-fruehe-Bildung-in-Kindertageseinrichtungen-2027.html.

Kultusministerkonferenz zudem den »Gemeinsamen Rahmen für die Frühe Bildung« (2004) verabschiedet.

Nach Textor (2006b) finden sich in allen Veröffentlichungen Aussagen zur Bildungs- und Erziehungspartnerschaft mit den Eltern. Es besteht gerade im Hinblick auf die Kooperation mit Eltern eine hohe Übereinstimmung. Nach Viernickel und Schwarz (2009, S. 38) werden in 15 der 16 Bildungsprogramme Anforderungen an die Zusammenarbeit mit Eltern formuliert. Die Anforderungen innerhalb der Dimension Zusammenarbeit mit Familien lassen sich fünf thematischen Kategorien zuordnen (ebd.):

- Anforderungen an die Begleitung der Familien während der Eingewöhnung ihres Kindes,
- Anforderungen an den Austausch mit den Eltern,
- Anforderungen an die Transparenz der Arbeit,
- Anforderungen an die Mitbestimmung und Beteiligung der Eltern sowie
- Anforderungen an spezielle Angebote für die Familien selbst.

Unterschiede gibt es im Wesentlichen im Grad der Ausführlichkeit und Konkretisierung. Einige Länder haben bereits bei der Erarbeitung dieser pädagogischen Grundlagenpapiere konsequenterweise Elternvertretungen beteiligt. Deutlich wird, dass die Landesregierungen der Kooperation mit den Eltern eine hohe Bedeutung beimessen.

2.6 Exkurs: Datenschutz in Kindertageseinrichtungen

Datenschutz in Kindertageseinrichtungen sollte nicht als reines Rechtsproblem begriffen werden. Es geht darum, die notwendige Einbeziehung der Eltern positiv anzugehen und von Anfang an ein dialogisches Verhältnis anzustreben und aufzubauen (Griebel & Niesel 2011, S. 175; vgl. Kapitel 1.4.5). Und es geht um den Respekt vor der Persönlichkeit des Kindes und damit um ein pädagogisches Grundverständnis. Der bewusste und respektvolle Umgang mit Persönlichkeitsrechten steht hier im Vordergrund (Gerstein 2014, S. 118ff.). Im Mittelpunkt der pädagogischen Arbeit steht das Kind als Subjekt pädagogischen Handelns. Mit dieser Grundhaltung sind die Orientierung am Kindeswohl, der Schutz der Persönlichkeitsrechte, die Berücksichtigung des Kindeswillens und die Beteiligung des Kindes an Entscheidungen sowie die Einbeziehung der Eltern eine selbstverständliche Konsequenz, die sich in Konzeptionen und Leitbildern wiederfindet und als wichtiges Qualitätsmerkmal für gute Arbeit in Kindertageseinrichtungen verstanden werden muss.

Die Erhebung, Speicherung und Nutzung personenbezogener Daten ist in der Arbeit von Kindertagesstätten nicht grundsätzlich verboten und in vielen Fällen notwendig, zum Beispiel beim Führen von Anwesenheitslisten, einer Liste der Abholberechtigten, Informationen bei chronischen Krankheiten des Kindes u.v.m. (ebd.). Wichtig ist, dass die Kindertageseinrichtung den Persönlichkeitsschutz beachtet und deshalb eine Kultur des Umgangs mit personenbezogenen Daten pflegt, die einen Missbrauch ausschließt. Dazu zählt die Beachtung folgender Grundsätze (ebd.):

Grundsätze des Datenschutzes

- **Grundsatz der Erforderlichkeit:** Es sollen nur personenbezogene Daten erhoben, verarbeitet, genutzt und weitergegeben werden, die zur Erfüllung des Zwecks, d.h. für die Erziehung, Bildung und Betreuung des Kindes erforderlich sind.
- **Grundsatz der Zweckbindung:** Personenbezogene Daten dürfen nur für den Zweck verwendet werden, für den sie erhoben wurden. Der Zweck ist zuvor zu benennen.
- **Grundsatz der Nichtdiskriminierung:** Personenbezogene Daten mit besonders sensiblen Inhalten dürfen nicht oder nur unter beschränkten Voraussetzungen erhoben, gespeichert oder an Dritte weitergeben werden.
- **Grundsatz der Transparenz:** Wo immer dies möglich ist, müssen Kinder und Eltern die Möglichkeit haben, über die Verarbeitung ihrer Daten mitzubestimmen.

Insofern ist es nicht nur Anspruch an eine respektvolle Erziehungs- und Bildungspartnerschaft, sondern auch datenschutzrechtlich geboten, dass Eltern umfassend darüber informiert werden, welche personenbezogenen Daten zu welchem Zweck im Rahmen der pädagogischen Arbeit oder im Rahmen der Verwaltung erhoben und gegebenenfalls auch an Dritte weitergegeben werden. Betroffene haben ein Recht auf Auskunft (ebd.).

Beobachtung und Dokumentation sind wesentlich für die professionelle frühpädagogische Arbeit und stellen eine Grundlage für die Entwicklungsgespräche mit den Eltern und Erziehungsberechtigten dar[18]. Somit ist die Datenerhebung grundsätzlich zulässig, weil sie für die rechtmäßige Aufgabenerfüllung erforderlich ist (Grundsatz der Erforderlichkeit). Es bedarf hierfür daher auch keiner ausdrücklichen Genehmigung durch die Eltern im Einzelfall. Dennoch sollten die Personensorgeberechtigten aus Gründen der Transparenz darüber informiert werden, dass Bildungs- und Lerndokumentationen über das Kind angelegt und fortgeschrieben werden. Ein geeigneter Ort hierfür ist der Betreuungsvertrag (vgl. Kapitel 2.3; Gerstein 2014, S. 118 ff.). Dort sollte dann auch festgelegt werden, dass die Eltern das Recht haben, die Bildungs- und Lerndokumentationen jederzeit einzusehen.

Der Schutz der gesammelten Daten muss jederzeit gewährleistet sein. Je nach Trägerart gibt es dafür unterschiedliche Rechtsvorschriften. Für die kommunalen Kindertageseinrichtungen regeln die §§ 61–68 SGB VIII die Erhebung, Speicherung, Nutzung und Übermittlung personenbezogener Daten, die im Zusammenhang mit der Aufgabenerfüllung der Kindertageseinrichtung anfallen (ebd.). Freie Träger einer Kindertageseinrichtung haben ein eigenständiges Betätigungsrecht. Ihre Verpflichtung zur Einhaltung des Datenschutzes ergibt sich aus dem Betreuungsvertrag mit den Eltern. Es handelt sich dabei um eine sogenannte vertragliche Nebenpflicht (Treuepflicht), die sich aus den §§ 241 Abs. 2 und 242 BGB ableitet (ebd.). Für die kirchlichen Träger gelten spezielle Regelungen. Religionsgemeinschaften und kirchliche Organisationen können nach Art. 140 GG in Verbindung mit Art. 137 der Weimarer Reichsverfassung ihre inneren Angelegenheiten selbst regeln und sind insoweit nicht dem staatlichen Recht unterworfen (ebd.). Die Kirchen haben sich entsprechend eigene Datenschutzvorschriften gegeben, die in ihren Grundzügen den staatlichen Vorschriften entsprechen.

Vorschriften und Regelungen zur Zusammenarbeit zwischen Kindertageseinrichtung und Grundschule sowie weiteren Institutionen

18 Eine gute Orientierung bieten die »Empfehlungen zum Datenschutz bei Bildungs- und Lerndokumentationen in Kindertagesstätten«, veröffentlicht vom Landesamt für Soziales, Jugend und Versorgung des Landes Rheinland-Pfalz. Die Empfehlungen sind unter Mitarbeit des Landesdatenschutzbeauftragten entstanden. Sie sind als Download im Internet verfügbar.

geben der Kindertageseinrichtung keine Berechtigung, ohne Zustimmung der Eltern Unterlagen und personenbezogene Informationen an die Schule oder andere Institutionen weiterzugeben – weder mündlich noch schriftlich (ebd.). Wenn im Rahmen von Kooperationen Lehrerinnen und Lehrer Einblick in Unterlagen mit personenbezogenen Daten haben wollen, kann dem nur stattgegeben werden, wenn die Eltern hierzu ihre ausdrückliche Zustimmung gegeben haben. Unter dem Gesichtspunkt der Bildungs- und Erziehungspartnerschaft ist es angemessen, wenn die Unterlagen den Eltern ausgehändigt werden, damit diese frei entscheiden können, ob sie Informationen an die Grundschule weitergeben wollen, und wenn ja, welche. Ein Austausch von Informationen und Erfahrungen ist datenschutzrechtlich unproblematisch, wenn es um allgemeine Fragen geht und dabei keine Namen einzelner Kinder genannt werden.

Fragen zur Selbstreflexion

Die bundesrechtlichen Grundlagen für eine Bildungs- und Erziehungspartnerschaft mit den Eltern sind für alle Kindertageseinrichtungen in Deutschland verbindlich. Sind mir die bundesrechtlichen Grundlagen vertraut?

Welche Regelungen sind in dem Bundesland, in dem sich die Kindertageseinrichtung befindet, durch entsprechende Ausführungsgesetze oder -verordnungen zum SGB VIII bezüglich der Elternvertretungen bzw. der Partizipation von Eltern gegeben? Gibt es Regelungen, die eigens die Elternrechte in den Blick nehmen (z. B. die Bildung von Elternvertretungen oder Elternbeiräten), oder Regelungen, die die Elternrechte berühren (z. B. jährlich stattfindende Entwicklungsgespräche mit den Eltern)? Sind mir die landesrechtlichen Grundlagen vertraut?

Gibt es Regelungen vom Träger der Kindertageseinrichtung in Ergänzung der bundes- und landesrechtlichen Vorgaben? Sind mir diese vertraut?

Gerade im Hinblick auf das Themenfeld »Beobachtung und Dokumentation« und die Zusammenarbeit mit anderen Institutionen ist das Thema Datenschutz von besonderer Bedeutung. Welche Regelungen wurden in der Einrichtung getroffen? Sind diese allen – auch den Eltern und den Kooperationspartnern – bekannt?

2.7 Im Vergleich: Rechtliche Grundlagen der Bildungs- und Erziehungspartnerschaft in der Schule

In der Kindertageseinrichtung sind entsprechend der rechtlichen Grundlagen die Eltern die originären Auftraggeber der Erziehung, Bildung und Betreuung ihrer Kinder. Anders im Schulbereich: Die Schule hat einen eigenständigen Erziehungsauftrag, der aus Art. 7 GG abgeleitet wird. Danach untersteht das gesamte Schulwesen der Aufsicht des Staates. Im Rahmen dieser Aufgabenwahrnehmung durch den Staat findet das elterliche Erziehungsrecht seine Grenze in der allgemeinen Schulpflicht, die seitens des Staates vorgegeben ist und der die Eltern unterliegen. Das bedeutet, mit Eintritt des Kindes in das Schulsystem erhält neben dem Elternrecht die öffentlich wahrgenommene Verantwortung eine besondere Bedeutung.

In den Bundesländern konkretisieren landesrechtliche Schulgesetze alle schulischen Belange, unter anderem auch das Alter der Schulpflicht oder Verfahren zur Einschätzung des Sprachförderbedarfes oder Sprachfeststellungsverfahren. Auch finden sich in den Schulgesetzen gegebenenfalls Ausführungen zur Kooperation mit der Kindertageseinrichtung und zur Beteiligung von Eltern beim Übergang vom Kindergarten in die Grundschule.

Im Vergleich zu den Kindertageseinrichtungen sind die Regelungen zur Elternvertretung im Schulbereich wesentlich differenzierter normiert. Aufgabenbereiche, Vertretungskompetenzen und Wahlmodalitäten sind sehr konkret und präzise rechtlich ausgestaltet. Die Ursache hierfür mag insbesondere darin gesehen werden, dass im Schulbereich nicht die Eltern den Erziehungs-, Bildungs- und Betreuungsauftrag erteilen, sondern dass der Schulbesuch eine hoheitlich formulierte Pflicht ist, die einer Entscheidung der Eltern enthoben ist (Schulpflicht). Entsprechend sorgt ein strukturell und organisatorisch differenziertes System der Elternvertretung gewissermaßen für ein Gegengewicht und verankert elterliche Mitsprache im Schulsystem.

Die grundgesetzlich unterschiedlichen Verankerungen des Kindertagesstätten- und des Schulsystems und die landesgesetzlichen Konkretisierungen der beiden Systeme sind besonders dort erfahrbar, wo sie im pädagogischen Alltag aufeinandertreffen: beim Übergang vom Kindergarten in die Schule.

Die nachstehende Übersicht führt die wesentlichen Unterschiede der zwischen Kindertagesstätten- und Schulbereich bestehenden rechtlichen Grundlagen und ihre strukturellen und inhaltlichen Auswirkungen auf, die für die partnerschaftliche Zusammenarbeit von Eltern und Fachkräften beider Institutionen (vgl. Kapitel 4.5) von Bedeutung sind.

Rechtliche Grundlagen der Kindertagesbetreuung und der Schule im Vergleich

Kindertagesstättenbereich	Grundschulbereich
Rechtliche Grundlagen	
Art. 6 GG: *Pflege und Erziehung der Kinder sind das natürliche Recht der Eltern und die zuvörderst ihnen obliegende Pflicht.*	Art. 7 GG: *Das gesamte Schulwesen steht unter der Aufsicht des Staates.*
Bundesrechtliche Grundlage: SGB VIII und Leitlinien des SGB VIII: Subjektorientierung Autonomie Partizipation	Keine bundesrechtliche Grundlage
Landesrechtliche Ausführungsgesetze und Verordnungen zum SGB VIII	Schulgesetze der Länder
Trägerspezifische Regelungen und Konzeptionen	

Strukturelle und inhaltliche Auswirkungen	
Vielfalt der Anbieter auf der Basis der Trägerautonomie	Schule als öffentliches Angebot, vereinzelt Privatschulen
Autonome Verantwortung des örtlichen Trägers der öffentlichen Jugendhilfe, z.B. für die Bedarfsplanung und die Qualität der Kindertageseinrichtungen des Trägers der Einrichtung (Kommune, Kirche, anderer freier Träger), etwa für die Werteorientierung, Konzeption der Kindertageseinrichtung, das Einhalten der Qualität	Die Verantwortung für den Schulbereich liegt im Wesentlichen beim Land, z.B. für die pädagogischen Inhalte und Methoden, die Qualität des Unterrichtes. Die Lehrerinnen und Lehrer sind Bedienstete des Landes. Es gibt vereinzelt Privatschulen, die ebenfalls Landesgesetzen unterliegen.
Der Besuch der Kindertageseinrichtung ist freiwillig. Die Eltern geben den Auftrag zur Erziehung, Bildung und Betreuung.	Es besteht eine Schulpflicht. Das Eintrittsalter ist durch Landesgesetz geregelt.
Das Jugendhilfesystem wirkt auf den ersten Blick vielleicht chaotisch. Die Grundzüge der Autonomie lassen – im gesetzten rechtlichen, organisatorischen und inhaltlichen Rahmen – viele Gestaltungsfreiräume und entsprechen somit strukturell einem Bildungsverständnis, das auf Autonomie und Eigenverantwortung setzt. In der jüngeren Vergangenheit wurde der Rahmen, der für alle Kindertageseinrichtungen von Bedeutung ist, verstärkt geregelt, z.B. in Form von Bildungsplänen und -programmen.	Das Schulsystem wirkt auf den ersten Blick vielleicht streng durchgeregelt. Dies entspricht der Tradition staatlicher Verantwortung, die stärker einem »top down«-Prinzip folgt. Im Schulsystem werden zunehmend Akzente gesetzt, die eine stärkere Autonomie der Schulen zulassen.

3 Erziehungs- und Bildungspartner

3.1 Pädagogische Fachkräfte

Die pädagogischen Fachkräfte der Kindertageseinrichtung bilden gemeinsam ein Team, das sich aus unterschiedlichen fachlichen und persönlichen Kompetenzen zusammensetzt. Sie sind aktive Gestalter der Bildungs- und Erziehungspartnerschaft mit den Eltern – in individueller Hinsicht mit den einzelnen Eltern, in struktureller Hinsicht durch konstruktive Zusammenarbeit mit der gewählten Elternvertretung und in konzeptioneller Hinsicht durch die Umsetzung der einrichtungsspezifischen Konzeption. Die pädagogischen Fachkräfte bringen sich mit ihrem Wissen, ihrer Erfahrung und ihrer individuellen Persönlichkeit in die Kooperation mit den Eltern ein. Die Bedeutung der eigenen Biografie bestimmt die von der Fachkraft wahrgenommene Beziehungsgestaltung maßgeblich mit. Die Auseinandersetzung mit der eigenen Biografie als Basis pädagogischen Handelns prägt professionelles Handeln. Das eigene Rollenverständnis der pädagogischen Fachkräfte gegenüber den Eltern kann reflektiert und bewusst in der Gestaltung der Bildungs- und Erziehungspartnerschaft eingesetzt werden.

Während Eltern die Experten für ihr eigenes Kind sind, bieten pädagogische Fachkräfte Expertenwissen für kindliche Entwicklung im Allgemeinen, für die Bandbreite der verschiedenen Entwicklungswege und für mögliche Stolpersteine. Dabei bringen sich die pädagogischen Fachkräfte sowohl mit ihrem konkreten Fachwissen und ihrer Praxiserfahrung in die Bildungs- und Erziehungspartnerschaft mit den Eltern ein, als auch als Mensch mit ihrer individuellen Persönlichkeit.

Auf der fachlichen Seite bilden die pädagogischen Fachkräfte ein Team. Der Teamgedanke, d. h. die Kooperation der verschiedenen Fachkräfte einer Einrichtung, liegt dem System der Jugendhilfe und damit ebenso dem der Tageseinrichtungen für Kinder zugrunde. Das Arbeiten der pädagogischen Fachkräfte als Team und im Team ist für die Umsetzung der Konzeption der Einrichtung und für die Bildungs- und Erziehungspartnerschaft mit den Eltern bedeutsam. Ein professionell zusammenwirkendes Team bringt mehr zustande als die Summe der Einzelnen. Damit wird zum Ausdruck gebracht, dass sich die Mitglieder eines Teams gegenseitig unterstützen, fördern, anregen und inspirieren, sich ergänzen und Schwächen Einzelner kompensieren sowie ein gegenseitiges Korrektiv darstellen. Der Austausch im Team ermöglicht es, verschiedene Perspektiven und Blickwinkel auf die Kinder und ihre Eltern einzunehmen und entsprechend vielfältig die Förderung der Kinder und den Austausch mit den Eltern zu gestalten. Zudem können die Bezugserzieherinnen und -erzieher oder die Ansprechpartner für die Eltern in einem Team nach spezifischen Kriterien ausgewählt werden, zum Beispiel nach Sprachenkenntnissen, ihrem Kulturverständnis oder nach persönlicher Sympathie.

Die pädagogischen Fachkräfte einer Kita arbeiten als multiprofessionelles Team

Die fachlichen Kompetenzen der Teams von Kindertageseinrichtungen werden durch eine multiprofessionelle Zusammensetzung gestärkt. Die Vielfalt der Persönlichkeiten im Team wird auch durch ihre kulturelle und sprachliche Verschiedenheit bereichert (Preiß 2013, S. 42). Die Mehrzahl der pädagogischen Fachkräfte in Kindertageseinrichtungen ist als Erzieherin und Erzieher ausgebildet oder hat zunehmend einen Bachelor- und/oder Masterabschluss im Bereich der Kindheitspädagogik, Sozialen Arbeit, Erziehungswissenschaften, Pädagogik, Psychologie etc.[19] Pädagogische Fachkräfte sind dafür bekannt, dass sie sich mit Engagement im Laufe des Berufslebens durch Fort- und Weiterbildungen

19 Vgl. Ländermonitor der Bertelsmann-Stiftung: Pädagogisches Personal in KiTas – Qualifikationsniveaus. Verfügbar unter: http://www.laendermonitor.de/uebersicht-grafiken.

weiterqualifizieren. Hier ist der Träger der Einrichtung als Arbeitgeber gefordert, das Engagement der Erzieherinnen und Erzieher, der akademisch ausgebildeten Fachkräfte sowie der Kinderpflegerinnen und -pfleger bzw. Sozialassistentinnen und -assistenten zu unterstützen und sie zur kontinuierlichen Fort- und Weiterbildung zu motivieren.

Anregungen für die Praxis

Ein Team, das unterschiedliche Qualifizierungsabschlüsse vereint, kann Eltern und Kindern in differenzierter Weise begegnen, beispielsweise in verschiedenen Sprachen. Und hier sind nicht allein die Sprachen fremder Kulturen, sondern auch die örtlicher und sozialer Kulturen gemeint. Der örtliche Dialekt vermittelt ein »Willkommen-sein« und bringt vielleicht einiges für die Eltern besser auf den Punkt als mancher Fachbegriff. Für andere Eltern ist eine akademisch qualifizierte Sprache wichtig, entspricht sie ihrem Status und bringt sie ihrer Meinung nach Kompetenz zum Ausdruck. Zudem ist es gut, sich bewusst zu sein, dass nicht nur Jugendliche ihren eigenen Sprachcode haben, sondern auch jede soziale Schicht. Den Sprachen der Menschen Raum zu geben, kann sprachlich weniger gewandte Eltern dazu ermutigen, sich mehr an Gesprächen zu beteiligen und so nach und nach ihre Sprach- und Ausdrucksfähigkeit zu verbessern.

Die Schriftstellerin Ulla Hahn hat in ihrem Roman »Das verborgene Wort« in anrührender Weise Sprachbarrieren zum Ausdruck gebracht: Sprache ist Zugehörigkeit und Ausgrenzung zugleich und ermöglicht doch ein Wandern zwischen den Welten und über sich hinaus. Die junge Protagonistin Hildegard wächst in einfachen Kölner Verhältnissen nach dem Zweiten Weltkrieg auf und findet im Hochdeutschen für sich eine ganz neue Welt jenseits des harten familiären Dialekts und damit auch jenseits der familiären Enge. Zu ihrem Namenstag hat sie Freundinnen aus verschiedenen gesellschaftlichen Schichten eingeladen. Doch die Unvereinbarkeit der Sprachen macht den Festtag zur Qual: »*… fürs erste musste ich mich nicht entscheiden, ob ich mit Birgit Kölsch und mit Doris Hochdeutsch, mit beiden Kölsch oder mit beiden Hochdeutsch sprechen* *sollte. Freundliches Murmeln genügte. Bis wir am Tisch saßen. Sollte ich ›Kuchen‹ anbieten oder ›Koche‹, ›Guten Appetit‹ wünschen, wie in Doris' Familie, ›Lodd et ösch schmecke‹ sagen oder sprachlos über die Platten herfallen. Sollten wir ›Würstchen‹ essen oder ›Wöösch‹, ›Maggibrühe‹ trinken oder ›Majjibröh‹? Ich rettete mich in Geräusch. Täuschte einen gewaltigen Hustenanfall vor …«* (Hahn 2001, S. 190).

Eine Chance der derzeitigen Debatte um einen Fachkräftemangel kann dazu führen, dass berufsfremd qualifizierte Arbeitnehmerinnen und Arbeitnehmer, deren persönliches Interesse oder Arbeitsfeld eine Affinität zur Frühpädagogik aufweist, ergänzend in den Teams zum Einsatz kommen (Roth 2013). Gedacht werden könnte an Handwerker, Musiker, Schauspieler etc., wenn sie die Bereitschaft für eine Weiterqualifizierung für das frühpädagogische Arbeitsfeld mitbringen. Der Einsatz dieser Berufsgruppen könnte zudem dazu führen, dass verstärkt Männer zu dem frauendominierten Beruf Zugang finden. Dies hätte nicht nur Vorteile für die Kinder, sondern würde erweiterte Ansprechmöglichkeiten für Väter bieten – die männliche Komponente würde so die dringend notwendige Verstärkung im pädagogischen Alltag finden.

Mit Blick auf den Inklusionsgedanken, zum Beispiel Kindern mit Behinderung Bildungschancen am selben Lernort zu ermöglichen wie Kindern ohne Behinderung, finden sich weitere Berufsgruppen in den Teams mit spezifischen Qualifikationen wie etwa die Heilerziehungspflegerinnen und -pfleger oder Integrationsfachkräfte.

Die menschliche und persönliche Qualifikation und Reife der Fachkräfte, die neben der fachlichen Qualifikation für den im Wesentlichen aus Beziehungsangeboten bestehenden pädagogischen Alltag von grundsätzlicher Bedeutung ist, steht zunehmend im Blickpunkt der Ausbildung[20]. Dies ist und bleibt aber zugleich ein lebenslanger Anspruch an die einzelne Fachkraft, unabhängig von ihrem jeweiligen Berufsabschluss. Die Auseinandersetzung mit der eigenen Biografie bietet eine mögliche Herangehensweise, diesem Anspruch nachzukommen

20 Dies kann beispielhaft an den Veröffentlichungen der Weiterbildungsinitiative Frühpädagogische Fachkräfte (WIFF) nachvollzogen werden. Verfügbar unter: http://www.weiterbildungsinitiative.de.

(vgl. Kapitel 3.1.2). Denn die eigene Biografie und die darin verankerten Botschaften bilden zugleich die Katalysatoren wie auch Stolpersteine der eigenen Entwicklung. Eltern bewerten die persönlichen Qualifikationsmerkmale von pädagogischen Fachkräften nicht selten deutlich höher als deren fachliche Kenntnisse. Persönliche Reife und fachliche Kompetenz zusammengenommen, bringen die pädagogische Professionalität der einzelnen Fachkraft wie die des Teams zum Ausdruck.

3.1.1 Pädagogische Fachkräfte als Gestalter der Partnerschaft

Die Leitung trägt zusammen mit dem Team der Kindertageseinrichtung die Verantwortung für die Gestaltung der Bildungs- und Erziehungspartnerschaft mit den Eltern (vgl. Kapitel 1.3). Die Handlungsanforderungen an die pädagogischen Fachkräfte sind vielfältig, sei es die konzeptionelle Verankerung der Zusammenarbeit, die Formen der Beteiligung von Eltern oder die Ausgestaltung der Beziehungs- und Angebotsformen (DJI 2011; Fröhlich-Gildhoff u. a. 2011). Die pädagogischen Fachkräfte verfügen über die erforderlichen Kompetenzen, um nach geeigneten Mitteln und Wegen der Zusammenarbeit zu suchen. Wenn Eltern die Zusammenarbeit verweigern oder sich nicht engagieren, ist es gut, wenn Erzieherinnen und Erzieher nicht resignieren oder sich mit Vorwürfen begnügen, sondern aktiv sich selbst oder Eltern danach befragen, was diese daran hindern könnte (Prott & Hautumm 2004, S. 38 f.). Die pädagogischen Fachkräfte sind gefordert, einerseits individuell auf die vielfältigen Erwartungen von Eltern und der mit ihnen einhergehenden heterogenen familiären Lebensformen einzugehen. Anderseits bedarf es in der Einrichtung einer Grundausrichtung, an der sich pädagogische Fachkräfte, Kinder und Eltern orientieren können, um den Alltag mit den vorhandenen Personal-, Zeit- und Sachressourcen organisierbar zu halten. Die Grundausrichtung konkretisiert sich in der Konzeption der Einrichtung.

Dem Anspruch, sich an den individuellen Erwartungen von Eltern zu orientieren und sich mit ihnen auseinanderzusetzen, können die pädagogischen Fachkräfte in den vielfältigsten Situationen, die der Einrichtungsalltag bereithält, nachkommen (vgl. Kapitel 4). Es beginnt bei der ersten Kontaktaufnahme der Eltern zur Kindertageseinrichtung, deren erster Eindruck seitens der Fachkräfte nicht dem Zufall überlassen wird, und intensiviert sich mit der konzeptionell verankerten Eingewöhnung des Kindes gemeinsam mit den Eltern. Die strukturierten und fachlich fundierten Entwicklungsgespräche mit den Eltern ermöglichen eine kontinuierliche Einübung und Vertiefung der gemeinsam wahrgenommenen Verantwortung für die erziehungs- und bildungsbiografischen Anfänge des Kindes. Tür-und-Angelsituationen, Feste, Elternabende und Hospitationen bieten Möglichkeiten, die Bildungs- und Erziehungspartnerschaft kontinuierlich zu pflegen. Konstruktiv gelöste Konflikte können die gemeinsame Arbeit noch wertvoller machen. Dabei gehen die pädagogischen Fachkräfte den Konflikten nicht aus dem Weg, sondern suchen aktiv nach Lösungen. Zur verantwortlichen Gestaltung der Bildungs- und Erziehungspartnerschaft durch die pädagogischen Fachkräfte zählt auch, Eltern zu gewinnen, die nur wenig Interesse an der Entwicklung ihres Kindes zeigen oder die der gemeinsamen Verantwortung nicht aus eigenem Antrieb nachkommen können oder wollen. Hier sind Ausdauer und Kreativität gefragt, um diese Eltern immer wieder aufs Neue einzuladen und zu ermutigen, sich auf ein Miteinander einzulassen. Elternbefragungen können für das Team der Einrichtung eine Möglichkeit sein, ehrliche und offene Rückmeldungen zu erhalten. In die Gestaltung des Übergangs von der Kindertageseinrichtung in die Grundschule werden die Eltern aktiv eingebunden. Der von den pädagogischen Fachkräften bewusst gestaltete Abschied von der Kindertageseinrichtung bietet Erzieherinnen und Erziehern sowie den Eltern die Möglichkeit, die Chancen und Grenzen sowie die gemeinsamen Früchte der geteilten Verantwortung in der Bildungs- und Erziehungspartnerschaft in den Blick zu nehmen.

Vielfältigste Situationen können für die Zusammenarbeit mit den Eltern genutzt werden

Eine einseitige Orientierung an den individuellen Bedürfnissen aller Eltern einer Kindertageseinrichtung kann aufgrund des entstehenden Erwartungsdrucks durchaus zur Überforderung der pädagogischen Fachkräfte führen. Um dem Dilemma einer erwartungsüberfrachteten Pädagogik zu entkommen, bedarf es einer Grundsatzorientierung. Diese ist zugleich eine Leitlinie für die gesamte pädagogische Arbeit. Unabhängig davon, in welcher Trägerschaft sich die Kindertageseinrichtung befindet, gibt es grundsätzliche Eckwerte, die jede träger- und einrichtungsspezifische Konzeption bestimmen:

Orientierung an den Grundsätzen

- Die UN-Konvention über die Rechte des Kindes
- Die Leitlinien und Grundaussagen des SGB VIII

- Die rechtlichen Ausführungsbestimmungen des jeweiligen Bundeslandes
- Das Bildungsprogramm, der Bildungsplan, die Bildungsempfehlungen etc. des jeweiligen Bundeslandes
- Wissenschaftliche Erkenntnisse der Frühpädagogik
- Erkenntnisse zur Lebenssituation von Kindern und Familien in Gesellschaft und dem Sozialraum der Kindertageseinrichtung
- Berufsbild und Berufsethos der pädagogischen Fachkräfte

Die Konzeption der Kita: Rahmen für die Erziehungs- und Bildungspartnerschaft

Eine Einrichtungskonzeption, die diese Grundlagen berücksichtigt, kann Eltern entsprechend begründet erläutert werden. So ist für Eltern nachvollziehbar, warum einzelne Schwerpunkte in der Kindertageseinrichtung gesetzt werden und andere Aspekte weniger Berücksichtigung finden. Die Einrichtungskonzeption bildet so den Rahmen und die Basis, in dem und auf der individuelle Bildungs- und Erziehungspartnerschaft sowie strukturelle Partizipation der Eltern zugunsten der Erziehung, Bildung, Betreuung und Förderung des Kindes wachsen können. Dabei ist die Einrichtungskonzeption kein statisches Dokument. Sie unterliegt der kontinuierlichen Weiterentwicklung, indem das Fachkräfteteam sich in regelmäßigen Abständen oder aufgrund spezifischer Anlässe mit der Frage befasst, ob die Konzeption noch den aktuellen Entwicklungen, Bedingungen und Erkenntnissen entspricht. Die individuellen Bildungs- und Erziehungspartnerschaften mit den Eltern können so dazu beitragen, dass Erkenntnisse gewonnen werden, die zu einer fruchtbaren Weiterentwicklung der Konzeption beitragen. Die Einbindung und Partizipation der strukturell in der Einrichtung verankerten Elternvertretung bei der Weiterentwicklung können mit dazu beitragen, dass die Konzeption als Grundorientierung von einer breiten Basis mitgetragen wird und somit anderen Eltern leichter verständlich und zugänglich gemacht werden kann. So entsteht ein förderlicher (Feedback-)Kreislauf: Die Konzeption bietet eine Grundorientierung, die eine Basis für die Arbeit in der Kindertageseinrichtung und damit für die individuelle Bildungs- und Erziehungspartnerschaft bildet, und aus diesen individuellen Beziehungsangeboten erfolgen Anregungen für die Fortentwicklung der Konzeption. Die regelmäßige eigene Selbsteinschätzung der einrichtungsbezogenen Umsetzung der Bildungs- und Erziehungspartnerschaft durch die pädagogischen Fachkräfte bietet zudem Orientierung bei der konzeptionellen Weiterentwicklung.

Die von den pädagogischen Fachkräften zu verantwortende Gestaltung der Bildungs- und Erziehungspartnerschaft mit den Eltern vollzieht sich somit

- in individueller Hinsicht mit den einzelnen Eltern,
- in struktureller Hinsicht durch eine konstruktive Zusammenarbeit mit der gewählten Elternvertretung,
- in konzeptioneller Hinsicht durch die Ausarbeitung und Fortschreibung der Einrichtungskonzeption.

3.1.2 Pädagogische Fachkräfte und ihre Biografie

Pädagogische Fachkräfte bringen sich mit ihrem Wissen, ihrer Erfahrung und ihrer Persönlichkeit in die Bildungs- und Erziehungspartnerschaft ein. Dazu gehört auch, dass sie selbst wiederum Kinder ihrer Eltern sind und vielleicht selbst in Elternverantwortung stehen. Und so wirken das Erleben der eigenen Eltern und das eigene Elternsein und alle damit verbundenen persönlichen Werthaltungen und Familientraditionen – ob bewusst oder unbewusst – maßgeblich in die Beziehungen mit anderen Menschen hinein. Damit die pädagogische Arbeit, die im Wesentlichen eine Beziehungsarbeit ist, gelingt und die eigene Lebens- und Berufsfreude gestärkt wird, ist es wichtig, sich als Fachkraft dieser biografischen Zusammenhänge bewusst zu werden (Gudjohns u. a. 2008, S. 16 ff.). Nur so ist ein authentischer, wahrhaftiger Umgang mit den Kindern und deren Eltern möglich.

Praxisbeispiel

Christa ist seit 15 Jahren Gruppenleiterin in einem Kindergarten. Sie hat zwei erwachsene Kinder, Tochter und Sohn, die sich im Studium befinden. Ihr Mann geht einem Beruf nach, der seinen vollen Einsatz und unregelmäßige Arbeitszeiten erfordert. In seiner wenigen Freizeit engagiert er sich in der Kommunalpolitik. Am Wochenende spielt er im Fußballverein.

Für Christa war es selbstverständlich, dass sie bis zum dritten Lebensjahr ihrer beiden Kinder zuhause blieb und dadurch nach nur wenigen Berufsjahren eine siebenjährige Berufspause einlegte. So kannte sie es auch von ihrer eigenen Mutter und aus dem weiteren familiären Umfeld. Seit dem dritten Geburtstag ihres zweiten Kindes arbeitet sie jedoch wieder, wenn auch in Teilzeit, da es zuhause so viel zu tun und zu organisieren gibt, dass eine volle Berufstätigkeit für Christa nicht infrage kommt. Die Familie hat in ihrem Leben gegenüber dem Beruf einen klaren Vorrang.

Seit einigen Monaten nimmt die Einrichtung, in der Christa arbeitet, auch Zweijährige auf. Zurückgehende Kinderzahlen führten schon vor einigen Jahren dazu, dass die Leitung und der Träger sich Gedanken machten, wie die Einrichtung weiterentwickelt werden sollte. Zunächst wurden die Öffnungszeiten ausgedehnt mit der Folge, dass Christa verstärkt in den Randzeiten arbeiten muss, weil sie bereits erwachsene Kinder hat. Wegen der Auswirkungen auf die Organisation ihres privaten Umfeldes hatte sie sich dagegen gewehrt, dies blieb aber erfolglos.

Nun bringen Mütter ihre Kinder, kaum dass diese zwei Jahre alt sind, in die Einrichtung und beklagen sich, dass dies nicht schon früher ginge, denn das Elterngeld gäbe es ja nur ein Jahr und sie müssten oder möchten doch arbeiten gehen. Christa hat dafür kein Verständnis. Für sie sind dies Rabenmütter. Wie kann eine Frau so früh schon ihr Kind abgeben? Zum Glück nimmt sich eine Kollegin im Team der Kleinstkinder an. Manchmal merkt Christa aber auch, dass sie auf diese jungen Mütter, die mit viel Engagement ihrem Beruf nachgehen und gleichzeitig sehr an der Entwicklung ihrer Kinder interessiert sind, ja, sich nicht selten sogar aktiv mit ihren Männern in die Arbeit der Kita einbringen, neidisch ist. Und wenn sie ehrlich zu sich selbst ist, dann hat sie ihrer Tochter auch immer zugeredet, einen vernünftigen Beruf zu erlernen und in diesem zu arbeiten, damit sie unabhängig ist und selbstständig bleibt – auch als Ehefrau und Mutter.

Das Praxisbeispiel bietet Anregungen zum Nachdenken:

- Das Beispiel benennt verschiedene Lebensentwürfe von Frauen. Es zeigt, dass sich Lebensentwürfe wandeln.
- Das Praxisbeispiel berührt das Thema »Verhältnis der Geschlechter von Mann und Frau« und in diesem Zusammenhang zu beobachtende Veränderungen zwischen den Generationen.
- Öffentliche Kinderbetreuung wandelt sich. Sie ist – neben dem Erziehungs- und Bildungsauftrag – ein Wirtschaftsfaktor, denn sie ermöglicht eine Vereinbarkeit von Familie und Beruf.
- Es gibt Chancen und es gibt Risiken öffentlicher Kinderbetreuung für die Kinder, für Mütter und Väter.
- Wenn die pädagogische Fachkraft die öffentlich verantwortete Betreuung eines Säuglings innerlich ablehnt, dann wirkt sich dies aus:
  - Auf das Kind und seine Eltern: »Das ist nicht in Ordnung, dass du hier bist, dass deine Eltern dies machen.« bzw. »Das ist nicht o.k., dass Sie Ihr Kind so früh weggeben.« Kind und Eltern können sich in diesem Fall letztlich nicht vertrauensvoll auf das Team einlassen.
  - Auf das Team: Auftrag, Konzeption und Handeln stimmen nicht überein.
  - Auf die pädagogische Fachkraft selbst: innere Anspannung, Zerrissenheit etc.
- Wenn in einem Team bestimmte Aufgaben (Betreuung der Kleinstkinder, Sprachförderung etc.) an einzelne Fachkräfte delegiert werden, dann muss überlegt werden, wie diese Zuweisung durch das Team mitgetragen werden kann, damit es nicht zu einer Aufsplittung des Teams oder des Bildungsgeschehens in der Einrichtung kommt.

Biografische Arbeit und theoretische Zusammenhänge

Carl Rogers, der Begründer einer wissenschaftlich begründeten einfühlsamen und wahrhaftigen Gesprächsführung, hat einmal gesagt: »Das Persönlichste ist das Allgemeinste.« (Rogers 1985, S. 41f.) Damit fasst er in Worte, dass die ureigensten Erfahrungen eines Menschen – das, was ihn persönlich berührt – auch andere Menschen anrühren werden. Entsprechend ist es wichtig, dass in professionellen Zusammenhängen persönliche Äußerungen bewusst vorgenommen werden. Die folgenden Aussagen begründen zwei völlig verschiedene Beziehungsverhältnisse zwischen Christa und den Müttern aus dem Praxisbeispiel:

- »Das tut man doch nicht, man kann doch sein Kind, das erst ein paar Wochen alt ist, nicht schon im Kindergarten abgeben.«
- »Ich hätte das nicht gekonnt. Für mich war das völlig selbstverständlich, dass ich zuhause bleibe. Ich glaube, ich habe darüber nicht einmal nachgedacht. Vielleicht bin ich ja sogar ein bisschen neidisch auf Sie, dass Sie das so machen, weil ich mich nicht getraut habe, damals meine Interessen durchzusetzen.«

In der zweiten Äußerung wird die eigene Biografie ernst genommen und nicht zum allgemeingültigen Maßstab der Bewertung des Gegenübers gemacht, wie in der ersten Aussage. Auch wenn die jeweilige Haltung und Lebenseinstellung des Anderen nicht geteilt wird, die persönliche und ehrliche Äußerung ermöglicht Begegnung, lädt zum Austausch ein und vermittelt Offenheit. Offenheit, Wahrhaftigkeit, gegenseitiger Respekt und Akzeptanz sind die wichtigen Grundpfeiler einer partnerschaftlichen Zusammenarbeit von Eltern und pädagogischen Fachkräften (vgl. Kapitel 1.4.1).

Im Alltag der Kita treffen die unterschiedlichsten Lebensentwürfe aufeinander

Im pädagogischen Alltag begegnen sich die unterschiedlichsten Lebensentwürfe, Werthaltungen, Familientraditionen und Erwartungen. Manchmal findet sich die gleiche Wellenlänge, manchmal wird Fremdes und Anderes als Zumutung erlebt. Für die Gestaltung der Bildungs- und Erziehungspartnerschaft tragen die pädagogischen Fachkräfte die Verantwortung. Sicherlich sind auch die Eltern ihrerseits in der Verantwortung, zum Gelingen dieser Partnerschaft beizutragen; aber im Sinne professionellen pädagogisch-konzeptionellen Handelns obliegt den Fachkräften der Einrichtung die reflektierte Gestaltung dieses Miteinanders.

Eine gelingende Bildungs- und Erziehungspartnerschaft mit den Eltern der Kinder, die in einer Kindertageseinrichtung betreut werden, fordert gerade dann, wenn sich die gegenseitige Sympathie nicht von selbst einstellt, eine bewusste und reflektierte Gestaltung dieser Beziehung. Voraussetzung dafür ist, dass die pädagogische Fachkraft sich selbst und das Eigene, das Persönliche kennt. Freud und Leid, Versöhntes und Unversöhntes des eigenen Lebensentwurfes wirken – bewusst oder unbewusst – in den pädagogischen Alltag hinein (Gudjohns 2008, S. 19 f.). Folgende Zusammenhänge sollen daher aufgezeigt werden:

- Welche Chancen bietet die Auseinandersetzung mit der eigenen Biografie?
- Welches sind die Grundpfeiler für eine gelingende Gestaltung der Bildungs- und Erziehungspartnerschaft?
- Wie wirkt sich eine gelingende Bildungs- und Erziehungspartnerschaft auf die Kinder aus?

Die eigene Biografie – Basis pädagogischen Handelns

Fachkräfte, die in sozialpädagogischen, psychologischen oder therapeutischen Berufen tätig sind, in denen die Kommunikation mit Menschen wesentlicher Bestandteil ihres Arbeitsauftrages ist, bringen sich selbst als Person – mit Erfahrungen, Werten, Gefühlen, eben mit »Sinn, Herz und Verstand« – in diese beruflichen Beziehungen ein und sind für die professionelle Beziehungsgestaltung verantwortlich. Während es in jeder psychotherapeutischen Ausbildung zum Pflichtprogramm gehört, sich selbst näher kennenzulernen, hat die biografische Arbeit in den pädagogischen und sozialpädagogischen Arbeitszusammenhängen noch keine sehr lange Tradition (ebd., S. 26f.).

Ziel der biografischen Arbeit ist es, sich bewusst zu machen, welche eigenen Anteile man in Gesprächssituationen einbringt, um besser verstehen zu können, warum Haltungen, Einstellungen und Lebensweisen des Gegenübers anziehend, abstoßend, sympathisch, herausfordernd etc. auf einen selbst wirken. Auf diese Weise kann eine – gerade in schwierigen Kommunikationszusammenhängen – reflektierte Gesprächsatmosphäre geschaffen werden.

Praxisbeispiel

Die Erzieherin Elke M. hat sich ihre Selbstständigkeit als Frau schwer erarbeiten müssen, da ihre Eltern mit Unverständnis auf ihren Wunsch, zu arbeiten, reagierten und auch ihr Mann sie nicht darin unterstützte. Entsprechend empfindlich reagiert sie auf eine Mutter, die sich in ihren Augen massiv den Regeln ihrer Familie und ihres Mannes unterwirft, weil sie dies selbst als rückständig bewertet. Macht sie sich die Hintergründe ihrer Bewertung aber bewusst, dann kann sie unterscheiden: »Dies ist mein Leben und das ist ihr Leben.« Sie kann ihrem Gegenüber von den eigenen Erfahrungen berichten, ohne missionarisch zu wirken, sowie akzeptieren und respektieren, dass die andere Mutter ihr Leben anders lebt. Und jetzt kann sie auch erkennen, dass diese andere Person mit ihrem Leben zufrieden ist, so wie es ist, und die Erfahrungen aus der Perspektive der anderen Mutter wertschätzen.

Eine sich »selbst-bewusste« Haltung fördert die kommunikativen Beziehungen

Auf dem Hintergrund einer reflektierten Haltung der eigenen Biografie gegenüber kann die pädagogische Fachkraft »selbst-bewusst« die professionellen kommunikativen Beziehungen zu den Eltern in der Kindertageseinrichtung gestalten. In Fortbildungsangeboten für pädagogische Fachkräfte wird daher zunehmend die biografische Arbeit mit einbezogen.

Praxisbeispiel

In einer Teamfortbildung zum Thema Beobachtung und Dokumentation setzen sich die Fachkräfte damit auseinander, welche Erfahrungen sie gemacht haben, als sie in ihrem Leben Beobachtungen und Dokumentationen von Erwachsenen ausgesetzt waren. Nicht wenige erinnern sich an die schulische Bewertungssituation und dass vor allem das in den Blick genommen wurde, was sie nicht gut konnten. Das damit verbundene erniedrigende Gefühl wollen sie den Kindern ersparen. Sie merken aber auch, dass es für sie eine Herausforderung darstellt und der Übung bedarf, einen ressourcenorientierten Blick einzunehmen, d.h. die Stärken des Kindes zu sehen und diese den Eltern im Gespräch mitzuteilen. Sie machen sich bewusst, dass sie aufgrund ihrer eigenen biografischen Erfahrung immer wieder versucht sind, die Schwächen des Kindes herauszustellen. Im Team wollen sie sich nun gegenseitig stützen, wenn wieder jemand von ihnen in die Falle getapst ist.

Biografische Arbeit ermöglicht eine Veränderung der eigenen Einstellungen. Dabei gilt ein merkwürdiges Paradoxon: Erst wenn wir akzeptieren, dass die Dinge, die eigenen Haltungen und Reaktionen sich so und so abspielen, eben sind wie sie sind, dann kann sich auch etwas ändern. Dies gilt für die eigene Person ebenso wie für die Kommunikation mit einem Gegenüber: Erst wenn ich den Anderen respektiere, so wie er ist, dann muss er sich nicht verteidigen oder etwas schönreden, sondern kann sich Neuem öffnen. Der Lyriker Erich Fried hat dies in seinem sehr zutreffenden und Mut machenden Gedicht »Was es ist« zum Ausdruck gebracht:

Ein Paradoxon: Anzuerkennen, dass etwas ist, wie es ist, ermöglicht Veränderung

Was es ist

Es ist Unsinn
sagt die Vernunft
Es ist was es ist
sagt die Liebe

Es ist Unglück
sagt die Berechnung
Es ist nichts als Schmerz
sagt die Angst.
Es ist aussichtslos
sagt die Einsicht
Es ist was es ist
sagt die Liebe

Es ist lächerlich
sagt der Stolz
Es ist leichtsinnig
sagt die Vorsicht
Es ist unmöglich
sagt die Erfahrung
Es ist was es ist
sagt die Liebe

Erich Fried (1921–1988), aus Ders., Es ist was es ist

Eigene Haltungen und Erfahrungen werden bewusst, Neues kann gedacht, reflektiert und ausprobiert werden. Kommunikation und Beziehungen werden reicher, wenn man sich frei auf sein Gegenüber einlassen kann; denn der Andere bietet eine wahre Fundgrube, wie die Welt noch gesehen und erlebt werden kann. Die lernende und handelnde pädagogische Fachkraft wirkt auf die Kinder und Erwachsenen und das soziale Umfeld ein. Ihr Handeln, ihre Erfahrungen und Wahrnehmungen in dieser Interaktion wirken zugleich immer wieder auf ihre eigene (berufs-)biografische und professionelle Entwicklung zurück (Nentwig-Gesemann u.a. 2011, S. 18ff.). Professionalisierung ist nur im Zusammenhang einer kontinuierlichen Selbst- und Prozessreflexion zu realisieren. Forschendes Lernen und die biografische Selbstreflexion (Biografiearbeit) sind tragende Säulen dieser Qualifizierung (ebd.).

Professionalisierung gelingt nur durch beständige Selbst- und Prozessreflexion

Biografische Arbeit – den eigenen Spuren folgen

Die eigene Biografie ist Basis des pädagogischen Handelns. Bewusst oder unbewusst nehmen die eigenen Wert- und Lebenshaltungen im fachlichen Alltag Einfluss. Das Fachkräfteteam ist für die Gestaltung dieses pädagogischen Alltags verantwortlich. Daher sollte das eigene Handeln bewusst und reflektiert erfolgen (Krenz 2007, S. 30f.). Das bewusste Wahrnehmen der eigenen Lebens- und Werthaltungen stellt somit eine wesentliche Grundlage für eine gelingende Bildungs- und Erziehungspartnerschaft mit den Eltern dar. Die Auseinandersetzung mit der eigenen Biografie, der Austausch mit den Kollegen und Kolleginnen im Team oder in der Ausbildung sind eine Bereicherung und können sichtbar machen, wie vielfältig menschliche Lebensentwürfe und Blicke auf die Welt sind. Und Vielfalt ist eine große Chance.

Für den Austausch mit sich selbst oder mit anderen sind bestimmte Grundhaltungen und Regeln von Bedeutung:

Für den Austausch mit sich selbst oder mit anderen sind Grundhaltungen bestimmend

- Vertraulichkeit und Vertrauen
- Offenheit und Neugier
- Wärme und Zugewandtheit
- Wertschätzung und einfühlsames Verstehen
- Zuerkennung des Rechts auf Anderssein
- Konstruktive Auseinandersetzung statt Abwertung
- Echtheit und Authentizität

Fragen zur Selbstreflexion

Die folgende Fragensammlung ist eine Einladung, den eigenen biografischen Spuren zu folgen, die für die Gestaltung der Bildungs- und Erziehungspartnerschaft mit den Eltern von Bedeutung sind:

- Wie habe ich meine eigenen Eltern erlebt? Was habe ich an ihnen besonders geschätzt, was hat mich an ihnen besonders gestört?
- Welche Eltern- und Familienbilder trage ich in mir? Welche Gefühle verbinde ich mit ihnen?
- Wie nehme ich meine Elternrolle gegenüber meinen eigenen Kindern wahr / wie möchte ich sie wahrnehmen?
- Wie möchte ich in einer Kindertageseinrichtung oder in der Schule als Elternteil behandelt werden? Was wäre meine größte Sorge?
- Welchen Eltern in der Kindertageseinrichtung gehe ich am liebsten aus dem Weg? Warum ist das so?

Hier noch einige Anregungen, die zu weiteren Ideen und Schritten im Alltag ermutigen sollen:

- Gehen Sie mit den in Kapitel 1.4 beschriebenen Grundhaltungen in ein Gespräch mit Eltern, zu denen Sie den Kontakt bislang bewusst gemieden haben. Was entdecken Sie?
- Es gibt Eltern, denen fühlen Sie sich grundsätzlich unterlegen. Sie kennen dieses Gefühl aus ihrer eigenen Biografie. Wie könnte eine Begegnung oder ein Gespräch mit diesen Eltern so gestaltet werden, damit Sie eine neue Erfahrung gewinnen können?
- Eltern aus einem Ihnen völlig fremden Land und einer gänzlich anderen Kultur haben ihr Kind angemeldet. Wie könnte die Erfahrung von Vielfalt sowohl für Sie als auch die Eltern zur Chance werden?
- Die in diesem Kapitel beschriebenen Haltungen sind für die Konzeption einer Einrichtung grundlegend. Die Konzeption ist sowohl

Basis als auch Selbstvergewisserung für das pädagogische Handeln des Fachkräfteteams. Zugleich dient sie der Orientierung für die Eltern. Daher stellt sich die Frage: Finden sich die Grundhaltungen in der Konzeption wieder? In welcher Weise – direkt, indirekt? Findet sich Biografisches zu den pädagogisches Fachkräften oder zur »Biografie der Einrichtung« in der Konzeption oder an einem anderen Ort in der Kindertageseinrichtung wieder?

- Erfahren Eltern Ihrer Kindertageseinrichtung, dass sie mit ihrer Biografie willkommen sind? Woran können sie dies erkennen?

3.1.3 Exkurs: Pädagogische Fachkräfte – die besseren Eltern?

»Bei mir hätte es das Kind besser!« In sozialpädagogischen und pädagogischen Arbeitszusammenhängen findet sich ausgesprochen oder unausgesprochen hin und wieder schon einmal die Haltung, dass sich die Fachkräfte als bessere Eltern sehen oder den Kindern die Familie ersetzen oder sie zumindest ausgleichen möchten. Dies ist eine Hybris, d. h. eine alle Beteiligten überfordernde Anmaßung. Die wichtigsten Personen für Kinder sind und bleiben in aller Regel die Eltern, die Familie. Dies hat die Bindungsforschung (vgl. Kapitel 4.1.1) nachdrücklich belegt. Daher gilt es, das Kind gemeinsam mit den Eltern zu erziehen, zu bilden, zu betreuen und zu fördern. Auch wenn Kinder sich nicht entsprechend ausdrücken können, so spüren sie doch sehr feinfühlig und früh, ob ihre Eltern anerkannt oder abgelehnt werden. Die Treue der Kinder gilt dabei jederzeit ihren Eltern. Wenn die pädagogischen Fachkräfte die Eltern der Kinder akzeptieren und respektieren, eine Haltung des »mit ihnen« und nicht »gegen sie« verfolgen, dann macht dies die Kinder freier, Neues kennenzulernen und sich auf Welterfahrung in ihrer ganzen Vielfalt einzulassen. Möglicherweise wird es so für sie auch leichter, ein gegebenenfalls einschränkendes Lebensmilieu zu überwinden. Viele Erwachsene wissen darum, wie schwierig es ist, gegen die stummen Botschaften in den eigenen Köpfen anzutreten, die fest eingeschriebenen Lebensregeln des Elternhauses und der eigenen Kindheit zu überwinden, sich ein Stück Lebensfreiheit zu erarbeiten. Hier geschieht auf der Ebene der Erwachsenen etwas ganz Ähnliches wie bei den Kindern: Je geringer die Loyalitätskonflikte sind, desto leichter fällt es, neue und eigene Lebenswege zu beschreiten.

Pädagogische Fachkräfte sind nicht die besseren Eltern. In der Zusammenarbeit von Eltern und pädagogischen Fachkräften besteht durchaus, oft unerkannt, neben dem Wunsch nach Kooperation auch Konkurrenz (Klein & Vogt 2008, S. 47f.). Diese ist zwangsläufig gegeben, denn berufliche Fachlichkeit und »natürliche Erziehungskompetenz« begegnen sich (ebd.). Auch hier geht es um die Akzeptanz, den Respekt und die Anerkennung der Verschiedenheit. Um eine gelingende Erziehungspartnerschaft zu erreichen, ist es wichtig, Verunsicherungen zuzulassen und Veränderungen gegenüber offen zu sein (Brock 2012, S. 27f.). Und: Verantwortlich für die Gestaltung der Beziehungen mit Kindern und Eltern in der Kindertageseinrichtung sind die pädagogischen Fachkräfte. Die (Letzt-)Verantwortung für die Erziehung ihrer Kinder liegt bei den Eltern. Die pädagogischen Fachkräfte können Eltern darin unterstützen, für ihre Kinder die bestmöglichen Eltern zu sein. Sie können Eltern helfen und in ihrer Elternkompetenz stärken, zum Beispiel indem Eltern an den Erfahrungen ihrer Kinder, die diese in der Kindertageseinrichtung machen, Anteil nehmen lernen.

Beachtenswert: Konkurrenz in der Zusammenarbeit von Eltern und Fachkräften

3.1.4 Das Rollenverständnis von Eltern und pädagogischen Fachkräften

Sowohl in der Gruppe der Eltern als auch in der Gruppe der pädagogischen Fachkräfte gibt es unterschiedliche Rollenverständnisse (Thiersch 2006). Wenn die nun folgenden Rollenverständnisse auch nicht immer in Reinform zu beobachten sind, so finden sich doch Übereinstimmungen mit der Wirklichkeit. Sich die unterschiedlichen Rollenverständnisse bewusst zu machen, kann für die Gestaltung der Bildungs- und Erziehungspartnerschaft hilfreich sein.

Das Rollenverständnis der Eltern gegenüber der pädagogischen Fachkraft

Thiersch hat bestimmte Gruppen identifiziert, die sie nach der Art und Weise, den verschiedenen »Modi der Zusammenarbeit« (ebd., S. 96f.) definiert: Manche Eltern praktizieren die Zusammenarbeit mit der Kindertageseinrichtung in Form von Delegation, d. h. sie geben ihr Kind für die Zeit des Besuches der Einrichtung ganz in die Verantwortung der pädagogischen Fachkräfte und sind oft erstaunt, wenn diese eine intensive Bildungs- und Erziehungspartnerschaft gestalten wollen. Andere Eltern sehen in den pädagogischen Fachkräften eher Vertraute ihres Kindes und möchten daher gerne eine persönliche, freundschaftliche Beziehung zu ihnen aufbauen, um auf diese Weise an dem Erleben, das das Kind mit der Fachkraft teilt, Anteil nehmen zu können. Eine weitere Gruppe von Eltern bringt den pädagogischen Fachkräften gegenüber ihre Beratungsbedürftigkeit zum Ausdruck. Es gibt aber auch viele Eltern, die die Erzieherinnen und Erzieher in ihrer Arbeit als Ganzes unterstützen und sich in die »Gemeinschaft Kindertageseinrichtung« einbringen möchten.

Das Rollenverständnis der pädagogischen Fachkraft gegenüber den Eltern

Analog zur Gruppe der Eltern lässt sich auch bei den pädagogischen Fachkräften ein unterschiedliches Rollenverständnis beobachten (ebd.):

- Pädagogische Fachkräfte, die sich hinsichtlich der fachlichen Arbeit in der Einrichtung gegenüber den Eltern eher abgrenzen. Sie unterscheiden stärker zwischen den Verantwortlichkeiten für das Geschehen in der Kindertageseinrichtung, das ihnen als pädagogischen Fachkräften obliegt, und den Verantwortlichkeiten der Eltern für die häusliche Umgebung der Familie.
- Pädagogische Fachkräfte, die sich den Eltern stärker persönlich zuwenden und sich um persönliche Beziehungen zu den Kindern und ihren Eltern bemühen. Sie nehmen zum Teil intensiv Anteil am Leben der Familien.
- Pädagogische Fachkräfte, die sich eher als Berater sehen und gegenüber den Eltern eine beratend-lehrende Haltung einnehmen.
- Pädagogische Fachkräfte, die eine konsequent ressourcenorientierte Haltung einnehmen und die Kompetenzen von Eltern sehen. Sie trauen Eltern zum Beispiel zu, sich aktiv und förderlich in den Kindergartenalltag einzubringen.

Die Auflistung macht deutlich, dass sich die unterschiedlichen Modi der Zusammenarbeit von Eltern und pädagogischen Fachkräften mal mehr und mal weniger gut ergänzen und Wechselwirkungen bestehen.

Auswirkungen des Rollenverständnisses von Eltern und pädagogischen Fachkräften

Die beschriebenen Rollenverständnisse kommen nur theoretisch in Reinform vor. In der Realität sind die Formen unterschiedlich ausgeprägt und treten zudem gleichzeitig und vermischt bei den handelnden Personen auf. Es liegt jedoch auf der Hand, dass sich die jeweiligen Rollenverständnisse bei Eltern und pädagogischen Fachkräften auf die Bildungs- und Erziehungspartnerschaft auswirken und entsprechend unterschiedliche Gestaltungsmuster der Kooperation erkennen lassen (Thiersch 2006):

Das jeweilige Rollenverständnis wirkt sich auf die Partnerschaft aus

- Eine eher sachlich distanzierte Partnerschaft
- Eine persönlich-freundschaftliche Kooperation
- Eine durch Beratung und Unterstützung geprägte Beziehung
- Eine eher teamorientierte Zusammenarbeit

Es wird hier bewusst auf eine Bewertung der unterschiedlichen Rollenverständnisse verzichtet. Es ist Aufgabe der pädagogischen Fachkräfte, die Beziehungen wohlwollend kritisch zu reflektieren und daraufhin zu befragen, ob sie die Erziehung, Bildung und Betreuung des Kindes fördern (Klein & Vogt 2008, S. 53ff.). Ein ressourcenorientierter Blick entdeckt in den unterschiedlichen Rollenverständnissen Potenziale und eine Vielzahl von Gestaltungsmöglichkeiten für eine individuelle Bildungs- und Erziehungspartnerschaft mit den Eltern.

Fragen zur Selbstreflexion

Welches Rollenverständnis sehe ich für mich als zutreffend an?

In welchen Situationen ist mein Rollenverständnis hilfreich? Wann ist es hinderlich?

Welche anderen Rollenverständnisse finden sich im Team der Kindertageseinrichtung?

Was möchte ich für mich ändern, neu ausprobieren?

3.2 Eltern

Eltern sind die Experten für ihr Kind. Der gemeinsame Blick der pädagogischen Fachkräfte und der Eltern auf das Kind kommt durch das Vertrauen bzw. den Vertrauensvorschub zustande, den die Eltern mit dem Betreuungsvertrag zum Ausdruck bringen. Die Motive der Eltern, sich bei der Erziehung, Bildung und Betreuung ihrer Kinder unterstützen zu lassen, sind vielfältig. Entsprechend vielfältig, durchaus auch widersprüchlich, sind die Erwartungen der Eltern an die Kindertageseinrichtung. Mit diesen Erwartungen korrespondieren die gesellschaftlichen Erwartungen, die an Eltern herangetragen werden – seien es der Bildungsanspruch oder die Flexibilität und Mobilität auf dem Arbeitsmarkt. Um den Anforderungen im Alltag gerecht zu werden, vollbringen Familien eine ständige Herstellungsleistung (»Doing Family«). Entsprechend gibt es eine Vielfalt von Lebensformen. Kurzum: Eltern und die mit ihnen verbundenen Familienkulturen sind vielfältig. Der Anspruch, der sich an die Kindertageseinrichtung stellt, besteht darin, dieser Vielfalt konzeptionell Rechnung zu tragen. Dabei können die Wahrnehmungen und Beobachtungen der Eltern hinsichtlich der Arbeit der Kindertageseinrichtung einen wertvollen Beitrag zur Qualitätsentwicklung und Qualitätssicherung leisten.

Während pädagogische Fachkräfte Experten für kindliche Entwicklung im Allgemeinen, für die Bandbreite der verschiedenen Entwicklungswege und für mögliche Stolpersteine sind, sind Eltern die Experten für ihr Kind, für sich selbst und für ihre Lebensumstände (Prott & Hautumm 2004, S. 26). Dabei ist dieses Expertenwissen oftmals überraschend fachkundig, vielfach getragen durch ein intuitives Wahrnehmen des eigenen Kindes und seiner Entwicklungen, ein empathisches Ein- und Mitfühlen und einen – nahezu immer auf der Liebe der Eltern basierenden – Reichtum an geteilten Alltagserfahrungen, mal freud- und lustvoll, mal sorgen- und leidvoll. Diesen Schatz an Erfahrungen und Kompetenzen bringen Eltern in die Bildungs- und Erziehungspartnerschaft mit ein.

Aber wer sind die Eltern, mit denen es die pädagogischen Fachkräfte in der Bildungs- und Erziehungspartnerschaft zu tun haben? Eltern sind keine homogene Gruppe. Zwar bieten sich Ordnungskriterien an, zum

Beispiel nach dem sozioökonomischen Status, dem Bildungsniveau, dem kulturellen Hintergrund, dem Migrationsstatus, sogar nach dem Geschlecht bei homosexuellen Elternpaaren etc.; doch innerhalb dieser Gruppen gibt es bedeutsame Unterschiede. Entsprechend bieten Ordnungskriterien eine Orientierung und einen Handlungsrahmen. Eltern dürfen aber nicht auf Merkmale einer Gruppe beschränkt werden, d. h. auch Eltern sind – ebenso wie die Kinder – als Individuen zu betrachten, die in vielfältiger Weise die gesellschaftlichen Anforderungen, die an sie gestellt sind, gestalten. Eltern sind keine unbeschriebenen Blätter; sie sind Persönlichkeiten mit eigenen Fähigkeiten, Geschichten und gelebter Alltagskultur. Sie haben Wissen und Erfahrung in Bezug auf Familie, zumindest aus der eigenen Biografie. Eltern sind Experten für die Alltagsbewältigung mit ihren Kindern. Es ist gut, sie in diesem Selbstvertrauen zu stärken und stets zu berücksichtigen, dass die Kinder von ihren Eltern und ihrer individuellen Familiensituation geprägt sind.

Eltern sind Experten für die Alltagsbewältigung mit ihren Kindern

Allen Eltern gemeinsam ist: Wie auch immer das Sozialrechtliche Dreiecksverhältnis zwischen örtlichem Träger der öffentlichen Jugendhilfe, dem Träger der Einrichtung und den Eltern vor Ort ausgestaltet ist (vgl. Kapitel 2.2), die Eltern nutzen die Leistung »Kindertagesbetreuung«, und die Einrichtung wird zu ihrer Unterstützung tätig. Familien sehen ihren Erziehungsauftrag nicht im Gegensatz zur öffentlichen Kinderbetreuung, sondern in Kooperation mit ihr. Die institutionelle öffentliche Kinderbetreuung ist – selbst in Westdeutschland – weitgehend akzeptiert (BMFSFJ 2013). Mit der Unterzeichnung des Betreuungsvertrages beauftragen die Eltern nicht nur die Kindertageseinrichtung, sie in der Erziehung, Bildung und Betreuung ihrer Kinder zu unterstützen, sie bringen zugleich den pädagogischen Fachkräften das Vertrauen, zumindest aber einen Vertrauensvorschuss entgegen, dass ihr Kind und sie selbst gut bei ihnen aufgehoben sind. Entsprechend sind an dieses Vertrauen und den damit verbundenen Auftrag zahlreiche ausgesprochene oder unausgesprochene Erwartungen gebunden.

3.2.1 Erwartungen der Eltern an die Kindertageseinrichtung

Die Erwartungen der Eltern an die Kindertageseinrichtung sind von den jeweiligen Lebenslagen der Familien abhängig und entsprechend vielfältig. Sie können ausgesprochen – möglicherweise in Elterngesprächen bewusst von den pädagogischen Fachkräften erfragt – und miteinander besprochen worden sein. Manche Erwartungen stellen sich aber auch erst im Laufe der Zeit heraus oder treten neu hinzu. Manche Erwartungen sind den Eltern selbst nicht bewusst. Aber auch die unbewussten Erwartungen bestimmen unterschwellig das Miteinander von Eltern und pädagogischen Fachkräften.

Aus Befragungen von Migranteneltern weiß man, dass eine gute Schulvorbereitung ein zentraler Beweggrund ist, die Kinder in eine Kindertageseinrichtung zu bringen (Joos & Betz 2004, S. 78 ff.). Die Kindertageseinrichtung wird als Weg der Sprachförderung gesehen und in Erwartung einer Verbesserung der Bildungschancen genutzt. Eine Studie von Sebastian Honig an der Universität Trier hat ergeben, dass Migranteneltern die Erziehungsziele »Mein Kind soll hilfsbereit, selbstbeherrscht, durchsetzungsfähig, ordentlich, gehorsam, erfolgreich, strebsam und religiös sein« höher bewerten als deutsche Eltern, die demgegenüber stärker von ihren Kindern fordern, dass sie kritisch sind (ebd., S. 80 ff.; vgl. auch Keller 2011 sowie Kapitel 1.4.3).

Um den Erwartungen der Eltern entsprechen zu können bzw. um Konflikte zu vermeiden, ist es wichtig, dass sich die pädagogischen Fachkräfte mit den Bedürfnissen und Erwartungen, die an sie herangetragen werden, auseinandersetzen. Die nachstehende Sammlung ist möglicherweise eine erste Annäherung.

Der erste Schritt: Erwartungen der Eltern wahrnehmen

Eltern äußern ihre Wünsche und Vorstellungen auf unterschiedliche Art und Weise. Beobachtungen und Gespräche oder das gezielte Ansprechen der Eltern ermöglichen es, die Bedürfnisse und Erwartungen wahrzunehmen, zu erfahren und im Alltag sowie im Konzept der Kindertageseinrichtung zu berücksichtigen. Das bedeutet nicht, dass die pädagogischen Fachkräfte um jeden Preis diese Erwartungen erfüllen müssen; sie setzen sich aber mit ihnen auseinander, entwickeln eine Haltung dazu, treten gegebenenfalls mit den Eltern in den Diskurs ein und machen die Handlungen und Entscheidungen transparent (vgl. Kapitel 3.1.1).

Anregungen für die Praxis

Im Folgenden findet sich eine Sammlung von möglichen Bedürfnissen und Erwartungen von Eltern. Sie können diese Sammlung gerne mit Kollegen und Kolleginnen sowie den Eltern Ihrer Einrichtung konkretisieren und ergänzen. Und Sie können für sich überprüfen, welche dieser Erwartungen ausgesprochen oder unausgesprochen den Alltag Ihrer Einrichtung bestimmen. Welche Möglichkeiten sehen Sie in Ihrem Alltag, dass Bedürfnisse und Erwartungen der Eltern konkret wahrgenommen werden? Bedürfnisse und Erwartungen von Eltern können durchaus widersprüchlich sein. Welche Widersprüche fallen Ihnen auf? Was macht es schwer, was leicht, diese Widersprüche zuzulassen?

Bedürfnisse und Erwartungen von Eltern im Hinblick auf das eigene Kind:

- Eltern wollen das Bestmögliche für ihr Kind.
- Eltern wollen, dass es ihr Kind später einmal besser hat als sie selbst.
- Eltern möchten die Entwicklung ihres Kindes intensiv mitverfolgen.
- Eltern haben spezifische Bildungsziele und Erziehungswünsche.
- Eltern wünschen, dass die pädagogischen Fachkräfte in der Einrichtung dieselben Erziehungsregeln und -maßstäbe anwenden wie sie zuhause.
- Eltern suchen Unterstützung, Hilfe und Beratung bei der Erziehung ihrer Kinder.

Erwartungen von Eltern im Hinblick auf die eigene Person:

- Eltern wollen willkommen sein und nicht als lästig oder störend empfunden werden.
- Eltern wollen von den pädagogischen Fachkräften der Kindertageseinrichtung ernst genommen werden.

- Eltern wollen stolz auf ihr Kind sein.
- Eltern wollen als Mutter und als Vater, als individuelle Persönlichkeiten wahrgenommen werden.
- Eltern wollen verstehen, was in der Kindertageseinrichtung geschieht.
- Eltern wollen entlastet werden.
- Eltern wollen, dass sie Kontakt zu anderen Eltern erhalten.
- Eltern wollen die Gewissheit, dass sie eine gute Kindertageseinrichtung ausgesucht haben.
- Eltern wollen sich in die Kindertageseinrichtung einbringen.
- Eltern sehen die Möglichkeit, dass sie durch die Kinderbetreuung Zeit für sich selbst oder als Paar gewinnen.

Erwartungen von Eltern im Hinblick auf die Vereinbarkeit von Familie und Beruf:

- Eltern wollen, dass die Einrichtung ihnen die Vereinbarkeit von Familie und Erwerbsleben erleichtert.
- Eltern wollen gute Eltern sein und gleichzeitig ihre Karrieremöglichkeiten nutzen können.
- Eltern, insbesondere Mütter, wollen kein schlechtes Gewissen haben müssen, wenn sie ihre Kinder fremd betreuen lassen.

Der zweite Schritt: mit den Erwartungen der Eltern adäquat umgehen

Sind sich die pädagogischen Fachkräfte der Erwartungen der Eltern bewusst, folgt als nächster Schritt der konkrete Umgang damit. Hier gibt es keine pauschale Antwort darauf, was richtig oder falsch ist. So können nicht alle Erwartungen erfüllt werden, doch sollen Eltern jederzeit das Gefühl haben, dass man sie und ihre Erwartungen zumindest ernst nimmt.

Fragen zur Selbstreflexion

Wünsche und Erwartungen korrespondieren mit den jeweiligen Rollenerwartungen von Eltern und pädagogischen Fachkräften. Welche Rollenerwartungen begegnen mir seitens der Eltern? In welcher Rolle sehe ich mich gegenüber den Eltern insgesamt und gegenüber einzelnen Eltern (vgl. Kapitel 3.1.4)?

Wünsche und Erwartungen von Eltern werden in ihrer Bedeutung unterschiedlich sein: mit Auswirkung auf die Konzeption, individuell oder generell, als einmalige Erwartung im Sinne einer Ausnahme oder als kontinuierliche Erwartung etc. Welche der Wünsche und Erwartungen sind für die konzeptionelle Ausrichtung der Einrichtung von Bedeutung? Wie werden diese in der Konzeption berücksichtigt?

Wenn die Wünsche und Erwartungen der Eltern nicht zur konzeptionellen Ausrichtung der Einrichtung passen, wie erfolgt dann die Kommunikation mit den Eltern (vgl. Kapitel 4.4.2)?

Gerechtigkeit und Gleichbehandlung werden oft so verstanden, dass alle das Gleiche erhalten oder gleich behandelt werden sollen. Aber die Wirklichkeiten der Eltern sind unterschiedlich. Gerechtigkeit und Gleichbehandlung können auch so verstanden werden, dass diese individuelle Wirklichkeit berücksichtigt wird, d.h. ungleiche Behandlung, um eine höhere Gerechtigkeit zu erreichen. Welche Konsequenzen hätte dies, wenn es darum geht, auf individuelle Wünsche und Erwartungen von Eltern einzugehen?

Wie erfolgt in der Einrichtung die Verständigung über die Bedeutung der Erwartungen und Bedürfnisse von Eltern?

Welche Kultur gibt es in der Einrichtung, mit Wünschen und Erwartungen von Eltern umzugehen?

Prüfen Sie kritisch: Bin ich als pädagogische Fachkraft für die Erfüllung der an mich herangetragenen Erwartungen überhaupt zuständig oder gibt es einen anderen Verantwortungsträger, der einbezogen werden sollte?

Die Erwartungen und Bedürfnisse der Eltern korrespondieren mit den Erwartungen, die seitens der Gesellschaft an Eltern und Familien herangetragen werden bzw. mit den Lebensbedingungen, die Familien vorfinden. Denn gesellschaftliche Erwartungen konkretisieren und spiegeln sich in der Alltagsgestaltung der Familien. Im Vergleich zu früheren Jahrzehnten hat sich das Aussehen der Familie partiell verändert – es gibt Alleinerziehende, unverheiratete Eltern, Patchworkfamilien etc. –, aber der soziale Charakter hat sich erhalten. Die Familie bleibt ein privates soziales Netz besonderer Art, unabhängig davon, ob Generationen zusammen in geografischer Nähe oder weiter entfernt voneinander leben. 83 Prozent der Kinder in Deutschland leben mit zwei Elternteilen zusammen im Haushalt (BMFSFJ 2012b).[21] In Ostdeutschland lebt fast jedes vierte Kind bei Alleinerziehenden, in Westdeutschland sind es 16 Prozent (ebd.).

Zum Auftrag einer Kindertageseinrichtung gehört es, Eltern bei ihren familiären Aufgaben und Herausforderungen zu unterstützen. So lassen sich die von den Eltern konkret formulierten Erwartungen oft aus diesen gesellschaftlichen Bedingungen ableiten. Für die pädagogischen Fachkräfte führt eine Befassung mit gesellschaftlichen Erwartungen an Eltern und Familien daher zu einem größeren Verständnis für die an sie selbst seitens der Eltern herangetragenen Wünsche und Bedürfnisse.

3.2.2 Eltern sind vielfach gefordert

Familien erbringen grundlegende Leistungen für unser Gemeinwesen. Sie erziehen Kinder, investierten in private und öffentliche Fürsorge und stiften sozialen Zusammenhalt (BMFSFJ 2012b). Die Herausforderungen, die Familien bewältigen müssen, hat bereits der Siebte Familienbericht (BMFSFJ 2005a) deutlich gemacht. Zentrale Erkenntnisse dieses Berichtes sind:

- Erziehung ist komplizierter geworden. So vertrauen Eltern zum Beispiel den eigenen Erziehungserfahrungen nicht mehr, oder sie sind verunsichert und suchen Orientierung.
- Die geforderte berufliche Flexibilität (insbesondere in zeitlicher Hinsicht) und Mobilität (insbesondere in räumlicher Hinsicht) haben er-

21 Laut Definition des Mikrozensus können dies die leiblichen Eltern, aber auch Stief-, Pflege- oder Adoptiveltern sein.

hebliche Auswirkungen auf familiäre Lebenslagen. Sie erschweren die Balance zwischen Familie und Erwerbsleben.

- Entsprechend sind die Leistungen, die Familien erbringen, keine selbstverständlichen, gewissermaßen naturwüchsigen Prozesse. Vielmehr zeigt sich, dass »Familie« eine ständige Herstellungsleistung ist, d. h. die vielfältigen Anforderungen an den Familienalltag müssen immer wieder neu erbracht und gestaltet werden (»Doing Familiy«; vgl. Kapitel 3.2.3).

Der Achte Familienbericht (BMFSFJ 2012a) fügt eine wesentliche weitere Herausforderung hinzu: Zeitknappheit und Zeitkonflikte. Die Lebensqualität von Familien bemisst sich nicht nur an Einkommen und Vermögen, sondern auch am Zugang zur Ressource Zeit, am »Zeitwohlstand« (ebd.; siehe auch Kapitel 3.2.3). Qualitativ wahrgenommene »Zeit« ist ein Wohlstandindikator. Dabei geht es weniger um die Wahrnehmung von »zu wenig Zeit« als um die Wahrnehmung von Lebensqualität (Jurczyk 2013, S. 70; vgl. http://www.zeitpolitik.de). Familien sind in vielfältige, sich überschneidende Zeitsysteme eingebunden, die das Familienleben direkt beeinflussen, zum Beispiel Arbeitszeiten, Kinderbetreuungs- und Schulzeiten, Pflegezeiten (BMFSFJ 2012b, S. 63 ff.; vgl. Kapitel 3.2.3). »Zeitnot« und »Zeitdruck« vervielfältigen sich in der Kindertageseinrichtung. Denn die Familien tragen den ihrerseits wahrgenommenen – ob objektiv oder subjektiv ist unerheblich – Mangel an Zeit in die Kindertageseinrichtung hinein. Da auch die pädagogischen Fachkräfte selbst ihrerseits eingebunden sind in Familiensysteme, ist es gut, sich diese Zusammenhänge bewusst zu machen, denn sie begründen die vielfach erlebte Überforderung im pädagogischen Alltagsgeschehen mit.

Qualitativ wahrgenommene »Zeit« ist ein Wohlstandsindikator

Weitere Herausforderungen, die den Alltag von Familien maßgeblich beeinflussen, können sein:

- Scheidung
- Streitigkeiten im Familienkreis
- Armut oder das Empfinden, von Armut bedroht zu sein
- Berufliche Belastungen, zum Beispiel durch Schichtarbeit oder mehrere Arbeitsverhältnisse, aber auch Mobbing am Arbeitsplatz
- Belastende Wohnverhältnisse
- Arbeitslosigkeit
- Migrationsstatus

- Kinder oder Familienangehörige mit Behinderung oder chronischer Erkrankung
- Ein ökologisch belastetes Wohnumfeld

Vereinbarkeit von Familie und Erwerbsleben

Die Vereinbarkeit von Familie und Erwerbsleben stellt auf je eigene Weise in allen sozialen Schichten eine Herausforderung für Eltern dar. Das Berufsleben, aber auch das unfreiwillige Fehlen eines solchen durch Arbeitslosigkeit, bestimmt maßgeblich das familiäre Zusammenleben. Es betrifft dabei nicht nur die ökonomischen Verhältnisse, sondern wirkt ebenso ein auf die emotionale Befindlichkeit der Familienmitglieder, das Verhältnis der Geschlechter in der Partnerschaft, die gemeinsamen Zeitressourcen etc.

Seit 1980 ist die Quote der erwerbstätigen Frauen kontinuierlich und zügig gestiegen. Dies hat das Selbstverständnis und die Lebensplanung von Frauen und in der Folge von Paaren und Familien erheblich verändert. Der Anteil erwerbstätiger Mütter mit minderjährigen Kindern ist zwischen 2006 und 2010 von 60,6 Prozent um knapp vier Prozentpunkte auf 64,5 Prozent gestiegen (BMFSFJ 2012c, S. 11). Ist das jüngste Kind im zweiten Lebensjahr, arbeiten bereits 40 Prozent der Mütter; ab dem dritten Lebensjahr liegt die Erwerbstätigenquote schon bei rund 50 Prozent, ein Anstieg gegenüber 2006 von sieben bzw. neun Prozentpunkten (ebd.). Die Erwerbsneigung von Müttern ist in Ostdeutschland immer noch wesentlich stärker ausgeprägt als in Westdeutschland, auch wenn sie in den vergangenen zehn Jahren zurückgegangen ist (ebd.).

Kennt man nur in (West-)Deutschland: die Rabenmutter

Da Eltern vielfach nicht auf die (zuverlässige, regelmäßige und kontinuierliche) Unterstützung ihrer eigenen Eltern bei der Kinderbetreuung bauen können, sind sie auf Fremdbetreuung angewiesen. Der seit 2013 bestehende Rechtsanspruch auf einen Betreuungsplatz für Kinder ab dem vollendeten ersten Lebensjahr ist ein wesentlicher Beitrag für eine bessere Vereinbarkeit von Familie und Beruf für Eltern von Kleinstkindern. Es wird zugleich noch einmal deutlich, dass Kindertageseinrichtungen die Trias »Erziehung, Bildung und Betreuung« zum Ziel haben (vgl. Kapitel 2.1). Entsprechend kann der Ausbau der Plätze – dort, wo er politisch verantwortlich unter quantitativen und qualitativen Gesichtspunkten gestaltet wird – mehrere Ziele vereinbaren:

- Bildungspolitisch können Kindern und Eltern frühe Hilfen angeboten werden.
- Wirtschaftspolitisch (und das dürfte das Hauptmotiv der politischen Zielsetzungen sein) wird dem Fachkräftemangel begegnet und auf eine Zunahme der Berufstätigkeit qualifizierter Frauen gesetzt.
- Frauenpolitisch werden Akzente gesetzt. Frauen können sich beruflich besser qualifizieren und haben ein breiteres Spektrum an beruflichen Perspektiven einschließlich Karrieremöglichkeiten.

Dass die Frauenerwerbsquote zunimmt und somit beide Partner zum Erwerbseinkommen der Familie beitragen, ist dabei keine freiwillige oder gar einseitig der Selbstentfaltung dienende Entscheidung der Frauen. Nicht nur, dass das Zweiteinkommen in vielen Familien überhaupt erst den Grundbedarf absichert, spätestens wenn Eltern sich scheiden lassen, wird die Sicherung durch ein eigenes Einkommen zur existenziellen Frage, meist der Frauen. Auch die seit 2008 veränderte Rechtsetzung im Rahmen des Unterhaltsrechtes (§ 1578b BGB) sieht alleinerziehende Partner frühzeitiger in der Verantwortung, zum eigenen Lebensunterhalt beizutragen. Mit der Gesetzesänderung zum aktuellen Unterhaltsrecht wurde das gesellschaftliche Konstrukt »Alleinernährermodell« abgeschafft. Angesichts hoher Scheidungsraten werden Ehepartner bei einer Familiengründung nun sehr genau verhandeln müssen, wer wie viel Betreuungsarbeit leistet und wer wie lange Auszeiten von der Erwerbstätigkeit nimmt. Zudem ist es heute viel selbstverständlicher als noch Mitte des letzten Jahrhunderts, Mädchen so zu erziehen, dass sie eine (qualifizierte) Ausbildung anstreben und dass sie dem Berufsleben einen bedeutsamen Stellenwert beimessen. All diese Entwicklungen führen zwangsläufig dazu, dass Eltern – ob im Team oder alleinerziehend – eine gesellschaftliche Unterstützung bei der Kinderbetreuung benötigen, wahrnehmen und wertschätzen.

Die Berufstätigkeit bestimmt wesentlich die Zeit, die die Eltern für die Fremdbetreuung ihrer Kinder benötigen und die sie ihrerseits in die Bildungs- und Erziehungspartnerschaft einbringen können. Da es in vielen Bereichen der Wirtschaft noch an Sensibilität mangelt bzw. für Arbeitgeber eigene Zwänge bestehen, die verhindern, vermehrt auf die Bedürfnisse von Familie eingehen zu können, obliegt es vielfach den familienunterstützenden Systemen wie den Kindertageseinrichtungen, die individuellen Wirklichkeiten der Familien wahrzunehmen und das Angebot so zu gestalten, dass es Eltern tatsächlich unterstützt. Die Zeit, die sie gemeinsam mit ihren Kindern verbringen, wird zu einer wertvollen Zeit (Schreiner 2009). Studien zeigen (Ahnert 2010, S. 257ff.), dass außerhäuslich betreute Kinder in der gemeinsam mit ihren Müttern verbrachten Zeit eine höhere Betreuungsintensität erfahren.

Praxisbeispiel

Die Kindertageseinrichtung »Welterkunder« besuchen Kleinstkinder von Studierenden und Universitätsmitarbeitenden ebenso wie aus dem angrenzenden Wohnviertel, in dem viele Menschen mit geringem Bildungsabschluss wohnen. Alle Lebenssituationen führen dazu, dass die Kinder in der Regel lange Aufenthaltszeiten über den Tag hinweg in der Kindertageseinrichtung benötigen. Die Studierenden haben Veranstaltungen, die vielfach in den Abend hineinreichen, gehen einem Nebenjob nach oder absolvieren nebenbei ein Praktikum. Forschung und Lehre bedingen ebenfalls ein zeitlich umfangreiches Engagement der Hochschulbediensteten. Schichtarbeit oder Zweit- und Drittjobs bilden die Wirklichkeit vieler Siedlungsbewohner. Nicht wenige der handwerklich Tätigen müssen regelmäßig am Wochenende arbeiten, da Geschäfte, Arztpraxen und andere Unternehmen ihre Räumlichkeiten am Wochenende renovieren lassen, um Verdienstausfälle zu vermeiden. Mit der Kindertageseinrichtung ist vereinbart, dass die Eltern nicht punktgenau ihre Kinder abholen müssen, da dies zusätzlichen Stress in den zeitlich verdichteten Alltag der Eltern bringt. Die Kindertageseinrichtung verständigt sich gleichzeitig immer wieder mit den Eltern darüber, welche Bedürfnisse die Kinder haben und wie es gemeinsam gelingen kann, die gemeinsame Zeit von Eltern und Kindern zu einer wertvollen Zeit zu machen.
So gilt die Regel: Kein Kind wird aus dem Schlaf gerissen. Eltern, die just dann eintreffen, wenn ihr Kind schläft, dürfen gerne im Elterncafé warten, einen Kaffee oder Tee trinken, etwas lesen oder die aktuellen Projektdokumentationen betrachten; sie können beim

Aufwachen ihres Kindes dabei sein, es selbst frisch machen und die Zeit mit ihm genießen. Es ist aber genauso möglich, dass sie erst noch ihre Einkäufe und Erledigungen machen, um später wiederzukommen und dem eigenen Kind entspannter zu begegnen. Ziel ist es, die (teils widersprüchlichen) Bedürfnisse der Kinder und Eltern ernst zu nehmen, beide dabei zu unterstützen, dass sie ihre Zeit gut für sich und füreinander gestalten können. Gleichzeitig werden so Strukturen in der Einrichtung gesetzt, die im zeitlich verdichteten Arbeitsalltag den pädagogischen Fachkräften Orientierung geben.

Soziale Lebenslagen von Eltern

Die Zusammenarbeit mit den Eltern gestaltet sich jeweils anders, wenn die Kindertageseinrichtung

Die sozialräumliche Dimension der Kita ist für die pädagogische Konzeption bedeutsam

- in einem privilegierten Wohngebiet liegt und die Familien entsprechend einer gehobenen Mittelschicht entstammen,
- von Kindern aus vorwiegend bildungsfernen und/oder armen Schichten besucht wird,
- in einem sozialen Brennpunkt tätig ist,
- eine sehr durchmischte Elternklientel hat.

Hier zeigt sich die hohe Bedeutung der sozialräumlichen Dimension für die pädagogische Konzeption und das spezifische Profil der Einrichtung, die sich gleichermaßen auf die Arbeit mit den Kindern wie die Bildungs- und Erziehungspartnerschaft mit den Eltern auswirkt.

Anregungen für die Praxis

Um sich den Sozialraum der Kindertageseinrichtung zu erschließen, bieten sich an:

- Beobachtungen und Gespräche mit den Eltern der Kinder, die die Einrichtung besuchen

- Kontakte mit anderen sozialen und kirchlichen Diensten und Organisationen sowie dort tätigen Fachkräften
- Eine gegebenenfalls vorhandene Sozialraumberichterstattung
- Spaziergänge durch den Sozialraum: die jeweilige Umgebung beobachten, die eigenen Gefühle wahrnehmen, Möglichkeiten und Grenzen der jeweiligen Wohn- und Lebenskultur in den Blick nehmen
- Hausbesuche bei denjenigen Eltern, die zustimmen

»Gerecht handeln« heißt nicht »für alle das Gleiche«

Der Anspruch an die Kindertageseinrichtung besteht darin, die Erwartungen von Eltern aller sozialen Schichten ernst zu nehmen und Eltern entsprechend zu begegnen (vgl. Kapitel 1.4.3). Eltern der gehobenen Mittelschicht benötigen andere Formen und Inhalte der Unterstützung und Begleitung als Eltern am Rande des Existenzminimums. Deutlich wird: Allen das Gleiche im pädagogischen Alltagshandeln angedeihen zu lassen, wäre nicht angemessen. Hier zeigt sich, dass »gerecht handeln« nicht »gleich handeln« bedeuten kann. Für die einen ist ein intensives Gespräch über die Entwicklung des Kindes – vielleicht verbunden mit einer Buchempfehlung – die richtige Antwort, die anderen freuen sich über den Zuspruch, dass ihr Kind über besondere Fähigkeiten verfügt, und andere wiederum sind dankbar, dass sich die Kindertageseinrichtung um Frühstück sowie Mittagessen bemüht und den Zugang zu einer kleinen Kleiderkammer des Trägers ermöglicht. Die Bedürfnishierarchie nach Maslow (1981) zeigt auf, dass zunächst die Grundbedürfnisse wie Schlafen, Essen und Geborgenheit gestillt sein müssen, bevor sich der Mensch weiteren Möglichkeiten und Interessen des Lebens zuwenden kann. Sind aber die Grundbedürfnisse gestillt, drängt es ihn in der Regel zu weiteren Herausforderungen. Dieses zu bedenken hilft bei der Gestaltung der Bildungs- und Erziehungspartnerschaft mit den Eltern.

In Kindertageseinrichtungen mit einer durchmischten Elternklientel treffen die gegensätzlichen Erwartungen in besonderer Weise aufeinander. Möglicherweise begegnen die pädagogischen Fachkräfte sogar Ausgrenzungen oder verhärteten Gruppenbildungen innerhalb der Elternschaft. Dann kann es hilfreich sein, sich im Team der Einrichtung und gegebenenfalls mit der Elternvertretung oder der ganzen Elternschaft darüber zu verständigen, welches Bild einer Kita-Gemeinschaft gelebt werden soll. Wer ausgrenzt (vgl. Kapitel 1.4.2), mag sich zwar für einen Moment vor dem Anderen schützen, beraubt sich aber auch ungeahnter Möglichkeiten und schränkt die eigene Welt ein. Somit stehen die pädagogischen Fachkräfte jeden Tag neu vor der Frage, wie die Unterschiedlichkeit der Eltern und die mit ihnen verbundenen Lebenskulturen für den Kita-Alltag zum Gewinn werden können. Hier ist manchmal auch die Hilfe von außen, zum Beispiel durch eine Supervision, sinnvoll. Da die Kindertageseinrichtung von Kindern aus allen Bevölkerungsschichten besucht wird und in dem Zeitraum, in dem ihr Kind die Einrichtung besucht, das Interesse und Engagement der Eltern besonders groß ist, liegen viele Chancen im pädagogischen Alltag, die zur Chancengerechtigkeit und Überwindung von Ausgrenzung in unserer Gesellschaft beitragen können.

Eine besondere Herausforderung: sozial stark durchmischte Elternklientel

Eltern, die in Trennung und Scheidung leben

143.000 Kinder waren 2012 von der Scheidung ihrer Eltern betroffen, 2002 waren es 160.000, 1992 lag die Zahl bei 101.000 (Statistisches Bundesamt, Pressemeldung vom 30.07.2013). Diese Zahlen verdeutlichen, dass Scheidungsfamilien zu einer gesellschaftlich relevanten Gruppe zählen. Vor allem Kinder reagieren auf die Veränderungen der Familie sehr sensibel (Landesamt 2008, S. 6ff.). Dabei können sie sich an die veränderte neue Situation anpassen, wenn es den Eltern gelingt, die Trennung respektvoll, fair und verantwortlich zu vollziehen. Gerade die Altersgruppe der Vorschul- und Grundschulkinder ist besonders häufig von Trennung und Scheidung der Eltern betroffen.

Das seit 1998 geltende Kindschaftsrechtsreformgesetz hat die Rechte der Kinder gestärkt, dabei der Autonomie und Eigenverantwortlichkeit der Eltern den Vorrang vor staatlichen Interventionen gegeben und nicht verheirateten Eltern die Möglichkeit geboten, die elterliche Sorge in gemeinsamer Verantwortung auszuüben. Den Eltern wird Autonomie zugeschrieben. Sie sollen weiterhin gemeinsam die Verantwortung für ihre Kinder wahrnehmen. Deshalb besteht nach Trennung und Scheidung weiterhin die gemeinsame elterliche Sorge (Gerstein 2014, S. 134). Das Familiengericht regelt sie nur noch dann, wenn ein entsprechender Antrag gestellt wird. Die gemeinsame elterliche Sorge wurde damit zum Regelfall. Eltern, die nicht miteinander verheiratet sind, können durch eine gemeinsame Sorgeerklärung die gemeinsame elterliche Sorge für ihr Kind erlangen. Der Nachweis erfolgt durch eine Bescheinigung des Jugendamtes. Wenn keine gemeinsame Sorgeerklärung abgegeben wurde, hat die (unverheiratete) Mutter das alleinige Sorgerecht.

Konsequent die Perspektive der Kinder berücksichtigen

Alle Professionen – Beratungsdienste, Jugendamt, Familiengericht, Kindertageseinrichtung u. a. – sind bei Trennung und Scheidung der Kinderperspektive verpflichtet. Das Wohl der Kinder verlangt von den Professionen

- »dem Kind zu helfen, seine mit einer Trennung der Eltern verbundenen Irritationen, Ängste und Belastungen zu bewältigen,
- das Kind bei der Entwicklung einer eigenen, nicht von Verlustängsten bestimmten Haltung zu unterstützen,
- die Haltung des Kindes im Sinne einer Beteiligung bei der Gestaltung der neuen Lebenssituation zu berücksichtigen,
- zur Bewältigung von elterlichen Konflikten beizutragen,
- für die Sicherung der kindlichen Beziehung zu wichtigen Bezugspersonen einzutreten« (Landesamt 2008, S. 12).

Eltern bleiben Eltern, auch wenn sie nicht mehr länger ein Paar sind

Kinder im Vorschulalter sind in besonderem Maße auf Sicherheit und stabile Beziehungen zu den Eltern angewiesen (ebd., S. 11). Bei Trennung und Scheidung bricht jedoch die familiäre Einheit auseinander. Mütter und Väter sind oft zu sehr in ihre Beziehungskonflikte verstrickt und mit ihrem Konflikt und ihrer neuen Lebenssituation beschäftigt, um dem Kind Stabilität vermitteln zu können. Der kontinuierliche Besuch einer Kindertageseinrichtung kann Kindern helfen, stabile und unterstützende Beziehungen und Freundschaften zu Gleichaltrigen in einer von Unsicherheit geprägten Zeit zu finden (ebd., S. 24). Dies wiederum entlastet die Eltern, wollen sie doch auch in der Zeit der Trennung das Beste für ihr Kind.

Anregungen für die Praxis

An der Situation von Scheidungsfamilien lässt sich gut aufzeigen, welche Bedeutung die Kooperation der Erwachsenen – selbst in emotional hoch sensiblen und aufgeladenen Situationen – für die Kinder hat. Schaffen es getrennt lebende und geschiedene Eltern, ihren Kindern zu vermitteln, dass sie zwar keine Partner mehr, aber weiterhin Vater und Mutter für das Kind sind, dass sie jeweils für das Kind da sind, so ist eine gelingende Basis für die Fortsetzung dieser wichtigen Bindung zwischen Kind und dem jeweiligen Elternteil gelegt. Schaffen es Vater und Mutter zudem, gegenüber dem Kind fair und respektvoll miteinander umzugehen, ausreichend zu kommunizieren und in Anwesenheit des Kindes nicht schlecht über den früheren Partner zu sprechen, so wird das Kind vor Loyalitätskonflikten bewahrt. Das Kind trägt die »Lebensschätze« beider Elternteile in sich. Wird ein Teil abgelehnt, wird gleichzeitig ein Teil des Kindes abgelehnt. Zugleich müssen Kinder sicherstellen, dass ihnen der sie versorgende Elternteil wohlgesonnen ist – das ist gewissermaßen überlebenswichtig. Wen wundert es also, wenn die Bandbreite kindlicher Reaktionen vielfältig ist und die solidarische Ablehnung des anderen Elternteils ebenso zu beobachten ist wie die kämpferische Loyalität? Das Kind kann zur Ruhe kommen, sich frei und offen seiner Welt widmen und Neues erforschen, wenn die Erwachsenen ihm die Sicherheit bieten, dass es sich um sie nicht zu kümmern braucht, sie sich aber gemeinsam, respektvoll und fair um sein Wohlbefinden bemühen. Schutzfaktoren für das Kind sind dementsprechend:

- Positive Gefühle des Kindes auch zu dem Elternteil, bei dem es nicht seinen Lebensmittelpunkt hat
- Unterstützung des Kindes in der Beziehungspflege zum jeweils anderen Elternteil durch Vater und Mutter
- Verringerung der Elternkonflikte

Übrigens: Die Analogie zur respektvollen Bildungs- und Erziehungspartnerschaft zwischen pädagogischen Fachkräften und Eltern in der Kindertageseinrichtung liegt hier auf der Hand.

Die Perspektive des Kindes einnehmen

Nehmen pädagogische Fachkräfte bewusst und offen die Perspektive des Kindes ein, können sie allen beteiligten Familienmitgliedern helfen, ihre eigene Verantwortung zu sehen und wahrzunehmen (Bernitzke & Schlegel 2004, S. 113f.). Zugleich wird die Versuchung für die pädagogische Fachkraft geringer, sich mit einem der Elternteile zu verbünden. So bleibt der Elternteil, der weniger in den Alltag des Kindes eingebunden ist – nicht selten der Vater –, in seiner Bedeutung für das Kind präsent. Zudem können Ideen mit dem die Alltagssorge tragenden Elternteil entwickelt werden, ihn sowohl an der Entwicklung des Kindes teilhaben zu lassen als auch dem Kind den gemeinsamen Kontakt mit diesem Elternteil zu ermöglichen.

Anregungen für die Praxis

Eltern in akuten Trennungs- und Scheidungssituationen hilft es, wenn pädagogische Fachkräfte in dieser als unsicher erlebten Zeit klar und deutlich die Perspektive des Kindes vertreten. Dazu

- lassen sie sich durch die Eltern über den formalen rechtlichen Stand der Trennung und die das Kind betreffenden Entscheidungen bzw. die geltenden Vereinbarungen informieren,
- bieten sie den Eltern durch persönliche Gespräche sowie thematische Veranstaltungen Hilfen an,
- thematisieren sie die positive Bedeutung des Einvernehmens der Eltern, soweit es die Belange der Kinder betrifft, und des Fortbestehens der Beziehung des Kindes zu beiden Elternteilen,
- weisen sie Eltern bei Bedarf auf andere Unterstützungssysteme hin (vgl. Kapitel 4.4.4).

Die Kindertageseinrichtung muss gegebenenfalls auch mit Konflikten umgehen, wie zum Beispiel bei der Frage, wer das Kind von der Einrichtung abholen sollte oder darf (praxisnahe Beispiele bei Gerstein 2014, S. 135f; vgl. auch Kapitel 4.4). Die pädagogischen Fachkräfte lassen sich von den Eltern über den formalen rechtlichen Stand der Trennung und die das Kind betreffenden Entscheidungen bzw. Vereinbarungen informieren. Bei eskalierenden Konflikten ist es wichtig, mitgeteilte Absprachen, widersprüchliche Auskünfte und andere relevante Vorgänge sorgfältig zu dokumentieren (Landesamt 2008, S. 26).

Eltern, die von einer Behinderung, einer psychischen oder chronisch körperlichen Erkrankung oder von Sucht betroffen sind

Eltern mit Behinderung, Eltern mit einer psychischen oder chronisch körperlichen Erkrankung sowie Eltern, die von Sucht betroffen sind, haben zusätzliche Herausforderungen in ihrem Alltag zu bestehen und sind vielfach Vorurteilen ihrer Umgebung ausgesetzt, die ihre Lebenstüchtigkeit allgemein und ihre elterlichen Möglichkeiten insbesondere betreffen. Diese Eltern erleben im Zusammenleben und in der Verantwortung für ihre Kinder möglicherweise schneller als andere Eltern die eigenen Grenzen. Genauso ist denkbar, dass ihre Kinder für sie Hoffnungsträger sind, die in besonderer Weise ihrem Leben einen Sinn geben. So kann es sein, dass sich manche dieser Kinder in ihrer Rolle als Hoffnungsträger überfordert sehen, weil ihnen Verantwortung übertragen wird oder Erwartungen an sie gestellt werden, die sie nicht tragen bzw. erfüllen können. Schon der altersangemessene Umgang mit den Kindern kann für diese Eltern eine Herausforderung sein. So gesehen kann der Besuch der Kindertageseinrichtung für Eltern und Kinder entlastend und ausgleichend wirken.

Die Arbeit an einer gelingenden Bildungs- und Erziehungspartnerschaft ist für diese Eltern und damit für ihre Kinder von besonderer Bedeutung. Für die pädagogischen Fachkräfte besteht die Herausforderung darin, in angemessener Weise sowohl die Interessen der Eltern als auch die Bedürfnisse des Kindes im Blick zu behalten.

Anregungen für die Praxis

In der Zusammenarbeit mit Eltern, die von einer Behinderung, einer psychischen oder chronisch körperlichen Erkrankung oder von Sucht betroffen sind, sind die pädagogischen Fachkräfte in besonderer Weise als Bildungs- und Erziehungspartner gefordert (vgl. Kapitel 1.4). Damit dies gelingt, ist es empfehlenswert, sich sachlich kundig zu machen, d.h. Wissen über das zugrunde liegende Handicap zu erwerben. Manchmal gibt es in der Kooperation mit diesen Eltern Irritationen, ohne dass die pädagogische Fachkraft einschätzen kann, was diese ausgelöst hat. Bevor Hilflosigkeit oder aggressive Gefühle die professionelle Arbeit beeinträchtigen, bietet sich der Kontakt zu einer Beratungsstelle an, um im Fachgespräch oder in Supervision Aufklärung und Unterstützung zu gewinnen. Gerade bei suchtkranken oder psychisch kranken Eltern kann die Sicherung des Kindeswohls einerseits und die Zusammenarbeit mit den Eltern andererseits zur Gratwanderung werden. Umso wichtiger ist es, dass die pädagogischen Fachkräfte in ein Netzwerk mit anderen Professionen (Beratungsdienste, Förderstellen, Jugendamt u.a.) eingebunden sind, um gemeinsam nach Möglichkeiten zu suchen, die die Kooperation mit den Eltern und deren Wohl ebenso in den Blick nehmen wie die Entwicklungsmöglichkeiten des Kindes.

3.2.3 »Doing Family« – Familie leben als aktive Herstellungsleistung

Mit dem Begriff der »Doing Familiy« wird ausgesagt, dass Familie kein Zustand ist, sondern eine immer wieder aufs Neue zu erbringende Tätigkeit (Jurczyk u.a. 2009; Jurczyk 2013). Damit Familie zustande kommt und alltäglich funktioniert, sind körperliche, mentale und emotionale Leistungen notwendig. Familienalltag zeigt sich als selbst hervorgebrachter und gestalteter Tätigkeits- und Erfahrungszusammenhang im Privatbereich moderner Gesellschaften. Familie stellt eine gemeinsame Leistung der Akteure nach innen und nach außen dar, die identitätsstiftenden Charakter hat und so die Zusammengehörigkeit der Familienmitglieder erfahrbar macht (ebd.).

Familie ist demnach eine ständige Herstellungsleistung. Die Gestaltung des familiären Zusammenhalts ist aufwändig, risikoreich und muss ständig neu gelingen. Die öffentliche Debatte über Veränderungen von Familie rückt zumeist negative Krisenszenarien in den Mittelpunkt (ebd.). Speziell die Erziehungs- und Sozialisationsleistungen von Familien werden kritisiert. Ein nüchterner Blick in die Forschung zeigt jedoch: Familien sind Wohlfahrtsproduzenten (Jurzcyk 2009, S. 2). Sie versuchen, ihren Alltag möglichst gut zu organisieren, und Eltern unternehmen große Anstrengungen, ihre Kinder gut aufwachsen zu lassen, häufig verbunden mit erheblichen Belastungen und Gefühlen der Überforderung. Familie leistet in einer arbeitsteilig spezialisierten Gesellschaft einen wertvollen Beitrag für die emotionale Stabilisierung der Menschen. Auch Kinder, so Jurzcyk (2009, S. 4), bezeichnen eine unterstützende und liebevolle Familie am häufigsten als Grundlage für eine gute Kindheit.

Familien sind Wohlfahrtsproduzenten

Die Lebenswirklichkeiten von Familien sind eng mit gesellschaftlichen Bedingungen verflochten. Familiäre Lebensführung findet in aktiver und permanenter Auseinandersetzung mit gesellschaftlichen Rahmenbedingungen, kulturellen Traditionen und Wertesystemen statt (Jurczyk 2013). Angesichts sich dynamisch verändernder sozialer, ökonomischer und kultureller Lebensbedingungen wird deutlich, dass Familie ein aktiver Gestaltungsprozess ist. Insbesondere die Bedingungen, die durch das Erwerbsleben der Eltern gegeben sind, diktieren zu einem nicht geringen Anteil den praktischen Vollzug des Familienlebens.

Gesellschaftliche Bedingungen bestimmen die Lebenswirklichkeiten von Familien

Zeitmanagement – eine echte Herausforderung für Familien

Die für gemeinsames Zusammenleben grundlegende Bedingung gemeinsam verbrachter Zeit ist eine Herstellungsleistung jeder Familie: Gemeinsame Zeit muss geplant, aktiv hergestellt und immer wieder abgesichert werden (Jurczyk 2013; vgl. Kapitel 3.2.2). Kreativität und Einsatzbereitschaft sind gefragt, insbesondere dann, wenn die oftmals starren Zeitstrukturen familienrelevanter Institutionen, zum Beispiel der Kindertageseinrichtungen oder Grundschulen, mit den zeitlichen Anforderungen von Familie und Beruf abgestimmt werden müssen. Die Möglichkeiten, die Familienzeit nach eigenen Vorstellungen zu gestalten, sind zunehmend eingeschränkt. Wer den Vorwurf »Eltern nehmen sich zu wenig Zeit für ihre Kinder« erhebt, sollte sich zuvor fragen: Welche tatsächlichen Freiheiten in der Zeitgestaltung existieren in der Familie, welche Kompetenzen des Alltagsmanagements und welche Unterstützungsmöglichkeiten und -systeme gibt es? Nicht wenige Eltern fühlen sich erschöpft, überlastet und vernachlässigen ihre Selbstsorge. Dies verstärkt wiederum die Überforderung, die verbleibende gemeinsame Familienzeit aktiv zu gestalten. Diese Entwicklungen betreffen besonders sozial benachteiligte Familien, die nur wenige (finanzielle) Ressourcen oder kreative Bewältigungsstrategien zur Selbsthilfe mobilisieren können. Für die World Vision Studie »Kinder in Deutschland 2007« wurden Kinder im Alter von acht bis elf Jahren befragt. Danach zeigt sich: Erwerbstätigkeit beider Eltern und Zuwendung sind kein Widerspruch. Im Gegenteil: Eine geregelte Erwerbsbeteiligung der Eltern stabilisiert die häuslichen Verhältnisse und hilft, die gemeinsam verbrachte Zeit intensiver miteinander zu nutzen. Vielmehr beklagen sich vorrangig Kinder, deren Eltern arbeitslos sind oder die aus sonstigen Gründen keiner Erwerbstätigkeit nachgehen, sowie Kinder von erwerbstätigen Alleinerziehenden.

3.2.4 Im Blick: Väter

Im Zuge der Geschlechterrollendiskussion sind für den Mann neue Anforderungen hinzugekommen, ohne das alte Modell zu revidieren: Stark soll er sein und gleichzeitig Schwäche zeigen können, erfolgreich soll er sein und sich gleichzeitig mit um Erziehung und Haushalt kümmern, die Konkurrenz soll er hinter sich lassen und zugleich ein einfühlsamer Partner sein (Verlinden & Külbel 2005, S. 31ff.).

Moderne Väter wollen ebenfalls ihren Beitrag zur Erziehung ihrer Kinder leisten. Dies zeigt auch der ungebrochene Trend, dass immer mehr Väter Elterngeldbezüge in Anspruch nehmen. Laut Statistischem Bundesamt (Pressemitteilung vom 06.12.2013) bezogen 29,3 Prozent der Väter von im zweiten Vierteljahr 2012 geborenen Kindern Elterngeld. 2009 waren dies noch 23,4 Prozent. Ahnert (2010) zeigt auf, dass es für das Engagement des Vaters wesentlich ist, inwieweit die Mutter des Kindes ihm eine verantwortungsvolle Rolle zugesteht. Dabei gilt: Mit Ausnahme des Stillens gibt es kaum Hinweise (Ahnert 2012, S. 82), dass Frauen darauf vorbereitet sind, der befähigtere Elternteil zu werden.

Moderne Väter wollen sich bei der Erziehung der Kinder einbringen

Väter sind an einer besseren Vereinbarkeit von Familie und Erwerbsleben interessiert, erleben aber sehr schnell die Grenzen der Machbarkeit und Umsetzbarkeit in ihren Arbeitszusammenhängen oder die Konfrontation mit Karriereeinbußen. Haltungen der Arbeitgeber, Verdienstmöglichkeiten, eigene Rollenvorstellungen von Männern und Frauen tragen mit dazu bei, dass die klassisch traditionelle Aufgabenverteilung zwischen Müttern und Vätern immer noch stabil ist. Das Engagement von Vätern ist somit auch abhängig von der sozialen Schicht und dem spezifischen Milieu, dem die Familie zuzurechnen ist.

Bemerkenswert ist, dass Väter, die Elternzeit genommen haben, nachhaltig eine intensivere Bindung zu ihren Kindern haben. Sie verbringen mehr Zeit mit ihren Kindern und betreuen sie auch nach der Elternzeit mehr. Ob ein Vater seine beruflichen Verpflichtungen letztlich zugunsten der Familie einschränkt, ist meist ein Ergebnis einer finanziellen Bilanz, die die Paare ziehen. Die Gehälterkluft zwischen den Geschlechtern führt dazu, dass die Rechnung häufig zugunsten des traditionellen Rollenbildes ausfällt. Zu oft sind Väter zudem mit den mangelnden Möglichkeiten zur Vereinbarkeit von Familie und Beruf konfrontiert.

Männer sind nicht nur im familiären Alltag für die Kleinstkinder weniger erfahrbar als Mütter: So begegnen Kinder in Kindertageseinrichtungen und Grundschulen zu über 90 Prozent Frauen. Eine höhere Beschäftigungsrate von Männern in diesen pädagogischen Einrichtungen ist ein komplexes Thema und lässt sich nicht einseitig durch intensive Bewerbung lösen[22]. Deshalb obliegt es den in der Regel weiblichen pädagogischen Fachkräften, den Kindern Männlichkeiten erfahrbar werden zu lassen. Neben einer stärkeren Beachtung der Väter als Person ist es auch wichtig, Vätern in Kindertageseinrichtungen mehr Raum zu geben und sich damit auseinanderzusetzen, wie dies gelingen kann. In Familien, in denen Mütter alleinerziehend sind, können die pädagogischen Fachkräfte mit ihnen gemeinsam prüfen, ob es möglich ist, den getrennt lebenden Elternteil oder eine andere männliche Bezugsperson, zum Beispiel den Lebenspartner, Großvater, Onkel etc., in die Zusammenarbeit mit einzubeziehen (Wehinger 2010, S. 63).

22 Verwiesen sei auf das vom Bundesministerium für Familie, Senioren, Frauen und Jugend geförderte Engagement der Koordinierungsstelle »Männer in Kitas«, die durch Forschung, Beratung und Information den Dialog zwischen Politik, Praxis und Forschung fördert. Einsehbar unter: http://www.koordination-maennerinkitas.de. Bei der Diskussion um einen höheren Anteil von Männern als Fachkraft in der Kindertagesbetreuung sind zugleich kultursensible Aspekte zu beachten (vgl. Kapitel 1.4.3). So kann angenommen werden, dass nicht alle Eltern der unterschiedlichen ethnischen und sozialen Kulturen sich leicht damit tun, wenn ihr Kleinstkind von einem Mann betreut, zum Beispiel gewickelt wird. Ein Kita-Team, in dem Männer arbeiten, muss sich der Entwicklung einer geschlechtssensiblen Professionalität öffnen (Brock 2011).

Väter benötigen in der Regel eigene Zugänge und eine gezielte Ansprache, um sich in dem vielfach noch stark frauendominierten Raum eingeladen zu fühlen und sich einzubringen; für Mütter ist ein »Sich frei in der Kindertageseinrichtung bewegen« wesentlich selbstverständlicher (Verlinden & Külbel 2005, S. 56f.). Väter fühlen sich oft fremd. Sie beschreiben vielfach, dass sie sich dem kritischen Blick der Erzieherinnen und anderer Mütter ausgesetzt sehen. Viele Männer sind daher darauf angewiesen, dass sie seitens der pädagogischen Fachkräfte aktiv in die Zusammenarbeit mit der Kindertageseinrichtung einbezogen und zu eigenem Engagement ermutigt werden (Grote 2012). Männliche Kollegen im Team können bei der Ansprache von Vätern oder für die Akzeptanz eines Angebotes sehr unterstützend wirken (Wehinger 2010, S. 65). Spezifische Angebote, die eher die Interessen und Kompetenzen der Väter ansprechen, sind hier sicherlich förderlich. Dabei muss der Sozialraum der Kindertageseinrichtung und der damit verbundene Adressatenkreis berücksichtigt werden. So sind Väter in aller Regel nicht allein an den handwerklichen Herausforderungen in einer Kindertageseinrichtung interessiert. Es geht darum, dass sie ihr Vatersein – möglicherweise neu – erfahren dürfen. Und es geht darum, die Kindertageseinrichtung als Vater zu erleben. Alle in Kapitel 4 beschriebenen bedeutsamen Situationen der Bildungs- und Erziehungspartnerschaft können daraufhin befragt werden, wie Väter ihren eigenen Stellenwert und Platz in dieser Partnerschaft erhalten[23]. Es hat sich in der Praxis vielfach gezeigt, dass Veranstaltungen mit Erlebnischarakter, bei denen Väter gemeinsam mit ihren Kindern aktiv werden, die besten Chancen haben, angenommen zu werden und ein attraktives Angebot für Väter darstellen (Haas 2010).

Es geht um die Berücksichtigung der Genderperspektive, d. h. eine geschlechtsgerechte und geschlechtsbewusste Gestaltung der Bildungs- und Erziehungspartnerschaft. Mit Blick auf die Kooperation mit den Eltern bedarf es geschlechtsspezifischer Angebote ebenso wie geschlechtsübergreifender Aktivitäten. So können der Erfahrungsreichtum und die Vielfalt der Interessen von Vätern und Müttern gemeinsam für die Kinder fruchtbar gemacht werden. Väter sind weder schlechtere noch bessere Eltern als Mütter – sie gehen einfach anders mit Kindern um

23 Wehinger (2010, S. 66) beschreibt, dass in einigen Einrichtungen die pädagogischen Fachkräfte rückmelden, dass 15 bis 20 Prozent der Väter bei der Eingewöhnung ihres Kindes die Hauptverantwortung tragen.

(Ahnert 2010, S. 84). Während Mütter eher die innere Gefühlswelt des Kindes regulieren, wirken Väter stärker auf das Erkundungsverhalten der Kinder ein (ebd., S. 83). Ihr Spiel mit dem Kind ist überraschender, unvorhersehbarer und herausfordernder als das der Mütter (ebd., S. 82; Brock 2012, S. 16). Erleben Kinder Väter in der Kindertageseinrichtung, prägt dies zugleich ihre zukünftige Vatervorstellung. Es darf sogar angenommen werden, dass eine gendergerechte Gestaltung der Bildungs- und Erziehungspartnerschaft sich positiv auf die Entwicklung des Geschlechterverständnisses bei den Kindern auswirkt.[24]

Fragen zur Selbstreflexion

Welche Männer- und Frauenbilder habe ich? Welche Männer- und Frauenbilder finden sich im Team der Kindertageseinrichtung?

Wenn ich durch die Kindertageseinrichtung gehe – gemeinsam mit einem männlichen Begleiter – was fällt mir/uns dann auf?

Wie reagieren die Kinder – Mädchen und Jungen – auf Männer (Kollegen, Väter, Großväter, Hausmeister, Handwerker etc.) in der Einrichtung?

Wie ist die Genderperspektive in der Konzeption verankert – mit Blick auf die Mädchen und Jungen sowie mit Blick auf die Mütter und Väter?

Wie werden die Väter angesprochen? Gibt es eigene Angebote für Väter, für Väter untereinander und für Väter mit ihren Kindern zusammen?

Wenn die in Kapitel 4 beschriebenen bedeutsamen Situationen der Bildungs- und Erziehungspartnerschaft geschlechtsbewusst und geschlechtsgerecht gestaltet werden sollen, was wäre mir dann wichtig? Was wären konkrete Ideen? Wie würde ich Väter ansprechen und einbinden?

24 Bei Wehinger (2010, S. 65) findet sich eine Fragensammlung zum Thema: »Ist unsere Kita väterfreundlich?« Diese ist für eine praxisnahe Reflexion im Team und zur Überprüfung der pädagogischen Ausgestaltung in Kindertageseinrichtungen zielführend und anregend. Verlinden und Külbel (2005, S. 20ff.) diskutieren die Formen der Zusammenarbeit für die Praxis im Hinblick auf die Beteiligung und Einbeziehung der Väter und geben praxiserprobte Anregungen (ebd., S. 46ff.).

3.2.5 Im Blick: Eltern anderer Kulturen

Die Folgen der Zuwanderung prägen den Alltag von Familien und Kitas

Die Bundesrepublik Deutschland ist ein Einwanderungsland. Die Folgen der Zuwanderung durchziehen alle Bereiche des gesellschaftlichen Lebens. Sie prägen den Alltag von Familien und nehmen Einfluss auf die institutionellen Bildungs- und Erziehungsprozesse (Preiß 2013). Die Historie der Ausländer- und Einwanderungspolitik ist sehr bewegt und bestimmt maßgeblich das wechselseitige Verhältnis der ansässigen und zugewanderten Bevölkerung zueinander und entsprechend die Lebenswirklichkeit der Familien sowie ihr Verhältnis zu Institutionen (ebd.). Unter dem Begriff »Migrationshintergrund« finden sich unterschiedlichste Lebensbedingungen. Sie gründen in der spezifischen Zusammensetzung der Migrationsbevölkerung, die sich in den vergangenen 60 Jahren durch verschiedene Zuwanderungswellen entwickelt hat.

Die Situation von Migrationsfamilien wird in Diskussionen oft als Sonderfall betrachtet (Keller 2011, S. 158ff.). Tatsächlich haben im Jahr 2010 in Westdeutschland 32 Prozent der Familien einen Migrationshintergrund und in Ostdeutschland 15 Prozent (Statistisches Bundesamt 2010). Gezählt werden Eltern-Kind-Gemeinschaften, bei denen mindestens ein Elternteil eine ausländische Staatsangehörigkeit besitzt oder die deutsche Staatsangehörigkeit durch Einbürgerung erhalten hat.

Empirische Studien zeigen, dass die Lebenslagen der Familien mit ausländischen Wurzeln sehr heterogen sind (Preiß 2013). Die Lebenslagen werden insbesondere bestimmt durch die Unterschiede zwischen den Einwanderungsgenerationen, den mit den Herkunftsländern verbundenen Kulturen und den sozialen Milieus, in denen die Familien leben. Wissenschaft, Politik und in der Folge die Fachpraxis wissen nicht viel über den vielfältigen Lebensalltag in Migrationsfamilien. Dies begünstigt die Bildung von Vorurteilen und Mythen oder unreflektierte Übertragungen aus der eigenen Kultur. Zudem orientieren sich die Debatten um die Integration von Migrationsfamilien oft an den Vorstellungen über die Familie, die in der eigenen Kultur vorherrschen. Aber was für die deutsche Familie gilt – und hier sind schon die Lebensformen heterogen und vielfältig –, gilt noch lange nicht für Familien anderer Kulturen.

Anerkennung von Vielfalt ist gesetzlicher Auftrag der Kita

Der Nationale Integrationsplan (2007) formuliert Integration als politische Aufgabe für das gesamte Gemeinwesen.[25] Die Anerkennung von Unterschiedlichkeit und Vielfalt (»Diversität«) ist gesetzlicher Auftrag der Kindertageseinrichtung (§ 22 SGB VIII; vgl. Kapitel 2.1). Eltern der ersten Zuwanderungsgeneration werden vor allem durch die von ihnen als gering wahrgenommene Qualität der Betreuung und unzureichende interkulturelle Öffnung davon abgehalten, ihr Kind in eine Krippe zu schicken (Sachverständigenrat deutscher Stiftungen 2013). Doch neben der ethnischen Kultur bedingt auch die Schulbildung das Verhalten: Für viele Zugangshürden zur frühkindlichen Betreuung ihrer Kinder, die von Eltern genannt werden, ist nicht der Migrationshintergrund, sondern die geringe Schulbildung der Eltern ausschlaggebend (ebd.). Migrationsprozesse bewirken einen permanenten Transformationsprozess, bestimmt durch die herkunftskulturellen Normen und Verhaltensweisen der Einwanderer ebenso wie die der Mehrheitsgesellschaft (Preiß 2013, S. 41). In der Kindertageseinrichtung finden sich diese Transformationsprozesse sowohl auf der Seite des Teams, wie auf der Seite der Eltern wieder und beeinflussen das Miteinander. Eine Sensibilität der pädagogischen Fachkräfte für ethnische und soziale Kulturen (vgl. Kapitel 1.4.3) ist für beide Seiten eine hilfreiche und notwendige Grundlage.

Mitentscheidend für eine gelingende Bildungs- und Erziehungspartnerschaft mit Eltern anderer Kulturen ist, ob die pädagogischen Fachkräfte das Fremde und Andere als eine Bereicherung für sich selbst, die Einrichtung und für die Kinder und andere Eltern sehen können und sehen lernen. Heterogenität ist eine Chance. Es gilt die Schätze, die darin verborgen sind, zu heben. So sind pädagogische Fachkräfte einmal mehr Schatzsucher, die nicht nur die Fähigkeiten und Ressourcen der Kinder entdecken und fördern, sondern auch die Vielfalt der Kulturen und ihre Reichtümer zum Gewinn der Einrichtungsgemeinschaft werden lassen.

25 Im Nationalen Integrationsplan (2007; verfügbar unter: http://www.kmk.org/fileadmin/pdf/Bildung/AllgBildung/2007-10-18-nationaler-integrationsplan.pdf) haben sich die Länder zum Beispiel dazu verpflichtet, sprachliche Bildung als Querschnittsaufgabe in den Konzepten der Kindertageseinrichtungen zu verankern.

Fragen zur Selbstreflexion

Gehe ich mit den Migranteneltern anders als mit deutschen Eltern um? Wie ist mein Handeln begründet?

Was sind meine kulturellen Prägungen? In welchen Situationen mit Menschen anderer Kulturen wird mir dies besonders bewusst? Was ist mir hier wichtig?

Wenn ich im Urlaub fremde Länder und Kulturen besuche oder durch Musik und Literatur anderen Kulturen begegne, was rührt mich dann besonders an? Inwieweit haben solche Reisen meinen Alltag beeinflusst, inwieweit hat meine kulturelle Tönung neue Farbnuancen hinzugewonnen?

Kann ich mich in die Lebenslagen und in den Erfahrungshintergrund der Familien hineinversetzen? Was macht es mir leicht, was schwer? Diese Frage stellt sich im Übrigen genauso mit Blick auf deutsche Familien, die einer anderen sozialen Schicht entstammen als ich, denn auch dort finden sich andere Kulturen.

Kann ich andere Werte und Normen (z. B. in Fragen der Geschlechterrollen) akzeptieren? Was sind die Grenzen meiner Toleranz? Wie gehe ich damit um?

Ist das Beherrschen vieler Sprachen in meinen Augen ein Gewinn und eine Bereicherung für den Einzelnen, für unsere Gesellschaft? Wenn ja, worin liegt dieser Gewinn?

Gibt es Sprachen, die ich als wertvoller als andere ansehe? Wenn ja, wie erkläre ich mir das? Welche Konsequenzen ziehe ich daraus für mich?

Gesprächsbereitschaft ist ein erster und grundlegender Schritt zum besseren Verständnis. Die andersartige Prägung meines Gegenübers als reizvoll und wertvoll anzusehen, verhilft zu einer unverkrampften und kommunikationsfreudigeren Haltung. Welche mir im Alltag mit Eltern fremder Kulturen begegnenden unverständlichen Reaktionen möchte ich gerne einmal ansprechen, um Neues hinzuzulernen oder mein Gegenüber besser zu verstehen?

Der Austausch mit Eltern anderer Kulturen steht nicht für sich selbst. Denn die gewonnenen Informationen sind vielfach ein Geschenk, ein vertrauensvolles Sich-Mitteilen. Hilfreich ist daher die Regel: »Stelle nie eine Frage, wenn du nicht erklären kannst, was die Antwort dir nutzt.« Entsprechend gilt es, mit dem Gegenüber zu klären: Was werde ich mit den erhaltenen Informationen tun? Wie wirkt das Erzählte auf mich und was bewegt es in mir? Wie kann ich die Erkenntnisse aus den Informationen in der Zusammenarbeit mit dem Kind, mit den Kollegen und Kolleginnen wirksam werden lassen?

Wenn unterschiedliche Werte und Kulturen aufeinandertreffen
Die unterschiedlichen ethnischen und sozialen Hintergründe führen zu heterogenen und spezifischen familiären Werten, Ritualen und erzieherischen Methoden. Dies kann zu zahlreichen Irritationen zwischen pädagogischen Fachkräften und Eltern führen. Auch die Eltern untereinander können mit Unverständnis auf die Kulturen, Werte und Erziehungsregeln der anderen Familien reagieren. So kann es zu Irritation, Angst, Unverständnis, Aggression und/oder Rückzug kommen. Die Folge sind nicht selten Abwertungen (z. B. »Diese Eltern sorgen schlecht für ihre Kinder«), Abgrenzungen oder Ausgrenzung oder eine gebieterische, starre Haltung (z. B. »Hier in der Kita gelten andere Regeln«). Eine vorurteilsbewusste Haltung (vgl. dazu Kapitel 1.4.2) und die Sensibilität für ethnische und soziale Kulturen (vgl. Kapitel 1.4.3) helfen der Ausgrenzung, dem Rückzug und einem Kommunikationsabbruch vorzubeugen oder diese zu überwinden. Die pädagogische Fachkraft bringt die Bereitschaft mit, die traditionellen, sprachlichen und religiösen Prägungen der Eltern mit Migrationshintergrund offen wahrzunehmen. Ihr ist bewusst, dass auch sie persönlichen Prägungen ihrer kulturellen Lebenswelt unterliegt (Wehinger 2010. S. 50ff.).

Anregungen für die Praxis

Ein Elternabend zum interkulturellen Dialog über Werte in der Erziehung kann dazu beitragen, den vielfältigen Gedanken und Gefühlen bei der Begegnung der Kulturen einen guten Raum zu geben. Dabei ist besonders der Austausch der Eltern untereinander bedeutsam. Ein solcher Elternabend kann zum Ziel haben, in vertrauter Umgebung einmal innezuhalten und die eigenen Erziehungsvorstellungen zu bedenken bzw. anhand anderer Sichtweisen zu überdenken.

Als Einstieg kann jedes Elternteil auf einem Blatt drei Eigenschaften und Verhaltensweisen notieren, die eine gute Mutter / einen guten Vater auszeichnen sowie drei Eigenschaften und Verhaltensweisen, die eine gute Mutter / ein guter Vater vermeidet.

Alle gesammelten und gegebenenfalls mit persönlichen Erfahrungen begründeten Eigenschaften werden im Plenum zusammengeführt und auf Plakaten sichtbar gemacht. Dabei werden die Aussagen nicht kritisiert. Getreu dem Motto »Es gibt 1.000 erzieherische Möglichkeiten« geht es um den gemeinsamen Austausch. Die pädagogische Fachkraft hebt kreative und entlastende Eigenschaften und Verhaltensweisen hervor. Ebenso bringt sie die Perspektive des Kindes ein. Der gemeinsame Austausch zeigt allen Beteiligten Gemeinsamkeiten und Unterschiede auf, bringt sie einander näher, regt an und begründet so Weiterentwicklung (weitere Anregungen für Thematische Elternabende siehe Schlösser 2004).

Die aktive Einbindung von Eltern anderer Kulturen in den Kita-Alltag

Zugewanderte Eltern können Eigenes in die Kindertageseinrichtung einbringen. Beliebte Ansätze zur Integration fremder Kulturen sind etwa, dass die Mütter Gerichte ihrer Heimat kochen oder die Familien etwas aus ihrer Kultur vorführen. Dass so eine Brücke zwischen den Kulturen geschlagen werden kann, ist unbestritten; die Einbindung der Eltern anderer Kulturen darf sich aber nicht in derlei Aktivitäten erschöpfen, da sie sonst auf der Ebene der Folklore bleibt. Jenseits des mit der eigenen Volksgruppe geteilten Kulturguts erfolgt eine wertschätzende Integration dadurch, dass Eltern als Individuen mit eigenen Fähigkeiten und Interessen gesehen werden.

Zugewanderte Eltern werden – so wie andere Eltern auch – unterschiedlich auf die Möglichkeiten einer aktiven Einbindung in den Einrichtungsalltag reagieren. Manche bringen sich selbstbewusst eigeninitiativ ein, andere freuen sich, angesprochen zu werden, wieder andere benötigen Unterstützung und Zuspruch, um den Mut dafür aufzubringen. Gehen die pädagogischen Fachkräfte auf Spurensuche, wird sich eine Vielzahl von Möglichkeiten und Talenten finden, die für den Alltag der Kinder und Eltern fruchtbar gemacht werden können.

Anregungen für die Praxis

Möglichkeiten für das aktive Einbinden von Eltern anderer Kulturen in den Kita-Alltag können sein:

- Die Eltern geben ihr Wissen als »Weltwissen« weiter: erzählen, Musik machen, tanzen, malen etc.
- Die Eltern geben Einblick in ihre Sprache: erzählen, vorlesen, schreiben, einige Alltagsworte den pädagogischen Fachkräften nahebringen, die Familiensprache von Kindern gleicher Herkunft fördern etc.
- Mehrsprachige Eltern helfen beim Dolmetschen – sprachlich und kulturell.
- Eltern mit Zuwanderungserfahrung können mitteilen, demonstrieren und erfahrbar machen, was Migration individuell bedeutet.
- Die Eltern bringen sich in die Projektarbeit der Einrichtung ein.

Integrierte Ansätze aus der Familienbildung (vgl. Kapitel 4.3.5) zeigen, dass die Einbeziehung von Familienzusammenhängen zu nachhaltigeren Ergebnissen führt. Integration gelingt am besten im Familienverbund, weil die Kinder ansonsten häufig in den Konflikt zwischen

Integration von Kindern kann nur mit Beachtung der Familie erzielt werden

gesellschaftlichen Anforderungen und den Idealen ihrer Eltern geraten. Das wird besonders beim Erlernen und Benutzen der fremden Sprache deutlich. Emotionale Anerkennung ist eine wesentliche Basis für gelingendes Aufwachsen. Integration von Kindern kann nicht gegen die Familie erzielt werden. Einzubeziehen ist dabei unbedingt die große Anzahl an Verwandtschaftsbeziehungen neben Eltern und Großeltern, die in vielen Migrationsfamilien zum alltäglichen Familienleben dazugehört (vgl. Kapitel 1.4.3).

Praxisbeispiel

In der Kindertagesstätte »Miteinander« steht jeden Monat eine Reise auf dem Programm. Diese Reise führt zu einem der 18 verschiedenen Heimatländer der Kinder, die zurzeit die Einrichtung besuchen. Marokko, Istanbul und weitere Orte in der Türkei, Sizilien und Spanien wurden schon bereist. Dieses Mal geht es nach Ägypten. Alle Kinder haben sich vorbereitet. Koffer wurden gepackt – denn jedes Kind hat von zuhause etwas mitgebracht, etwas, das man in der Familie mit Ägypten verbindet. Reisepässe und Ausweise oder auch Flugtickets wurden in den Gruppen bereits hergestellt. Rund um die Reise gibt es vielfältige Angebote zum Thema Ägypten.

Mustafa ist schon ganz aufgeregt. Auch seine Mutter ist heute mit in die Kita gekommen und hilft in der Küche –, denn natürlich gibt es heute ägyptisch zu essen. Sein Vater hat ihm eine Musik-CD mit ägyptischer Volksmusik und moderner Popmusik mitgegeben. Alle mitreisenden Kinder sammeln sich nach der Passkontrolle und der Gepäckaufgabe im Flieger (Stuhlreihen im Gruppenraum) und verfolgen über Google-Earth (per Laptop und Beamer) den Flug nach Kairo. Die Reise beginnt. Lieder, Bilder, Speisen begleiten sie. Und Mustafas Mutter hat noch eine besondere Geschichte für die Kinder – ägyptisch-deutsch. Auf dem Elternabend vor einem Jahr, als die Idee der Reiseprojekte vorgestellt wurde, hatten sie und ihr Mann gerne ihre Mitarbeit zugesagt. Aber sie wollten nicht die ersten sein, sondern erst einmal bei anderen Eltern zuschauen und mithelfen. In der Kindertageseinrichtung zeugen vielfältige Bilder und Dokumentationen von der »Weltbereisung« und lassen spüren, wie das Weltwissen aller Kinder wächst. Übrigens: Nächsten Monat geht es nach Essen ins Ruhrgebiet.

Die Sprachen der Eltern anderer Kulturen

Die Sprachen der Eltern und Kinder anderer Kulturen sind in vielfältiger Weise von Interesse und bringen die Bedeutung der Bildungs- und Erziehungspartnerschaft zwischen pädagogischen Fachkräften und Eltern in besonderer Weise zum Ausdruck:

- Für die Kinder ist das Erlernen der deutschen Sprache notwendig, um sich im deutschen Bildungssystem sicher bewegen zu können. Ebenso notwendig ist aber auch das Beherrschen und Pflegen der Herkunfts- und Familiensprache. Sie kann zum einen das Erlernen der deutschen Sprache erleichtern, zum anderen symbolisiert und repräsentiert sie die Verbindung zu den familiären Wurzeln.
- Respekt und die Wertschätzung der pädagogischen Fachkräfte für die Herkunftssprache der Kinder und Eltern gehen einher mit der Wertschätzung ihrer Kultur, Familie und Person.
- Die Haltung, dass Mehrsprachigkeit eine Chance und ein Gewinn ist, lässt zu, dass Kinder, Eltern und pädagogische Fachkräfte sich als Gemeinschaft erfahren, die den Reichtum der Sprachen als ein Abbild des Reichtums der Welt und ihrer Kulturen sieht. Sprachliche Hindernisse und Hürden werden als gemeinsame Herausforderung gesehen. In einem solchen Umfeld kann die Verkehrssprache Deutsch eher als gemeinsame Sprachbasis gesehen werden, die es zu lernen lohnt.

Eltern mit Migrationshintergrund müssen bei der Gestaltung des Alltags der Kindertageseinrichtung mitwirken und mitbestimmen dürfen. Das setzt Kommunikationsfähigkeit voraus. Sie müssen sich mit den pädagogischen Fachkräften und anderen Eltern differenziert unterhalten können, auch wenn sie selbst (noch) nicht genug Deutsch sprechen. Gegebenenfalls bedarf es der Hilfe von Dolmetschern, zum Beispiel

Eltern derselben Herkunft, oder der Unterstützung bei der Vermittlung von Deutschkursen oder des Angebots, solche Sprachkurse in der Kindertageseinrichtung selbst wahrnehmen zu können. Gerade in patriarchalisch geprägten Kulturen ist die Kindertageseinrichtung oftmals ein akzeptierter Raum, den die Frauen selbstständig und ohne Argwohn ihrer Männer aufsuchen können.

Anregungen für die Praxis

Kinder lernen die deutsche Sprache umso besser, wenn ihre Herkunftssprache respektiert wird. Dabei gibt es vielfältige Möglichkeiten für die pädagogischen Fachkräfte, diesen Respekt gegenüber Kindern und Eltern zum Ausdruck zu bringen. Hier einige Ideen aus der Praxis:

- Insbesondere die kleinen Kinder bringen ein persönliches Begleitbuch ihrer Familie mit. Es zeigt Fotos der Eltern, Geschwister und anderer für das Kind bedeutsamer Menschen. Hier können die Bilder in der (Schrift-)Sprache der Familie betitelt sein.
- Die pädagogischen Fachkräfte lernen zehn alltagsrelevante Vokabeln der fremden Sprache, zum Beispiel für die Begrüßung, Verabschiedung, Wertschätzung etc.
- In der Einrichtung zeugen Plakate, Postkarten etc. von den verschiedenen Ländern, aus denen die Familien stammen. Dabei wird auch unterschiedliche Schriftsprache sichtbar.
- Es gibt zwei- und mehrsprachige Kinderbücher. Diese werden in den jeweiligen Sprachen von Eltern oder größeren (Geschwister-)Kindern vorgetragen oder erzählt.
- Kinderbuchgeschichten werden mehrsprachig gespielt.
- Informationen für Eltern sind im Rahmen der gegebenen Möglichkeiten mehrsprachig.

Sprachförderung der Kinder kann auch mit den Eltern gemeinsam stattfinden. Das Projekt »Sprache macht stark!«[26] hat dies zum Ziel und setzt es mit Eltern-Kind-Gruppen um. Das gemeinsame Lernen kann bewirken:

- Das Kind spürt das Interesse der Erwachsenen. Dies motiviert das Kind.
- Eltern – in der Regel die Mutter – und Kind können gemeinsam kennengelernte Sprachspiele zuhause aufgreifen. Das Kind kann zum Beispiel den aus der Einrichtung mitgebrachten Ohrwurm eines Rhythmusspiels summen, die Mutter kann mit einstimmen und das Lied dem Rest der Familie vermitteln.
- Eltern fühlen sich stärker eingebunden. Die Arbeit der Kindertageseinrichtung wird für sie transparent, denn sie erleben mit, wie hier Sprachförderung umgesetzt wird.
- Übrigens: Auch deutsche Kleinkinder sind sehr an fremden Sprachen und ihren Lauten interessiert. So bleibt zudem die Fähigkeit erhalten, unterschiedliche Phoneme hörend zu unterscheiden und auszusprechen, was dem späteren Erlernen von Fremdsprachen zugute kommt.

So ist die Sprachförderung ein anschauliches Beispiel, wie bedeutsam eine gute Bildungs- und Erziehungspartnerschaft zwischen pädagogischen Fachkräften und den Eltern eines Kindes sein kann.

3.2.6 Eltern als Qualitätsbeobachter

Werden Eltern allgemein zur Qualität oder ihrer Zufriedenheit mit der Kindertageseinrichtung befragt, die ihr Kind besucht, dann fällt in der Regel das Ergebnis positiv aus. Bei aller Anerkennung und Wertschätzung, die den in der Praxis tätigen Fachkräften für ihr Engagement zu Recht zukommt, dürfen diese allgemeinen Qualitätseinschätzungen der Eltern dennoch nicht überbewertet werden. Denn Eltern sind im Prinzip darauf angewiesen, ihre Kindertageseinrichtung gut zu finden.

26 Es handelt sich um ein Projekt der Offensive Bildung der BASF-SE / Ludwigshafen in der Großregion Rhein-Neckar. Die wissenschaftliche Begleitung liegt bei Prof. Dr. Rosemarie Tracy. Näheres zum Projekt ist einsehbar unter: http://www.offensive-bildung.de/p05/engagement/de/content/projekte/sprache/index.

Würden sie sie nicht gut finden, dann müssten sie vor sich selber eingestehen, dass sie ihr Kind in eine Einrichtung geben, von der sie selbst nicht überzeugt sind. Doch oft mangelt es an Alternativen. Gerade im Westen Deutschlands gleicht die Suche nach einem Kita-Platz mit angemessenen Öffnungszeiten vielerorts immer noch einer Betteltour. In ländlichen Regionen ist man in der Regel auf die eine Kindertageseinrichtung vor Ort angewiesen. Das gesetzlich verankerte Wunsch- und Wahlrecht (§ 5 SGB VIII) der Eltern endet dann früh an den faktisch gegebenen Wirklichkeiten. Das erklärt, warum Eltern auch dann noch der Kindertageseinrichtung eine gute Note geben, wenn allgemein anerkannte Qualitätsmerkmale nicht erfüllt sind.

Eltern äußern ihre Erwartungen und Ansprüche – dies sichert Dynamik und Entwicklung

Inzwischen können jedoch neue Entwicklungen beobachtet werden. Viele Einrichtungsleitungen und Teams berichten, dass Eltern immer deutlicher ihre Erwartungen äußern sowie Ansprüche und Forderungen stellen. Je selbstverständlicher es für Eltern ist, dass sie seitens der Gesellschaft auf Verständnis stoßen (vgl. Kapitel 5.2) und nicht nur auf dem Papier einen Anspruch auf Unterstützung bei der Erziehung, Bildung und Betreuung ihres Kindes haben, desto mehr werden Eltern an diesen ihnen garantierten Platz auch Qualitätsansprüche stellen (Roth 2012b, S. 108). Genau dieses sichert Weiterentwicklung und Dynamik. Ist erst einmal das Grundbedürfnis nach Sicherstellung eines Platzes gegeben, folgt konsequenterweise die Frage nach der Qualität dieses Platzes. Es bedarf keiner hellseherischen Fähigkeiten anzunehmen, dass mit dem gesetzlich verankerten individuellen Rechtsanspruch auf Kindertagesbetreuung für Kinder ab dem ersten Lebensjahr, der 2013 in Kraft getreten ist, die Frage nach der Qualität des garantierten Anspruchs lauter gestellt werden wird. Auch sollte die Dynamik des gesellschaftlichen Bewusstseinswandels – insbesondere im Westen Deutschlands – nicht unterschätzt werden. Mütter und Väter, die seit 2013 Eltern werden und sich auf die gesellschaftlich zugesagte Unterstützung in der Kinderbetreuung verlassen dürfen, werden sich gar nicht mehr vorstellen können, dass für Familien noch zehn Jahre zuvor die Zusage, einen Kita-Platz erhalten zu haben, viel mit Werbung in eigener Sache und glücklichem Zufall zu tun hatte.

Eltern werden also zu Qualitätsbeobachtern. Sie werden ihre Erwartungen an pädagogische Konzepte und Bildungsansprüche ebenso formulieren wie Wünsche und Ansprüche bezüglich Öffnungs- und

Betreuungszeiten. Eltern werden sich weniger scheuen, gegebenenfalls auch an übergeordneter Stelle ihre Erwartungen oder Beschwerden vorzubringen. Hinter all diesem steht: Eltern wollen ernst genommen werden! Das ist ein berechtigtes Anliegen. Eltern ernst zu nehmen ist zugleich der Anspruch der Bildungs- und Erziehungspartnerschaft. Eine professionell gestaltete Bildungs- und Erziehungspartnerschaft ist Herausforderung und zugleich Antwort an die Eltern.

Die Konzeption der Kita zeigt die Beachtung der Interessen der Eltern

Eltern als Störenfriede oder als in jeder Hinsicht zu bedienende Kunden zu sehen – zwischen diesen beiden Polen liegt die Spannung, die durch die Konzeption der Einrichtung ihre Antwort findet. In der Konzeption der Einrichtung verdichten sich die Beachtung der Interessen der Kinder und die der Eltern sowie gegebene Rahmenbedingungen. Die regelmäßige Überprüfung und Anpassung der Konzeption macht deutlich, dass sie Aushandlungsprozessen unterliegt. Zugleich bietet die Konzeption für alle Beteiligten eine Orientierung. Sie schafft Transparenz und Begründungszusammenhänge. Sie zeigt damit Möglichkeiten und Grenzen des Machbaren auf.

In der gesellschaftspolitischen Dynamik, die darin liegt, die öffentliche Verantwortung für das Aufwachsen von Kindern ernst zu nehmen und Eltern ein zuverlässiges Unterstützungssystem der Erziehung, Bildung und Betreuung ihrer Kinder zu bieten, liegt somit zugleich die Chance einer qualitativen Weiterentwicklung des Systems. Dem quantitativen Ausbau (Ausbau der Plätze für Kinder unter drei Jahren, Ausweitung der Öffnungszeiten) folgt – wo noch nicht geschehen – die qualitative Weiterentwicklung. So wie Eltern von den Kindertageseinrichtungen verstärkt Qualität einfordern, so sind die Verantwortungsträger von Kindertageseinrichtungen gefordert, ihre Leitungskräfte und Teams in dieser qualitativen Weiterentwicklung zu unterstützen. Eine ernst gemeinte und bewusst gestaltete Bildungs- und Erziehungspartnerschaft mit Eltern einzugehen ist ein Weg zur Qualitätsentwicklung und Qualitätssicherung in der Einrichtung.

4 Bedeutsame Situationen der Bildungs- und Erziehungspartnerschaft

Vielfältige Anlässe und Situationen bieten sich den pädagogischen Fachkräften, um die Kooperation mit den Eltern einzelner Kinder in den Blick zu nehmen, die Eltern als Gruppe anzusprechen oder den Eltern untereinander Erfahrungsräume zu ermöglichen. Zunächst wird ein Überblick über mögliche Ziele und Formen der Kooperation gegeben. Dann beschreibt das Kapitel eine Auswahl an bedeutsam eingeschätzten Situationen und Anlässen, die bewusst wahrgenommen und initiiert werden können. Anregungen werden gegeben, um die Chancen der einzelnen Situationen für die Bildungs- und Erziehungspartnerschaft zu reflektieren. Ebenso finden sich Hinweise für die inhaltlich-fachliche Gestaltung.

Es gibt vielfältige Anlässe und Situationen, die die pädagogischen Fachkräfte im Laufe der Zeit, in der ein Kind die Kindertageseinrichtung besucht, nutzen können, damit die Bildungs- und Erziehungspartnerschaft für Eltern und Kinder als zuverlässiges und ernst gemeintes Beziehungsangebot erfahrbar wird (Textor 2006c; Bernitzke & Schlegel 2004). In der konkreten Ausgestaltung können die pädagogische Fachkraft oder das Team der Einrichtung in der jeweiligen Situation oder bezogen auf einen bestimmten Anlass unterschiedliche inhaltliche Ziele verfolgen. So kann

- die Förderung des einzelnen Kindes im Mittelpunkt stehen,
- die Stärkung der Elternkompetenz in den Blick genommen werden,
- die Einbeziehung der Eltern in den pädagogischen Alltag verfolgt werden,
- der Kontakt der Eltern untereinander gefördert werden,
- die Sicherung der Mitbestimmung durch die Elternvertretung unterstützt werden.

Neben den Zielperspektiven können bei der Ausgestaltung der Situationen und Anlässe unterschiedliche Zielgruppen in den Blick genommen werden:

- Die Eltern einzelner Kinder können im Fokus stehen.
- Angebote können Gruppen von Eltern bzw. die Elternschaft als Ganzes zum Ziel haben.
- Eltern begegnen sich untereinander und tauschen sich aus.
- Eltern wirken mit ihren Kindern und gegebenenfalls den pädagogischen Fachkräften zusammen.

Die Auswahl von Formen und Methoden der Zusammenarbeit mit Eltern ist ein Balanceakt (Textor 2006c). Durch Beobachtung, Gespräch, Reflexion aber auch Neugier, Zutrauen und Experimentieren kann herausgefunden werden, was für die jeweilige Elternschaft angemessen ist. Bei allen Aktivitäten und Methoden ist vorausgesetzt, dass sie für die spezifische und aktuelle Elternschaft der Kindertageseinrichtung passend sind und dass sich auch die Angebote ändern, wenn sich die Elternschaft ändert.

Formen der Zusammenarbeit mit den Eltern einzelner Kinder

Die Zusammenarbeit mit Eltern einzelner Kinder konkretisiert und verwirklicht sich unter vielfältigen Anlässen, zum Beispiel

- bei der ersten Kontaktaufnahme
- beim Aufnahmegespräch
- in der Eingewöhnungsphase
- im mindestens einmal jährlich stattfindenden Entwicklungsgespräch
- bei anlassbezogenen Gesprächen
- bei Tür-und-Angelgesprächen

- bei Telefonkontakten
- bei Hausbesuchen
- bei Hospitationen
- dadurch, dass die Eltern eigene Kompetenzen in die pädagogische Arbeit in der Einrichtung einbringen
- durch Unterstützung bei Behördengängen

Formen der Zusammenarbeit mit Eltern in Gruppen

Eine andere Form, die Bildungs- und Erziehungspartnerschaft zu gestalten, ist die Zusammenarbeit mit Eltern in Gruppen oder der Elternschaft als Ganzes, zum Beispiel mittels

- Informationsabenden für Eltern, die sich im Vorfeld der Anmeldung ihres Kindes für die Kindertageseinrichtung interessieren
- Tagen der offenen Tür
- Elternabenden mit thematischen Angeboten, gegebenenfalls gezielt für Eltern spezifischer Kulturkreise
- Elterngesprächskreisen
- Elternseminaren zur Elternbildung, zum Beispiel Sprachkurse
- des Angebots von Elterncafés
- Kreativnachmittagen
- Elternbriefen
- Elternbefragungen

!

Eltern untereinander

Bildungs- und Erziehungspartnerschaft kommt ebenso darin zum Ausdruck, dass es den Eltern ermöglicht wird, sich untereinander zu treffen und für dieses Angebot (weitgehend) eigenständig die Verantwortung zu übernehmen, zum Beispiel bei

- Elternstammtischen oder Elterntreffs
- Gestaltung und Wahrnehmung des Elterncafés
- Aktionen von Eltern für Eltern (Spieleabend, Tanzabend, gemeinsames Kochen, Foto-Abend etc.)

Eltern werden in Bezug auf ihre Sorge, alles richtig machen zu müssen, entlastet, wenn sie viele Kontakte zu andern Eltern und Kindern in der gleichen Situation haben und sich mit ihnen austauschen können. Mit dieser Entlastung, der Unterstützung im praktischen und emotionalen Alltagserleben, können Familiensysteme gestärkt und im Einzelfall einer Eskalation bei Überforderung entgegengewirkt werden.

Für Kinder wird eine gelingende Bildungs- und Erziehungspartnerschaft konkret erfahrbar in Situationen, die sie selbst miterleben können, zum Beispiel

- in der Eingewöhnungsphase
- durch die Einbeziehung in die Entwicklungsgespräche
- bei der Beteiligung der Eltern an pädagogischen Projekten
- bei Spielnachmittagen
- bei Hospitationen der Eltern
- bei Eltern-Kind-Aktivitäten, zum Beispiel bei Ausflügen oder beim gemeinsamen Basteln und Backen
- bei gemeinsamen Aktionen zur Gestaltung der Kita-Räumlichkeiten, zum Beispiel beim Anlegen eines Außengeländes
- bei Festen und Feiern

Möglichkeiten, die Eltern auch ohne direkte persönliche Ansprache einzubeziehen

Daneben gibt es vielfältige Möglichkeiten, Eltern auch ohne direkte persönliche Ansprache zu vermitteln, dass ein ernsthaftes Interesse an einer gelingenden Partnerschaft besteht:

- Es gibt öffentlich zugängige Informationen über die Einrichtung, zum Beispiel einen Internetauftritt.
- Die Eltern erhalten ein eigenes Exemplar des pädagogischen Konzeptes der Einrichtung ausgehändigt.
- Die Eltern erhalten schriftliche Informationen, zum Beispiel zu Abläufen in der Kindertageseinrichtung, pädagogischem Hintergrundwissen etc., durch Aushang oder Kopien zum Mitnehmen.
- Es gibt ein Schwarzes Brett.
- Es gibt eine Video- und/oder Fotodokumentation, die die pädagogische Arbeit der Einrichtung – zum Beispiel pädagogische Projekte – bildlich verdeutlicht.
- Es gibt Informationen aus dem sozialen Umfeld, die für Familien von Interesse sind.
- Es gibt eine Elternbibliothek.
- Dort, wo es die Alltagsabläufe der Einrichtung zulassen, können Eltern auch Räume, zum Beispiel für Familienfeiern, günstig anmieten.

Die vorangegangenen Aufzählungen der vielfältigen Anlässe und Situationen zur konkreten Ausgestaltung der Bildungs- und Erziehungspartnerschaft sind nicht abschließend, sondern sollen zu weiteren Ideen anregen[27]. Wichtiger als die äußeren Formen der Zusammenarbeit sind die Einstellungen und Haltungen, die die konkreten Anlässe und Situationen mit Leben füllen und erfahrbar machen (vgl. Kapitel 1.4). Bei der Auswahl und der konkreten Umsetzung dieser Kooperationsformen und -angebote ist zudem zu berücksichtigen, mit welchen Eltern es die pädagogischen Fachkräfte in der Einrichtung konkret zu tun haben (vgl. Kapitel 3.2).

Im Nachfolgenden werden einzelne Situationen dargestellt, die für die Gestaltung der Bildungs- und Erziehungspartnerschaft von besonderer Bedeutung sind, eine besondere Herausforderung für die gemeinsam wahrgenommene Erziehung und Bildung der Kinder darstellen oder mit speziellen Ansprüchen und Erwartungen an die pädagogischen Fachkräfte verbunden sind.

4.1 Der gemeinsame Beginn

Die Erziehungspartnerschaft beginnt mit dem ersten Kontakt, der bereits vor der offiziellen Anmeldung liegen kann. So haben die Eltern möglicherweise schon einen ersten Eindruck von der Einrichtung durch den Internetauftritt und die dort einsehbare Konzeption, durch den Besuch bei einem Tag der offenen Tür, einen Flyer oder einfach durch Mundpropaganda anderer Eltern erhalten. Dieser erste Eindruck prägt bereits ihre Bereitschaft, sich auf eine gemeinsame Bildungs- und Erziehungspartnerschaft einzulassen.

Eltern zur gemeinsamen Kooperation einladen und ermutigen

Vielen Eltern ist dabei gar nicht bewusst, wie bedeutsam die Zusammenarbeit mit den pädagogischen Fachkräften der Kindertageseinrichtung für die Erziehung und Bildung ihres Kindes ist. Deshalb bedürfen sie der notwendigen Information und eines hilfreichen verständlichen Hintergrundwissens, vor allem aber der motivierenden Einladung und Ermutigung, sich auf eine partnerschaftliche Kooperation einzulassen.

27 Textor (2006c) beschreibt eine Vielzahl weiterer, hier nicht näher ausgeführter Situationen, die für die Gestaltung der Bildungs- und Erziehungspartnerschaft genutzt werden können: Orientierungsabende zum Kennenlernen der Einrichtung, Spielnachmittage, Hausbesuche, Telefonkontakte, ein Elterncafé, Wanderungen und Ausflüge, Elternsprechstunden, Feste und Feiern, Elternbriefe, Homepage und Aushänge oder eine Elternbibliothek.

Es kann hilfreich sein, Eltern die Bedeutung der Bindung und des Bindungsverhaltens von Kindern, insbesondere von Kleinstkindern, zu erklären, da sich so der Stellenwert der Bildungs- und Erziehungspartnerschaft gut erschließen lässt. Dies kann zum Beispiel im Aufnahmegespräch erfolgen, das zugleich eine gute Gelegenheit bietet, erste Schritte in Richtung Offenheit und Transparenz in der gemeinsamen Arbeit mit den Eltern zu gehen. Die Eingewöhnung für Kind und Eltern bietet die Chance, die Bildungs- und Erziehungspartnerschaft auf eine solide Grundlage zu stellen und zu intensivieren.

4.1.1 Bindung und Bindungsverhalten – Bedeutung für die Bildungs- und Erziehungspartnerschaft

Die Ergebnisse der Bindungsforschung, angefangen von den Arbeiten ihres Begründers John Bowlby Mitte der 1970er Jahre, den Fortführungen durch Mary Ainsworth und in Deutschland zum Beispiel durch Forscherinnen und Forscher wie Karin Grossmann und Klaus Grossmann sowie Liselotte Ahnert, weisen ein grundlegendes, von Natur gegebenes Bindungsbedürfnis des Menschen aus. Die Bindung stattet Babys mit dem nötigen Mut aus, ihrer Neugier nachzugehen und ihre Umgebung eigenaktiv zu erkunden (Ahnert 2010, S. 44).

Bindung bezeichnet eine bestimmte Art der emotionalen Beziehung, die Kindern von Geburt an einen inneren Halt in der für sie noch fremden Welt gibt. Die primären Bindungserfahrungen des Kindes zu den für es bedeutsamen Menschen, in der Regel Mutter und Vater, bilden – so die Bindungsforschung – ein inneres Arbeitsmodell für das Verständnis von Beziehung schlechthin heraus. Das Kind entwickelt eine Art Modellvorstellung, wie menschlichen Beziehungen funktionieren. Die Erwartungen an weitere Beziehungen und die zukünftigen Beziehungen im Lebensverlauf richten sich an diesem Grundmodell aus (ebd., S. 45 ff.). Dieses »Innere Arbeitsmodell« findet Entsprechungen durch neurophysiologische bzw. neurobiologische Befunde. Damit zeigt sich, wie elementar und sogar existenziell die frühen Bindungserfahrungen sind. Auf dieser Basis beginnt für jedes Kind die Erkundung der Welt.

Bindung ist ein inneres Arbeitsmodell des Kindes darüber, wie Beziehungen funktionieren

Ein angeborenes Bindungsbedürfnis lässt sich bei allen Kindern beobachten (ebd., S. 49 ff.). Die primäre Bindungserfahrung des Kindes entwickelt sich aus einem gelungenen Miteinander, einer gelungenen

Interaktion zwischen Kind und Erwachsenen, d. h. interaktiv aufgrund wechselseitiger Signale. Auf der Seite des Kindes wird ein sogenanntes Bindungsverhalten gezeigt, das Kind sendet Signale wie Anschauen, Lächeln, Weinen, Suchen, Rufen oder Hinterherkrabbeln und -laufen. Diese Signale lösen bei Eltern ganz intuitiv ein Beziehungsverhalten aus, sei es die Versorgung des Kindes, Aufnehmen und Schmusen oder der spielerische Austausch. Die Feinfühligkeit der Bezugsperson, d. h. ihre Fähigkeit, die Signale des Kindes wahrzunehmen, richtig zu interpretieren und auf sie zeitnah und angemessen zu reagieren, hat bei der Entwicklung des inneren Arbeitsmodells von Beziehung für das Kind eine wichtige Bedeutung. Die Zuverlässigkeit und Feinfühligkeit der Bezugsperson stärken die elementare Bindungserfahrung des Kindes. Das Kind lernt: Diese Beziehung ist sicher.

Bindungsbeziehungen unterliegen kulturellen Unterschieden

Es sind demnach die frühen Erfahrungen während des ersten Lebensjahres, die bestimmen, wie die Bindungsbeziehungen von Kleinstkindern aussehen. Da die Erfahrungen von Säuglingen kulturellen Unterschieden unterliegen (vgl. Kapitel 1.4.3; Keller 2011; Otto & Keller 2012), fallen auch Bindungsbeziehungen kulturspezifisch aus.

Eine Bindungsperson ist der Mensch, dessen Abwesenheit oder Ferne beim Kind Bindungsverhalten auslöst und bei Kummer und Not von ihm herbeigerufen oder aufgesucht wird und der Trost zu spenden versteht. Die Bindungsperson ist der sichere Hafen, der es dem Kind erlaubt, sich dem Unbekannten seiner Welt neugierig zu nähern. Eine sichere Bindung gibt dem Kind das Gefühl, über den sicheren Hafen zu verfügen, auch wenn dieser nicht ständig präsent und sichtbar ist. Die erfahrene externe Sicherheit bildet sich im inneren System des Kindes ab.

Die erste Bindung erfahren Kinder in aller Regel bei Mutter und Vater (Ahnert 2010). Dies gilt insbesondere für Kinder, die in einem uns vertrauten kulturellen Modell der psychologischen Autonomie aufwachsen (vgl. Kapitel 1.4.3). Die klassische Bindungstheorie geht zu Beginn von drei bis vier Bindungspersonen aus. Dies spiegelt die Familienbeziehungen in Mittelschichtskontexten wider: Die Familie lebt als Kernfamilie mit Mutter, Vater und Kind, vielleicht unterstützt durch in der Nähe lebende Großeltern (Otto & Keller 2012, S. 7). Erst im Laufe der Zeit weiten sich die Bindungserfahrungen auf andere Personen aus, zum Beispiel durch die Aufnahme in die Kindertageseinrichtung. Um die Bindungserfahrungen des Kindes auch beim Übergang von der Familie in die Kindertageseinrichtung zu sichern, erfolgt eine behutsame Eingewöhnung (Becker-Stoll u. a. 2014, S. 58 ff.) gemeinsam mit den Eltern. Die individuelle Eingewöhnung, in der die Eltern, das Kind und die pädagogische Fachkraft den Übergang gemeinsam gestalten und bewältigen, ermöglicht dem Kind, die zunächst fremde Umgebung kennenzulernen und zu seiner Bezugserzieherin oder seinem Bezugserzieher Vertrauen zu fassen (ebd.).

Die ersten Bindungserfahrungen gestalten sich anders für ein Kind, das in einem kulturellen Modell der Relationlität, der Verbundenheit (vgl. Kapitel 1.4.3), aufwächst. Das afrikanische Sprichwort »Um ein Kind zu erziehen zu erziehen, bedarf es eines ganzen Dorfes« (vgl. auch Kapitel 5.3) bringt zum Ausdruck, dass Kinder hier bereits sehr früh multiple Betreuungsarrangements kennenlernen. Diese Kinder wachsen in aller Regel in Großfamilien unmittelbar mit vielen Geschwistern, Tanten, Onkeln, Cousinen und Cousins und ihren Großeltern auf. Einem ungeübten Beobachter fällt es oft schwer, diese Familienbeziehungen zu identifizieren. Entsprechend wenig beunruhigt ist in einem solchen Familiensetting die Mutter, wenn zum Beispiel ihr erst einjähriges Kind kurzfristig verschwunden ist, denn sie weiß es bei einem anderen Familienmitglied gut aufgehoben (Otto & Keller 2012). Dem Kind stehen eine Vielzahl an Personen zur Verfügung, die sich um es kümmern, trösten und helfen. Die Eingewöhnung in die Kindertageseinrichtung hat für Kinder mit solchen Bindungserfahrungen einen anderen Stellenwert, da sie bereits an eine Vielzahl unterschiedlicher Personen »gewöhnt« sind (vgl. Ahnert 2010, S. 200 ff.).

Kulturelle Besonderheiten bei Interaktionen von Säuglingen und ihren Bezugspersonen (Keller 2011; Otto & Keller 2012)

<table>
<tr><td rowspan="4">Distale Strategie</td><td>Die Eigenständigkeit des Kindes steht im Vordergrund (Keller 2011): Lebensrealität von Mittelschichtfamilien der westlichen Welt, die eine hohe formale Ausbildung haben und in einer Kernfamilie leben</td></tr>
<tr><td>► Das Kind steht im Zentrum der Aufmerksamkeit
► Sensitives Eingehen auf die Bedürfnisse des Kindes
► Bezugsperson spricht viel mit dem Kind; das Kind als Gegenüber (als Baby oft auf dem Rücken liegend)
► Das Kind wird viel nach seinen Wünschen und Präferenzen befragt, als Partner in der Interaktion betrachtet
► Blickkontakt der Bezugsperson mit dem Kind in der Interaktionssituation
► Spiel / Stimulation mit Objekten (z. B. Schmusepuppe)
► Positive Emotionalität ist bedeutsam
► Gefühle und Gedanken werden verbalisiert
► Insbesondere Mutter (und Vater) kümmert sich um das Baby
► Fragt man ältere Kinder, dann sehen sie die Betreuung von Babys als ein Privileg von Müttern (Keller 2011, S. 61)</td></tr>
<tr><td>Bindung wird verstanden als emotionales Band, das in individuellen, exklusiven psychologischen Diskursen entsteht (Keller 2011, S. 109)</td></tr>
<tr><td>Beispiele:
► Frühes selbstständiges Essen
► Das Kind schläft alleine
► Behutsame und langsame Eingewöhnung beim Übergang von der Familie in die Kindertageseinrichtung</td></tr>
</table>

Proximale Strategie	Anpassung und Eingliederung in das soziale System (Keller 2011; Forschung z. B. bei Familien der Nso, einem bäuerlichen Stamm in Kamerun): Babys stehen selten im Zentrum der Aufmerksamkeit, sind aber auch niemals alleine (ebd., S. 58) Vielfach traditionelle bäuerliche Sozialräume, wie sie an vielen Orten der Welt vorzufinden sind und auch in Deutschland bis vor wenigen Jahrzehnten in Dörfern Alltag waren.
	▶ Die Gemeinschaft, das soziale Netz, die Familie stehen im Mittelpunkt ▶ Erwachsene und ältere Kinder empfinden es als ihre Aufgabe, den Kleinsten zu zeigen, »wo es lang geht« ▶ Körperkontakt und Körperstimulation sind wichtig ▶ Sich wiederholende motorische Stimulation wird begleitet von vokalen Geräuschen und musikalischen Elementen (z. B. intensive rhythmische Auf- und Abwärtsbewegungen des Babys) ▶ Über Gefühle und Gedanken zu sprechen ist tabu ▶ Sitzen und Gehen werden gezielt geübt (auch mit Hilfsmaterialien wie z. B. Töpfen oder Stangen) ▶ Viele Personen kümmern sich um das Baby ▶ Ältere Kinder sind Betreuer des Babys und »halten sich auch für die besten Betreuer« (Keller 2011; Otto & Keller 2012)
	Bindung besteht in erster Linie in der Sicherheit der physischen Verfügbarkeit und Versorgung (ebd., S. 109)
	Beispiele: ▶ Viele türkische Familien trainieren das Laufen ihres Babys mit Gehhilfen, mit sogenannten »Spinnenwagen« ▶ Kinder und Eltern sind es nicht gewohnt, Aufforderungen nicht nachzukommen; Regeln überschreiten heißt, sich ungehörig zu verhalten; dort, wo sie die Regel nicht erkennen können, bleiben sie stumm (ebd., S. 145) ▶ Das Kind schläft nicht alleine

Pädagogische Fachkräfte treten als weitere Bindungspersonen hinzu

Mit dem Eintritt und der Eingewöhnung in die Kindertageseinrichtung weiten sich die Bindungserfahrungen des Kindes. Neben den Eltern als den primären Bindungspersonen treten die pädagogischen Fachkräfte als weitere Bindungspersonen hinzu. Je nach Alter des Kindes liegen bereits weitere Bindungserfahrungen vor, sei es zu den Großeltern, zur Nachbarschaft oder zu einer Kindertagespflegeperson. Dadurch, dass Mutter oder Vater, also die primäre Bindungsperson, bei der Eingewöhnung des Kindes zunächst in der Nähe bleibt, wird dem Kind die Sicherheit gegeben, sich auf neue Personen einzulassen und zu diesen ebenfalls eine Beziehung aufzubauen. Ziel der Bildungs- und Erziehungspartnerschaft ist es somit auch, dem Kind sichere Bindungserfahrungen zu ermöglichen, um die basalen Voraussetzungen für Bildungsprozesse zu gewährleisten.

Sich auf sichere Bindungen verlassen zu können, ist für Kinder jeden Alters von großer Bedeutung. Für Kleinstkinder ist dies elementar, da in diesem Alter die Grundlagen der Bindungserfahrung gelegt werden. Eine sichere Bindung erhält die Neugier und macht damit lernoffen. Sie stärkt die Widerstandskraft (Resilienz) des Kindes. Sichere Bindung kann Übergangssituationen (»Transitionen«, zum Beispiel vom Elternhaus in die Kindertageseinrichtung) erleichtern und ist Grundvoraussetzung für Bildungsprozesse. Entsprechend sind Kinder, die keine sicheren Bindungserfahrungen machen durften, in ihrer Offenheit, neue Beziehungen einzugehen, eingeschränkt. In diesen Fällen sind die Anforderungen an die Bildungs- und Erziehungspartnerschaft von eigener Art, da sich diese Unzuverlässigkeit oder Unverbindlichkeit in der Beziehungsgestaltung möglicherweise ebenso als Herausforderung in der Kooperation der Erwachsenen stellt. Gegebenenfalls ist hier externer Fachverstand hinzuzuziehen.

Frühe Bindungserfahrungen sind Grundlage menschlicher Beziehungsgestaltung

Die frühkindlichen Bindungserfahrungen bilden nicht nur die Grundlage einer frühpädagogischen Erziehung und Bildung, sie sind eine wesentliche Grundlage menschlicher Beziehungsgestaltung – für alle Menschen ein Leben lang. Das bedeutet auf der Ebene der Erwachsenen, dass die individuellen Bindungserfahrungen der Eltern und pädagogischen Fachkräfte mit in die Beziehungsgestaltung der Bildungs- und Erziehungspartnerschaft hineinwirken. Auf der Seite der pädagogischen Fachkräfte wird die Auseinandersetzung mit der eigenen Biografie (vgl. Kapitel 3.1.2) bedeutsam, damit aus einem professionellen Verständnis heraus die Beziehung und Kooperation mit den Eltern verantwortlich wahrgenommen werden kann. Gleichzeitig gilt es, die – in der Regel unausgesprochenen – individuellen Beziehungserfahrungen des Gegenübers zu respektieren.

4.1.2 Das Aufnahmegespräch

Mit dem Aufnahmegespräch beginnt die verbindliche und intensivierte Gestaltung der Bildungs- und Erziehungspartnerschaft mit den Eltern seitens der pädagogischen Fachkräfte. Das Aufnahmegespräch lässt Eltern Erfahrungen machen, wie das mit der Bildungs- und Erziehungspartnerschaft gehen kann. Zu diesen Erfahrungen gehören das Kennenlernen des Teams, der Räumlichkeiten und erstes Wissen über die Einrichtung. Aber auch Stimmungen, die Atmosphäre der Einrichtung und die Haltung der pädagogischen Fachkräfte werden von den Eltern aufmerksam und sensibel wahrgenommen und auf ihren eigenen Erfahrungshintergrund hin interpretiert (Bernitzke & Schlegel 2004, S. 76; Textor 2006c, S. 35 f.).

Ziele des Aufnahmegesprächs

Das Aufnahmegespräch hat insbesondere zum Ziel:

- Das persönliche Kennenlernen
- Ein Kennenlernen der Einrichtung
- Die Weitergabe inhaltlich-fachlicher Informationen zum frühpädagogischen Bildungs- und Erziehungsverständnis in der Kindertageseinrichtung
- Den Austausch gegenseitiger Erwartungen
- Die Planung der nächsten Schritte zur Aufnahme des Kindes

Im Aufnahmegespräch geht es zudem darum, dass die pädagogische Fachkraft mit den Eltern darüber ins Gespräch kommt, welches Bild sie von ihrem Kind haben. Die Individualität des Kindes kommt in den Blick, seine Bedürfnisse und Anforderungen. So kann diesen Bedürfnissen gemeinsam von pädagogischen Fachkräften und Eltern beim Übergang von der Familie in die Kindertageseinrichtung Rechnung getragen werden. Insgesamt bekommen die Eltern ein erstes Gespür für das der Bildungs- und Erziehungspartnerschaft zugrunde liegende Grundverständnis (vgl. Kapitel 1).

Die Eltern erfahren, dass ihre Erwartungen und Fragen, ihre Sorgen und Ängste ernst genommen werden, auch wenn es vielleicht nicht auf alles gleich zu Beginn eine Antwort gibt. Aspekte, die im Aufnahmegespräch von besonderer Bedeutung sind, sollten schriftlich festgehalten werden. Damit wird sichtbar, wie wichtig sie sind, und alle haben eine Erinnerungshilfe.

Wichtiges aus dem Aufnahmegespräch schriftlich festhalten

Weiter erhalten die Eltern die Möglichkeit, sich das Konzept erläutern zu lassen und dieses kritisch zu hinterfragen (vgl. Kapitel 3.1.1). Praxisbeispiele aus dem Kita-Alltag – vielleicht sind welche in den Räumen der Kindertageseinrichtung sichtbar – können helfen, die pädagogische Arbeit transparent zu machen. Gegebenenfalls bietet es sich an, Eltern den Kontakt zu anderen Müttern und Vätern der Kindertageseinrichtung zu vermitteln, sodass sie sich ein weiteres Bild – aus der Perspektive Gleichgesinnter – von der Arbeit der pädagogischen Fachkräfte machen können.

Bernitzke und Schlegel (2004, S. 75ff.) machen konkrete Vorschläge zu den Zielen und Inhalten eines Aufnahmegespräches. Elemente eines Aufnahmegespräches sollten sein:

- **Warming up:** Begrüßung und Vorstellung der beteiligten Personen. Welche Kenntnisse haben die Eltern bereits von der Einrichtung, warum haben sie diese ausgewählt etc.?
- **Informationen, die die pädagogische Fachkraft/Leitung gibt:** Informationen zur Einrichtung, zum Träger, zur Kindergruppe, zur Konzeption, zum Tagesablauf, zum Betreuungsvertrag, wie der Übergang und die Eingewöhnung in der Einrichtung gemeinsam gestaltet werden können etc.
- **Informationen, die die Eltern geben:** Was ist ihnen wichtig, über ihr Kind (Entwicklung, Gewohnheiten und Vorlieben, Rituale, Ängste etc.) und sich selbst (familiäre Situation, Arbeitsleben etc.) zu erzählen? Welche Erwartungen haben die Eltern?
- **Kennenlernen der Einrichtung:** Räumlichkeiten, Abläufe, Bezugserzieherin etc.
- **Was sind die nächsten Schritte?** Formalitäten, Termine, Vereinbarungen und Absprachen, gegebenenfalls ein neuer Termin, wenn Eltern zum Beispiel nicht alles verstanden haben, und bei dem eine Person hinzugezogen werden soll, die Übersetzung leisten kann etc.
- **Verabschiedung:** positives Feedback zum Gespräch, Vergewisserung, dass die Eltern alles verstanden haben etc.

Es ist selbstverständlich, das Aufnahmegespräch in einem geschützten und störungsfreien Raum zu führen, der zum Ausdruck bringt – zum Beispiel durch bereitgestellte Getränke oder ausgelegte Materialien –, dass die Eltern willkommen sind. Für alle Beteiligten ist es hilfreich, wenn es für das Aufnahmegespräch eine Checkliste gibt, sodass zum einen nichts verlorengeht und zum anderen bei Bedarf verschiedene Personen des Fachteams das Aufnahmegespräch führen können und dennoch die Linie und das Profil der Einrichtung erkennbar bleiben. Auch ist es für das Team insgesamt von Bedeutung zu wissen, welche Aspekte im Aufnahmegespräch regulär angesprochen wurden bzw. welche Inhalte individuell bei einzelnen Eltern in den geführten Gesprächen von Bedeutung waren.

Fragen zur Selbstreflexion

Eltern wollen für ihr Kind und sich das Beste. Gerade selbstbewusste Eltern werden entsprechend ihre Erwartungen formulieren und kritische Nachfragen stellen. Dies ist möglicherweise anstrengend, zugleich aber eine Chance, sich selbst als pädagogische Fachkraft oder im Team zu hinterfragen:

Ist das pädagogische Konzept unserer Einrichtung in sich stimmig?

Finde ich die richtigen Worte, um das Einrichtungskonzept verständlich zu machen? Habe ich gute Beispiele? Kann ich dies anhand der Räumlichkeiten und Materialien in der Kindertageseinrichtung verdeutlichen?

Stimmt das Konzept der Einrichtung mit meinen Handlungen und denen des gesamten Teams im Alltag überein? Wo sind wir stark, wo noch entwicklungsfähig?

Gibt es in der Kritik der Eltern eine Anregung, über die es sich nachzudenken lohnt?

Aber auch:

Was bewegt Eltern, kritisch nachzufragen?

Was ist möglicherweise ihre Sorge? Wie kann ich den Eltern Sicherheit geben?

Im Aufnahmegespräch bietet sich zudem ein Erziehungsinterview an. Dieses kann den Eltern in schriftlicher Form mitgegeben werden, damit sie sich eigenständig Gedanken machen und zu einem späteren Zeitpunkt darauf zurückgreifen können. Ziel des Erziehungsinterviews ist es, zum Ausdruck zu bringen, dass die Erziehung und Bildung der Kinder in der Kindertageseinrichtung gemeinsam von pädagogischen Fachkräften und den Eltern gestaltet wird. Entsprechend geht es um eine gemeinsame Verhaltensstrategie für die wichtigsten erzieherischen Fragen, denn: Nicht die pädagogischen Fachkräfte bestimmen und belehren, wie Erziehung geht, sondern Erziehung wird gemeinsam mit den Eltern gestaltet. Als mögliche Fragen bieten sich an:

- Welche Regeln gibt es für das Kind in Ihrer Familie?
- Welche Werte möchten Sie Ihrem Kind vermitteln?
- Was wünschen Sie sich für Ihr Kind, was braucht es besonders?
- Was wünschen Sie sich von unserer Zusammenarbeit? Haben Sie konkrete Vorstellungen, Erwartungen?
- Wann würden Sie sich über unsere Arbeit freuen? Wann wären Sie enttäuscht, würden sich über uns ärgern?

Mit der stärkeren gesellschaftspolitischen Beachtung des Kindertagesstättensystems als erste öffentliche Bildungsinstitution sind zugleich die ausgesprochenen und unausgesprochenen Erwartungen – nicht nur einzelner Eltern, sondern der Gesellschaft insgesamt – an die pädagogischen Erfolge der Kindertageseinrichtung gestiegen. So sollen die Kinder in ihren Fertigkeiten und Fähigkeiten von Anbeginn gefördert werden. Sehr explizit sind die Erwartungen bei der Sprachförderung formuliert. Ein Kind, das über mehrere Jahre eine Kindertageseinrichtung besucht hat und vielleicht schon als Kleinstkind aufgenommen wurde, sollte bei der Einschulung die deutsche Sprache angemessen beherrschen. Das bedeutet jedoch auch, dass Eltern ihre Kinder zuverlässig zur Kita bringen müssen. Da es keine Kindergartenpflicht gibt, obliegt es den pädagogischen Fachkräften, die Eltern zu motivieren und zu überzeugen, dass die Einrichtung für ihr Kind eine wertvolle Förderung bereithält. Bei Einrichtungen, die gefordert sind, mit einer Elternklientel zu kooperieren, die sich nicht selbstverständlich durch Zuverlässigkeit und Verbindlichkeit auszeichnet, könnte in Ergänzung zum Betreuungsvertrag eine schriftliche Übereinkunft über die gemeinsame

Hilfreich: eine Übereinkunft zur gemeinsamen Kooperation

Kooperation zur Erziehung und Bildung des Kindes erwogen werden (vgl. Kapitel 2.3).

Anregungen für die Praxis

Die Beachtung der nachstehenden Fragen und Aspekte kann die Planung, Konzipierung und Durchführung von Aufnahmegesprächen unterstützen:

- Es sollten möglichst beide Elternteile am Aufnahmegespräch teilnehmen.
- Die Eltern sollten frühzeitig und verbindlich über den Termin und die einzuplanende Zeit informiert werden.
- Gibt es Formalitäten, die die Eltern im Vorfeld des Aufnahmegesprächs erledigen können?
- Gibt es Informationen, Anregungen etc., die den Eltern im Vorfeld des Aufnahmegesprächs zugehen sollten, zum Beispiel Konzeption, Merkblätter, Betreuungsvertrag etc.? Dabei ist zu beachten, dass die Eltern in der Lage sein sollten, sich das Material zu erarbeiten (Sprache, Verständlichkeit der Unterlagen prüfen).
- Wer führt das Aufnahmegespräch? Wer von der Einrichtung nimmt an dem Aufnahmegespräch oder gegebenenfalls bei bestimmten thematischen Schwerpunkten teil?
- Welchen Ablauf hat das Aufnahmegespräch? Welche Inhalte sollen berührt werden, zum Beispiel allgemeine Informationen zur Einrichtung, Besichtigung der Einrichtung, Erklärung des frühpädagogischen Bildungs- und Erziehungsverständnisses, Kennenlernen der Bezugserzieherin, Austausch über die gegenseitigen Erwartungen etc. (vgl. auch Wehinger 2010, S. 19ff.)?
- Die Eltern sollten die Möglichkeit erhalten, das ihnen Wichtige über ihr Kind, ihre Familie etc. zu erzählen.

- Die pädagogischen Fachkräfte sollten wissen, was ihnen im Vorfeld für den Beginn der gemeinsamen Arbeit wichtig ist, über das Kind und seine Familie zu erfahren.
- Soll ein Erziehungsinterview durchgeführt werden?
- Soll – in Ergänzung zum Betreuungsvertrag – eine Übereinkunft über die gemeinsame Kooperation zur Erziehung und Bildung des Kindes geschlossen werden?
- Was sind die nächsten Schritte zur Aufnahme des Kindes?
- Was soll schriftlich festgehalten werden? Für das Team? Für die Eltern?

In einem aufgeschlossenen Team kann die Situation des Aufnahmegesprächs in einem Rollenspiel durchgespielt werden: Welche Rollen werden vorgegeben (Leitung oder eine andere das Gespräch führende Fachkraft, Eltern – gegebenenfalls mit spezifischen Zuschreibungen wie gehobene Mittelschicht, aus sogenannten einfachen Verhältnissen etc.)? Zum Abschluss erfolgt eine Auswertung: Wie haben sich die Rollenspieler in ihrer Rolle erlebt? Was war förderlich, hilfreich? Was weniger hilfreich? Welche Konsequenzen sollen für den Alltag gezogen werden?

4.1.3 Die Eingewöhnung für Kind und Eltern

Während der Eingewöhnung weiten sich die Bindungserfahrungen der Kinder auf weitere Personen aus. Insbesondere für Kleinstkinder, die einem autonomen Sozialisationsziel der Eltern folgend aufwachsen (vgl. Kapitel 1.4.3), stellen bis zu diesem Zeitpunkt die Eltern in aller Regel die einzigen wichtigen Bindungspersonen dar. Die Eltern bilden quasi eine Brücke für die Kinder, damit diese durch neue Bindungen andere Ufer kennenlernen können. Der Übergang wird für das Kind leichter, wenn es spürt, dass sich die Eltern und die neuen Bezugspersonen kennen und dass die bisher vertraute Lebenswelt mit der neuen Lebenswelt »Kita« verbunden ist (Wehinger 2010, S. 22ff.). Dabei sind die pädagogischen Fachkräfte sensibel für den jeweiligen Erziehungsstil der Eltern, der je nach kulturellem oder sozialem Hintergrund unterschiedlich sein kann und somit die Gestaltung der Eingewöhnung beeinflusst (vgl. Kapitel 1.4.3). Die unterschiedlichen Sozialisationsmodelle, in denen Kinder aufwachsen – Autonomie und Relationalität –, wirken sich auf die Eingewöhnung der Kinder aus. Kinder, die selbstverständlich in einem größeren Familienverbund aufwachsen (Relationalität) sind in aller Regel eher an andere Erwachsene gewöhnt als Kinder, die einem durch Autonomie geprägten Erziehungsideal folgend aufwachsen und eher die Mutter-Kind-Dyade gewohnt sind. Auch die Erwartungen der Eltern sind entsprechend unterschiedlich.

Sozialisationsmodelle wirken sich auf die Eingewöhnung aus

Aus der Sicht der Kinder sind nach erfolgreicher Eingewöhnung Eltern wie pädagogische Fachkräfte bedeutsame und Sicherheit gebende Personen, auch wenn die Bindungsqualität zu den Eltern von grundlegenderer Bedeutung ist, da sie in der Hierarchie der Bindungsintensität meist ganz oben steht. So erklärt sich für das Kind konsequenterweise die Bedeutung einer Kooperation von Eltern und pädagogischen Fachkräften. Denn die Bindungsqualitäten zu den für das Kind wichtigsten Personen werden durch die Kooperation der Beteiligten bestätigt. Es bieten sich somit keine Unsicherheiten für das Kind. Es darf sich auf neue Beziehungen einlassen, diese stabilisieren, ohne dass andere und frühere Beziehungen infrage gestellt werden. Paradoxerweise, aber »psycho-logisch«, zeigt sich, dass eine sichere Bindung zu den Eltern dem Kind die Freiheit gibt, neuen Bindungen gegenüber offen zu sein. Und neue sichere Bindungen eröffnen wiederum neue Freiräume für das Kind, seine Welt zu erforschen. Eltern, pädagogische Fachkräfte und Kind bilden somit ein Beziehungsdreieck, das aufeinander bezogen ist. Und: Je sicherer die Beziehungen untereinander sind, desto vertrauensvoller und freier können die Beteiligten, insbesondere die Kinder, agieren.

Eine sichere Bindung eröffnet Freiräume

Damit wird deutlich, dass die Eingewöhnungsphase nicht nur eine bedeutsame Phase für das Kind, sondern ebenso für die Erwachsenen darstellt (Ahnert 2010, S. 197 ff.). Die Bewältigung des Übergangs (Transition) stellt sich als Aufgabe für das ganze System: Kind – Eltern und Familie – Kindertageseinrichtung. Mit der Formulierung »Übergangsbewältigung« wird deutlich, dass die »Eingewöhnung« kein passives Erdulden ist, sondern die aktive Mitwirkung von Kind und Eltern gefordert ist (Griebel & Niesel 2011, S. 50 ff.). Bei einer gelingenden Ein-

Die Eingewöhnung betrifft Kind und Eltern

gewöhnung spürt das Kind, dass es in der Kindertageseinrichtung auch außerhalb des Elternhauses und ohne seine Eltern eine sichere Basis findet (Becker-Stoll u.a. 2014). Die pädagogischen Fachkräfte nehmen wahr, wenn es Hilfe braucht, sind emotional präsent und trösten, selbst wenn Mutter oder Vater nicht da sind. Das Kind bewältigt seine erste Übergangserfahrung. Und die Eltern gewöhnen sich daran, dass ihr Kind gut und sicher aufgehoben ist. Mütter und Väter möchten jeden Tag erfahren, wie es ihrem Kind ergangen ist. Der Übergang in die Kindertageseinrichtung bedeutet für die Eltern, in der Regel die Mutter, dass sie erstmalig über einen längeren Zeitraum nicht mit ihrem Kind zusammen sind, dass ihr Kind etwas erlebt, bei dem sie nicht dabei sind. Manche Mütter verunsichert dies, ohne dass sie den Grund benennen könnten. Hinzu kommt, dass gerade Kleinstkinder sich noch nicht ausreichend äußern können. Entsprechend sind die Eltern auf die Information durch die pädagogischen Fachkräfte angewiesen.

Die Bildungs- und Erziehungspartnerschaft erlangt in der Eingewöhnung somit eine erste Reife – trotz der einen oder anderen Herausforderung, der es sich zu stellen gilt. So haben manche Eltern einen unbewussten oder bewussten Zeitplan im Kopf. Der so erzeugte Zeitdruck wirkt sich nicht nur auf die Erwachsenen aus. Da Kinder in aller Regel sehr feinfühlig sind und gute Antennen haben, die Gefühlslage ihrer Eltern wahrzunehmen, kann sich diese Unruhe auch beim Kind auswirken, zum Beispiel durch verlangsamte Prozesse in der Eingewöhnungszeit. Hier kann es hilfreich sein, wenn die pädagogische Fachkraft mit dem eingewöhnenden Elternteil gemeinsam überlegt, wie der Zeitdruck gemindert werden kann.

Herausforderung: Zeitdruck der Eltern

Andere Eltern erleben einen massiven seelischen Druck: Wer meint, das Kind gegen seinen Willen abzugeben, empfindet starke Schuldgefühle. Diese Schuldgefühle können in Beschützerinstinkte umschlagen. Entsprechend kann es diesen Eltern schwerfallen, loszulassen. Dem Kind wird dann nur eingeschränkt die Möglichkeit gegeben, die sichere Beziehung zur Erzieherin oder zum Erzieher aufzubauen.

Herausforderung: Schuldgefühle der Eltern

Auch unbewusste Neidgefühle können auf die Beziehungsgestaltung während der Eingewöhnungsphase einwirken: Eltern, insbesondere Mütter, die darunter leiden, dass sie nun nicht mehr den gesamten Alltag ihres Kindes miterleben, oder die sich nicht sicher sind, dass sie die wichtigsten Bezugspersonen ihres Kindes bleiben. In diesen Fällen kann

Herausforderung: Neidgefühle der Eltern

es hilfreich sein, wenn diese Eltern in der Anfangsphase umfassend über das Verhalten und die Erlebnisse ihres Kindes in der Zeit des Einrichtungsbesuchs informiert werden oder die Eltern ihrerseits gebeten werden, die Besonderheiten während der Nacht oder am Morgen mitzuteilen. Durch den intensiven Austausch über das Befinden des Kindes vertieft sich die Beziehung zwischen Eltern und pädagogischen Fachkräften und vermittelt so Sicherheit und Zuverlässigkeit sowie echtes Interesse. Auch hier gilt das Paradoxon: Die Zuverlässigkeit und Sicherheit fördern den Mut, loszulassen und sich neuen Erfahrungen zuzuwenden, die man auch als Eltern machen kann, wenn sich das Kind neuen Erfahrungen zuwenden darf.

Wegen der besonderen Bedeutung der Eingewöhnungsphase für Kinder und Eltern wird diese Zeit mittels spezifischer Eingewöhnungskonzepte gestaltet. Vielerorts ist das Vorhalten eines Eingewöhnungskonzeptes verpflichtend vorgesehen, um der notwendigen Qualitätsanforderung an die Bindungsqualität zu entsprechen. Am weitesten verbreitet ist das sogenannte Berliner Eingewöhnungsmodell (Laewen, Andres & Hédervári 2011). Die kultursensible Fachkraft (vgl. Kapitel 1.4.3) nimmt aufmerksam wahr, ob das Eingewöhnungsmodell zu den Sozialisationszielen der Familie und damit für Eltern und Kinder passt.

Beim Übergang des Kindes von der Familie in die Kindertageseinrichtung wird das Zusammenwirken von Eltern und pädagogischen Fachkräften besonders deutlich. Sie müssen sich darüber verständigen, was der Eintritt in die Kindertageseinrichtung für das Kind und die Familie bedeutet und wie der Übergang am besten durch alle Beteiligten vorbereitet und gestaltet werden kann. Es ist hilfreich, wenn die Eltern verstehen, warum die Eingewöhnung ein komplexer Prozess ist – in seiner Bedeutung für das Kind und für sie selbst.

Fragen zur Selbstreflexion

Mit Blick auf die Gestaltung und Intensivierung der Bildungs- und Erziehungspartnerschaft mit den Eltern können folgende Fragen und Aspekte Anregungen bieten:

Können sich die Eltern bei uns vorab über das spezifische Eingewöhnungskonzept der Kindertageseinrichtung informieren?

Gibt es für Eltern während der Eingewöhnungsphase eine attraktive Aufenthaltsmöglichkeit in der Einrichtung, zum Beispiel ein Elterncafé?

Gerade in der Anfangsphase ist es den Eltern wichtig – auch bei Kindern, die schon älter sind –, eine Rückmeldung zu erhalten, wie die Zeit in der Einrichtung für das Kind verlaufen ist. Wie kann diese Rückmeldung im Alltag gesichert verankert werden? Welche Möglichkeiten haben die Eltern, einen Eindruck zu erhalten, ob es ihrem Kind heute gut ging – gerade dann, wenn das Kind noch nicht sprechen kann?

Eltern anderer Kulturen (vgl. Kapitel 1.4.3) bringen möglicherweise ein anderes Verständnis für den Übergang in die institutionelle Betreuung mit. Wie können wir auf ihre Tradition und ihr Verständnis eingehen?

4.1.4 Exkurs: Marte Meo[28]

An dieser Stelle sei auf eine Methode hingewiesen, die in besonderer Weise geeignet ist, die natürliche Entwicklung eines Kindes zu fördern und zu unterstützen. Der Name Marte Meo (lat.: mars martis) bedeutet soviel wie »aus eigener Kraft« und fokussiert das Ziel der Methode (Nowak 2013, S. 290 ff.). Nicht Probleme werden in den Blick genommen, um diese zu kompensieren, sondern die Förderung von Entwicklung soll Schwächen überwinden helfen. In der Marte-Meo-Arbeit geht es darum, Entwicklungsbotschaften hinter einem (störenden) Verhalten zu sehen. Angestrebt wird, Entwicklungsblockaden zu erkennen, vorhandene Fähigkeiten und Fertigkeiten wahrzunehmen und an vorhandene Ressourcen anzuknüpfen (Bach 2012; Nowak 2013).

28 Näheres findet sich unter http://www.martemeo.com sowie beim Netzwerk in Deutschland unter: http://www.martemeo-deutschland.de.

Seit 1987 arbeitet die Niederländerin Maria Aarts an diesem Marte-Meo-Programm. Es ist geeignet für die alltägliche Umsetzung in Institution und Familie, im therapeutischen wie erzieherischen Alltag, und kommt in 38 Ländern dieser Welt bereits zum Einsatz. Bei diesem Ansatz werden Ausschnitte aus Alltagssituationen in der Familie oder im Kindergarten per Videofilm festgehalten und analysiert, um konkret entwicklungsfördernde Interaktionen herauszuarbeiten.

Marte Meo als Instrument eignet sich für die Arbeit der Kindertageseinrichtung ebenso wie in der Schule, in Krankenhäusern, in der Seniorenarbeit – eben überall dort, wo es die Eigenaktivität und Autonomie von Menschen zu stärken gilt (Nowak 2013, S. 294ff.). Marte Meo kann als Grundhaltung und Kommunikationsform gesehen werden: Dabei werden nicht nur dort Stärken und Ressourcen gefördert, wo diese als notwendig zur Überwindung von Schwächen gesehen werden, sondern auch gesunde und normale Entwicklungsverläufe gestärkt.

Warum ist Marte Meo für die Kindertageseinrichtung und insbesondere für die Erziehung, Bildung und Betreuung von Babys und Kleinstkindern so geeignet? Das Miteinander von pädagogischer Fachkraft und Säugling ist nicht durch eine natürliche Mutter- und Elternliebe und entsprechend intuitives Erziehungsverhalten geprägt, sondern verlangt eine professionelle Gestaltung der Beziehung. Marte Meo kann die Professionalisierung in der öffentlich verantworteten Säuglingsbetreuung unterstützen.

Praxisbeispiel

Eine in der Haltung von Marte Meo geübte pädagogische Fachkraft will dem Kind die Windel wechseln. Das Kleinstkind befindet sich bereits auf dem Wickelplatz. Die Erzieherin beobachtet das Kind, lokalisiert seinen Aufmerksamkeitsfokus, wendet sich mit Blickkontakt und Sprache dem Kind intensiv zu: »… Ja, jetzt wollen wir deine Windel wechseln. … Ich sehe, du schaust nach dem Mobile. Das tanzt schön. Du freust dich …«

Die Erzieherin bestätigt den Aufmerksamkeitsfokus des Kindes: »Ja, das gefällt dir. Wie sich das bewegt … ja, schau mal …« Sie wartet aktiv darauf, wie das Kind auf sie reagiert. Sie benennt die ablaufenden Ereignisse, Erfahrungen und Gefühle und nimmt naheliegende Erfahrungen vorweg: »Ja, jetzt werden wir deine Windeln wechseln … Ich ziehe dir deine Hose aus … wasche dir deinen Bauch, der wird jetzt nass, kitzelt das? … Nun mache ich dir den Po sauber, das gefällt dir gar nicht …«

Die Erzieherin bestätigt erwünschtes Verhalten unmittelbar: »Ja, prima, du hebst deine Beinchen und hilfst mir, so komme ich wunderbar an deinen Po …« Sie setzt das Kind in Beziehung zu seiner Welt, indem sie ihm Personen, Objekte und Phänomene vorstellt: »Hier ist deine frisch gewaschene Hose. Die ist ganz weich. Möchtest du fühlen … die Creme, die duftet, möchtest du einmal riechen?«

Die Erzieherin sorgt für angemessene Anfangs- und Endsituationen: »Jetzt sind wir fertig … ganz fein bist du jetzt … wollen wir mal schauen, was die anderen Kinder machen … Soll ich dich hochheben? Da kommen mir ja schon deine Ärmchen entgegen …«

Es geht darum, der Initiative des Kindes zu folgen

Es geht darum, der Initiative des Kindes, also seinem Tun zu folgen und es darin mit Worten und im Handeln zu begleiten und zu bestätigen. Ein solches Handeln

- setzt Struktur,
- bietet Kind und Erwachsenem Orientierung und Sicherheit,
- eröffnet Beziehungsmöglichkeiten,
- schafft Sprachanlässe und fördert die natürliche Sprachentwicklung,
- eröffnet autonome Handlungsmöglichkeiten für das Kind,
- setzt konsequent an einem frühpädagogischen Bildungsverständnis (Selbstbildung des Kindes, Ko-Konstruktion der Akteure) an (vgl. Kapitel 5.3).

Eine traditionell einseitig als Pflegenotwendigkeit wahrgenommene Arbeit wird so zur intensiven Erfahrung zwischen Erwachsenem und Kind. Das Kind wird nicht »abgewickelt«, sondern die Pflegesituation wird zu einer intensiven Bildungssituation. Die Haltung von Marte Meo entspricht der Haltung professioneller Frühpädagogik. Bei Marte Meo lernen und üben sich die Erwachsenen in dieser Haltung mittels Videoaufnahmen, die im Gespräch ausgewertet werden, um sich in der Wahrnehmung der Situationen von Kindern zu sensibilisieren und ein angemessenes Antwortverhalten zu zeigen.

Für die Gestaltung der Bildungs- und Erziehungspartnerschaft mit den Eltern kann diese Grundhaltung und Kommunikationsform, wie sie die Marte-Meo-Methode vorsieht, Anregungen bieten:

- Eltern, die wissen oder erleben, dass auf diese Weise auf ihre Kinder eingegangen wird, fühlen sich sicher und sehen ihr Kind bestens aufgehoben.
- Eltern können mit oder von den pädagogischen Fachkräften lernen, in ähnlicher Weise die Pflegesituationen ihres Kindes zu gestalten. Hier liegen Chancen insbesondere für Eltern und ihre Kinder aus bildungsfernen Schichten und sozial schwachen Milieus.

4.2 Formen der Zusammenarbeit mit einzelnen Eltern

4.2.1 Die Dokumentation der Bildungs- und Erziehungsprozesse des Kindes

Bei der Dokumentation geht es um die »Schätze« in der Entwicklung des Kindes

Die systematische Beobachtung und Dokumentation der Bildungs- und Erziehungsprozesse eines jeden Kindes gehören zum fachlichen Auftrag der pädagogischen Fachkräfte. Es ist gut, wenn die Eltern bereits im Aufnahmegespräch und durch das Kennenlernen der Konzeption der Einrichtung eine Vorstellung von der Bedeutung dieses pädagogischen Handelns erhalten. Für Eltern wichtig ist sicherlich, dass sie erfahren – durch Erklärung, Lektüre, insbesondere aber durch das Entwicklungsgespräch (vgl. Kapitel 4.2.2) –, dass es bei der Dokumentation von Bildungsprozessen nicht um eine Bewertung des Kindes im Vergleich zu anderen Kindern geht, schon gar nicht um ein Zeugnis, sondern dass die individuelle Entwicklungsgeschichte des Kindes im Fokus steht und die Schätze dieser Entwicklung gemeinsam entdeckt und gewürdigt werden wollen. Weil die Dokumentation von Beobachtungen originär zum Auftrag der Einrichtung zählt, bedarf sie nicht der expliziten Zustimmung der Eltern (vgl. Kapitel 2.1). Die pädagogischen Fachkräfte sollten aber darauf achten, dass die Eltern einen Zugang zu der Wertigkeit dieser Arbeit finden. Die Dokumentation – oft als Portfolio gestaltet und für Kinder wie Eltern zugängig – macht die Entwicklungs- und Bildungsstationen des Kindes sichtbar. Sie beinhaltet zum Beispiel Lerngeschichten, Fotos und Werke der Kinder oder auch Beiträge der Eltern.

Die Bildungsdokumentation und die ihr zugrunde liegenden Beobachtungsinstrumente sollten immer stärkenorientiert sein (vgl. Kapitel 1.4.4) (Kebbe 2009a). Letztlich spiegelt sich das in diesem Handbuch beschriebene Grundverständnis einer Bildungs- und Erziehungspartnerschaft mit den Eltern ebenso im Miteinander von pädagogischen Fachkräften und Kindern wider. Eine respektvolle, vorurteilsbewusste, kultursensible, ressourcenorientierte und dialogische Haltung fördert die Beziehung der pädagogischen Fachkräfte zu Kindern und Eltern gleichermaßen. Entsprechend ist es von großer Bedeutung für die Sicherung einer tragfähigen Erziehungspartnerschaft und als Instrument differenzierter Entwicklungsbegleitung des Kindes, dass sich die Beobachtungen nicht an den Defiziten oder ausschließlich an herausgehobenen Leistungen der Kinder orientieren, sondern dass sie dazu einladen, Stärken, Interessen und Themen der Kinder zu beschreiben (Kebbe 2009; Leu u. a. 2007). Bewusstes Dokumentieren bedeutet das Sammeln von Schätzen. Es bedeutet ebenso Auslassen, Lücke und Verzicht im Respekt vor dem erlebten Augenblick, der sich letztlich nicht immer fassen lässt, sondern gerade im Nicht-Festhalten-Müssen seine Besonderheit und Erlebnisspuren behält. Was in der Dokumentation und im Portfolio sichtbar wird, ist eine pädagogisch begründete, notwendigerweise begrenzte und gemeinsam mit Kindern und Eltern verantwortete Auswahl von erlebter Wirklichkeit.

Dokumentation – eine Arbeitsgrundlage auch für die Kooperation mit Eltern

Für die Bildungs- und Erziehungspartnerschaft mit den Eltern bietet die Dokumentation eine anschauliche, informative und zuverlässige Arbeitsgrundlage, um die Entwicklungsprozesse des Kindes in gemeinsamer Verantwortung in den Entwicklungsgesprächen in den Blick zu nehmen und zu fördern. Der Austausch über die Dokumentation kann Eltern Anregungen bieten, eigene Beobachtungen von zuhause mit in die Dokumentation einfließen zu lassen. Möglicherweise werden so die unterschiedlichen Lebenswelten des Kindes – zuhause und in der Einrichtung – sichtbar und bieten Anlass zum gemeinsamen Austausch für Eltern und pädagogischen Fachkräfte und helfen dem Kind, seine unterschiedlichen Welten zu verbinden. Für manche Eltern kann es hilfreich sein, eine »Sehhilfe« seitens der pädagogischen Fachkraft zu erhalten, um die Bedeutung des Beobachteten für das Kind verstehen und schätzen zu können. Was auf den ersten Blick banal erscheint, wird so möglicherweise auf den zweiten Blick in seinem Wert für das Kind oder die Kinder einer Gruppe für Eltern zugänglich.

Wenn das Kind die Kindertageseinrichtung verlässt, geht die Dokumentation stellvertretend für das Kind in die Hände der Eltern über (vgl. Kapitel 2.6).

4.2.2 Das Entwicklungsgespräch

Die Grundlage für das Entwicklungsgespräch ist die Beobachtung des Kindes und die Dokumentation seiner Bildungs- und Erziehungsprozesse. Praxiserfahrungen und Elternbefragungen zeigen, dass die meisten Eltern ein großes Interesse daran haben, von den pädagogischen Fachkräften konkrete Rückmeldungen und Informationen über das Verhalten und die Entwicklung ihres Kindes zu erhalten, insbesondere dann, wenn dies ressourcenorientiert geschieht (vgl. Kapitel 1.4.4).

Das gelegentliche persönliche Gespräch mit den pädagogischen Fachkräften über das eigene Kind ist den Eltern im Allgemeinen deutlich wichtiger als Mitbestimmungs- oder Mitarbeitsmöglichkeiten innerhalb der Kindertageseinrichtung (Schreiber 2004, S. 40). Beim Entwicklungsgespräch zeigt sich in besonderer Weise die gemeinsam wahrgenommene Verantwortung von pädagogischen Fachkräften und Eltern für die Bildungsbegleitung und Erziehung des Kindes. Daher ist das Entwicklungsgespräch in einigen Ländergesetzen als Aufgabe der Kindertageseinrichtung verankert.[29]

Mithilfe von aussagekräftigen Foto- oder Videodokumentationen kann die pädagogische Fachkraft mit den Eltern schnell ins Gespräch kommen. Zudem regen Mitteilungen an Eltern über die Interessen und Stärken ihrer Kinder den gemeinsamen Austausch an: Eltern sehen sich gefordert, aus ihrer Sicht von den Interessen und Stärken der Kinder zu erzählen. Hilfreich ist der Einsatz von Bildmaterial gerade auch bei Eltern, die aufgrund fehlender Deutschkenntnisse in der Kommunikation eingeschränkt sind (Leu u. a. 2007, S. 132).

29 So zum Beispiel in Bayern (Art. 11 Abs. 3 BayKiBiG) oder in Rheinland-Pfalz (§2 Abs. 1 Satz 3 Kindertagesstättengesetz).

In den Entwicklungsgesprächen bringt die pädagogische Fachkraft ihre Beobachtungen ebenso ein wie die Eltern die ihrigen. Eine die Eltern motivierende Frage kann daher sein, ob sie das Kind in den Schilderungen der pädagogischen Fachkraft erkennen und ob sie ähnliche oder andere Erfahrungen bzw. Beobachtungen gemacht haben (Textor 2006c, S. 49). In den Gesprächen wird oft deutlich, dass sich ein Kind in Familie und Kindertageseinrichtung unterschiedlich verhält. Auch die Perspektive der Erwachsenen kann eine unterschiedliche sein. Der gemeinsame Austausch und die Erörterung der unterschiedlichen Perspektiven können gegenseitig befruchtend sein; das gemeinsame Verständnis für die gegenwärtige Situation des Kindes wächst ebenso wie das für das jeweilige Gegenüber. Stets mit bedacht werden sollte die Möglichkeit, die Kinder selbst in das Entwicklungsgespräch mit einzubeziehen (Groot-Wilken & Warda 2009).

Eltern und Fachkräfte: Zwei Perspektiven auf das Kind

Die regelmäßigen Entwicklungsgespräche stabilisieren die Vertrauensbasis in der Bildungs- und Erziehungspartnerschaft mit den Eltern. Da Entwicklungsgespräche kontinuierlich stattfinden, können Veränderungen in der Lebenswirklichkeit der Familie wahrgenommen und berücksichtigt werden. Damit wird der systemischen Denk- und Arbeitsweise Rechnung getragen (vgl. Kapitel 1.4.7), nach der in einer Gesamtschau die für das Kind relevanten Systeme – Familie, Kindertageseinrichtung, Schule – in den Blick genommen werden.

Eltern können mithilfe strukturierter Fragebögen im Vorfeld eines Entwicklungsgesprächs ihre Kinder gezielt beobachten und sich so auf die gleiche Weise darauf vorbereiten, wie es auch die pädagogischen Fachkräfte tun. Dadurch findet der Austausch noch mehr auf Augenhöhe statt. Die Gespräche haben einen dialogischen Charakter und bieten beiden Seiten die Chance, ihre Überlegungen zur weiteren Förderung des Kindes einzubringen (Textor 2006f). Ein solch wechselseitiger Dialog beinhaltet viel Wertschätzung und Anerkennung für die Erziehungsleistung der Eltern, die sich so als Ansprechpartner für die Erziehung ihrer Kinder ernst genommen fühlen.

Anregungen für die Praxis

Nachstehend eine Sammlung von Aspekten und Fragestellungen, die für die Durchführung von Elterngesprächen mit Blick auf ihre Bedeutung für die Bildungs- und Erziehungspartnerschaft Anregungen bieten können (Groot-Willken & Warda 2009):

- Dem Gespräch sollte eine gute Vorbereitung vorausgehen: Was soll in dem Gespräch erreicht werden? Was soll angesprochen werden? Welche Kollegin oder welcher Kollege im Team soll im Vorfeld des Gespräches nach zusätzlichen Beobachtungen befragt werden? Ist eine Vorbereitung des Raumes notwendig? Welche Materialien werden benötigt, sind sinnvoll?
- Eltern in einem persönlichen Gespräch einzuladen, drückt eher Wertschätzung aus als eine schriftliche Einladung, gegebenenfalls auch in Form einer Liste mit Terminvorschlägen.
- Ideal ist, wenn beide Elternteile an dem Gespräch teilnehmen. Eltern, die nach einer Scheidung das gemeinsame Sorgerecht haben, sollten getrennt voneinander eine Einladung erhalten.
- Für einen befristeten zeitlichen Umfang, der den Themen und dem Alter des Kindes angemessen ist, kann bei Entwicklungsgesprächen das Kind selbst mit eingeladen werden, zum Beispiel um Teile seines Portfolios vorzustellen.
- Ein vorab gesetzter Zeitrahmen gibt Orientierung. Soll das Gespräch einer bestimmten Struktur folgen, ist es sinnvoll, sie vorab allen Teilnehmern vorzustellen.
- Den Eltern zu Beginn ein positives Erlebnis mit dem Kind zu berichten, drückt die stärkenorientierte Haltung aus, nimmt die Befangenheit der Eltern und erleichtert es, im Verlauf des Gespräches auch kritische Beobachtungen anzusprechen.
- Aussagekräftige Beispiele, die das Gesagte anschaulich machen, erleichtern das Verständnis. Sie sollen klar, prägnant und nachvollziehbar sein. Dies gilt für jede Art von Rückmeldun-

gen, insbesondere aber dann, wenn Eltern für ein Problem ihres Kindes sensibilisiert werden sollen.

- Die Eltern zu Wort kommen lassen.
- Bei Bedarf einen Dolmetscher hinzuziehen, sofern die Eltern einverstanden sind. Letzteres ist insbesondere dann von großer Bedeutung, wenn andere Eltern der Kindertageseinrichtung oder Personen aus dem sozialen Umfeld um Hilfe gebeten werden sollen, da es sich bei Entwicklungsgesprächen stets um vertrauliche Gespräche handelt.
- Am Ende des Gesprächs die Ergebnisse, die weiteren Handlungsansätze und/oder Lösungsstrategien protokollieren. Dabei dürfen auch gegensätzliche Beobachtungen und Einschätzungen schriftlich festgehalten werden.
- Am Ende des Gesprächs sollte das Positive herausgestellt werden, auch wenn während des Gespräches zeitweise Spannungen spürbar waren oder Ungeduld und Enttäuschung.
- Das Ritual der Verabschiedung markiert, wie die Begrüßung zu Beginn, den Rahmen des Gesprächs.

4.2.3 Tür-und-Angelgespräche

Tür-und-Angelgespräche ergeben sich insbesondere während der Bring- und Abholzeiten. Schon ein bewusstes, mit Blickkontakt verbundenes »Guten Morgen, Herr Müller« oder »Guten Tag, Frau Schmitz« – bei Eltern aus anderen Kulturen möglichst in ihrer eigenen Sprache – vermittelt wahrgenommen zu werden und willkommen zu sein. Von hoher Bedeutung ist die Nennung des Namens (nach der richtigen Aussprache des Namens kann gefragt und diese ggf. gemeinsam im Team geübt werden), denn dadurch wird unverkennbar vermittelt, dass das Gegenüber als individuelle Person gemeint ist. Es ist immer wieder erstaunlich, wie viel sich mit einem bewussten Blick wahrnehmen lässt: Ist mein Gegenüber wach und ausgeruht, heute besonders schick angezogen, hat der Gesprächspartner ein Glitzern in den Augen oder ist er am frühen Morgen schon müde und abgespannt oder am späten Nachmittag aufgedreht? In der Tür-und-Angelsituation können Details wahrgenommen werden, und es bietet sich die Möglichkeit, seitens der pädagogischen Fachkraft auch einmal ein spontanes Kompliment zu machen – ein neues Kleid, eine ausgefallen gemusterte Krawatte, sichtbare Urlaubsfrische, ein stolz getragenes Accessoire des Lieblingsvereins, ein mutiger neuer Haarschnitt, ein Outfit, das den beginnenden Frühling unterstreicht ... Komplimente stärken Menschen. Und quasi ganz nebenbei kann die pädagogische Fachkraft ihren ressourcenorientierten Blick trainieren (vgl. Kapitel 1.4.4).

Bewusster Blickkontakt

Tür-und-Angelgespräche vermitteln einen Eindruck, wie der Tag in der Familie begonnen hat oder für die abholende Person verlaufen ist und ermöglichen den schnellen Austausch aktueller und persönlicher Informationen. Dabei sollte allerdings auf die Vertraulichkeit der Inhalte geachtet werden, da Tür-und-Angelgespräche in aller Regel in einem ungeschützten Rahmen stattfinden. Wenn es die Situation notwendig macht, sollte ein geschützter Raum aufgesucht werden. Zu berücksichtigen und zu akzeptieren gilt es ebenso, dass nicht alle Eltern positiv auf Tür-und-Angelgespräche reagieren, manche das »Nebenbei« und »Mal eben« ganz klar ablehnen. Schlösser berichtet aus ihrer Beratungsarbeit, dass es im Türkischen einen Begriff für »Ein Gespräch in der offenen Tür« gibt, übersetzt etwa mit »Das Gespräch zwischen zwei Türen vorbeihuschen lassen«, der eher mit negativen Gefühlen verbunden wird. Gesprächsformate sind durch die Kultur geprägt (vgl. Kapitel 1.4.3). Kulturen vermischen sich; deshalb kann auch nicht davon ausgegangen werden, dass diese Wahrnehmung allen türkischen Eltern eigen ist. Grundsätzlich muss deutlich für die Eltern erkennbar sein, dass das Tür-und-Angelgespräch für alle Eltern als Möglichkeit besteht (Schlösser 2004, S. 45 f.) und nicht etwa ein Gradmesser für die Beliebtheit von Eltern bei den pädagogischen Fachkräften ist.

Austausch aktueller Informationen

Gesprächsformate sind auch durch die Kultur geprägt

Bei Kleinstkindern haben die kurzen Gespräche während der Bring- und Abholzeit eine besondere Bedeutung, da sich die Kinder aufgrund ihrer sprachlichen Entwicklung noch nicht so gut verbal mitteilen können. Die Erwachsenen übernehmen hier eine wichtige Vermittlerrolle: Ein kurzer Hinweis der Eltern am Morgen, dass eine unruhige Nacht hinter der Familie liegt, sich der nächste Zahn ankündigt oder das Lieblingsschmusetier nicht gefunden wurde, liefert Informationen, die im

Bei Eltern von Kleinstkindern ist das Tür-und-Angelgespräch besonders bedeutsam

Miteinander von Kindern und Erziehungspersonal der Einrichtung ausgesprochen hilfreich sind. Umgekehrt können die pädagogischen Fachkräfte beim Abholen des Kindes beispielsweise berichten, wie viel es gegessen und wie es geschlafen hat, wie oft es gewickelt wurde und wie der Windelinhalt beschaffen war, ob es zu anderen Kindern Kontakt hatte etc.

Um Tür-und-Angelgespräche zu initiieren, können Eintragungen in ein Gruppenbuch oder Mitteilungen über zentrale Beobachtungen per »post it« am Fach des Kindes die Eltern darauf aufmerksam machen, was es Neues gibt – sei es das erste Wort, das erstmalige freihändige Laufen etc. Gleichzeitig dienen diese Notizen den Erzieherinnen und Erziehern als Gedankenstütze und stellen gesammelt eine kontinuierliche Dokumentation dar.

Tür-und-Angelgespräche sind Ausdruck einer lebendigen Kommunikationskultur, die eine Bildungs- und Erziehungspartnerschaft aufrechterhält. Deshalb sollte während der Bring- und Abholzeiten der Kinder zumindest eine pädagogische Fachkraft anwesend sein, die sich ungestört den Eltern zuwenden kann. Dabei achtet sie darauf, dass die Gesprächskontakte kurz und die Gesprächsinhalte relevant sind, beschränkt sich somit auf das Notwendige und Sinnvolle.

4.2.4 Hospitationen der Eltern

Eine gelungene Erziehungspartnerschaft zeigt sich unter anderem dadurch, dass Eltern willkommen sind, am pädagogischen Alltag teilzunehmen. Im Rahmen von Hospitationen können sich Eltern ein eigenes Bild vom Alltag der Einrichtung und von den Aktivitäten ihrer Kinder machen. Sie erfahren, wie vielfältig die Erfahrungs- und Lernbereiche für ihre Kinder sind. Die Konzeption wird für sie handlungspraktisch erfahrbar. Eltern können die Relevanz von beispielsweise offenen Angeboten und freiem Spiel schlecht einschätzen, wenn sie nicht pädagogisch ausgebildet sind oder als Beobachter dabei sein können. Wer nicht begreift, wie viel das Kind beim Freispiel lernt, klammert sich an die Hoffnung, sein Kind mit einigen Stunden Musik-, Sport- und/oder Sprachunterricht zu fördern. Hospitationen der Eltern liegen damit durchaus im Interesse des Fachteams, da so die pädagogische Arbeit erfahrbar wird –, denn auch Erwachsene lernen wie die Kinder am nachhaltigsten und intensivsten über Erfahrung, verbunden mit der

Die Hospitation: Ein Angebot der Familienbildung

Möglichkeit, diese Erfahrung in einen theoretischen und strukturellen Rahmen einordnen zu können. Eltern erleben so, wie Erzieherinnen und Erzieher mit den Kindern umgehen, wie sie Probleme und Konflikte lösen, wie sie Angebote planen und durchführen (Wehinger 2010, S. 44ff.). Eltern können auf diese Weise Anregungen für den eigenen Erziehungsalltag erhalten. Die Möglichkeit zur Hospitation kann somit zugleich als ein Angebot der Familienbildung gesehen werden (vgl. Kapitel 4.3.5). Ganz nebenbei gewinnen Eltern Respekt angesichts des anspruchsvollen Arbeitsalltags der pädagogischen Fachkräfte.

Aktive Beteiligung der Eltern am Erziehungsalltag der Kita

Hospitierende Eltern können sich aktiv am Erziehungsalltag der Kita beteiligen; zudem bietet sich die Chance, die Eltern mit ihren Fähigkeiten und Ressourcen in die Arbeit einzubinden, zum Beispiel als Vorlesepaten oder Initiatorinnen und Initiatoren eigener Projekte (Textor 2006d). Sind Regeln vereinbart, die von Kindern, Eltern und pädagogischen Fachkräften gleichermaßen getragen werden, dann kann eine kontinuierliche Hospitation engagierter Eltern zugleich eine Entlastung für die Erzieherinnen und Erzieher im manchmal turbulenten Alltag bedeuten. Wichtig und notwendig ist es, dass im Vorfeld Erwartungen und Regeln im Team und mit den Eltern – sinnvollerweise mit der Elternvertretung – geklärt werden (Wehinger 2010, S. 45). Hospitierenden Eltern sollte die Möglichkeit zur Reflexion über das Erlebte und Gesehene gegeben werden (ebd.). Eine selbstverständliche Integration von Eltern in den Kindergartenalltag wirkt sich positiv auf die Atmosphäre der Einrichtung aus: Eltern fühlen sich willkommen und angenommen, die pädagogischen Fachkräfte unterstützt und gestärkt.

4.3 Formen der Zusammenarbeit mit Gruppen von Eltern oder der Elternschaft als Ganzes

4.3.1 Pädagogische Dokumentation

Die »Schätze« des Kita-Alltags heben

Mit pädagogischen Dokumentationen sind Formen der Darstellung des pädagogischen Alltags der Kindertageseinrichtung gemeint, die allen Eltern zugänglich sind. Dabei geht es nicht darum, den Eltern herausragende Projekte oder Happenings zu präsentieren, sondern darum, die Chance zu nutzen, die Schätze des Alltags zu heben und sie den Eltern präsent zu machen.

Anregungen für die Praxis

Bei pädagogischen Dokumentationen kann in besonderer Weise der stärkenorientierte Blick frühpädagogischen Handelns deutlich werden, wenn Objekte, Bilder und Texte die Ressourcen jedes Kindes und der Kindergruppe erfahrbar werden lassen. Dies kann in vielfältiger Weise geschehen:

- Im Eingangsbereich der Kindertageseinrichtung oder im Aufenthaltsbereich für Eltern kann ein digitaler Bilderrahmen Fotos vom Tag oder von der Woche zeigen.
- Eine Fotowand kann die Projektarbeit verdeutlichen.
- Eine Bildabfolge von Fotos kann von einer Situation im Kita-Alltag berichten, in der ein oder mehrere Kinder vertieft einer Sache nachgehen.
- Ein Film oder eine Filmsequenz kann bei Elternabenden oder Gesprächskreisen für Eltern die Erläuterungen zur pädagogischen Arbeit anschaulich werden lassen.
- Teile der Konzeption können ausgehängt und mit Beispielen (Text und Bild) aus dem Kita-Alltag den Betrachtern nähergebracht werden.
- Die von den Kindern erstellten (Kunst-)Werke können mit Begleittexten und Fotos vom Entstehungsprozess versehen werden, damit ihre Bedeutung von den Betrachtern erahnt, nachempfunden und verstanden werden kann.
- Im Rahmen einer Vernissage können ausgestellte pädagogische Dokumentationen den Eltern Zusammenhänge und Beispiele der Bildungs- und Erziehungsarbeit aufzeigen. Bei der Vorstellung der Ausstellungsstücke können die Kinder ihrem Alter angemessen beteiligt werden.

Pädagogische Dokumentationen schaffen Anlässe, bei denen sich Eltern spontan oder im Rahmen einer gezielten Veranstaltung (Elternabend, Vernissage etc.) mit der Pädagogik der Einrichtung und der Entwicklung der Kinder befassen können. Möglicherweise ziehen die Kinder ihre Eltern beim Abholen gleich zu einem neu präsentierten Objekt oder Bild, das ihnen wichtig ist.

Pädagogische Dokumentationen schaffen Zugänge zu moderner Frühpädagogik

Pädagogische Dokumentationen sind nicht immer selbsterklärend (vgl. Kapitel 1.4.7). Für manche ist »frühpädagogischer Bildungserfolg« vergleichbar mit der Annäherung an moderne bildende Kunst. Auch dort helfen vielfach weder Verstand noch umfassendes Einfühlungsvermögen, um einen Zugang zu finden. So sind die pädagogischen Fachkräfte gefordert, diese Zugänge zu erschließen, sei es im Gespräch oder durch kurze schriftliche Kommentierungen des Ausgestellten. Auch im Entwicklungsgespräch kann auf die pädagogischen Dokumentationen verwiesen werden.

Für Eltern kann es anregend sein, wenn die pädagogischen Dokumentationen mit Fragen versehen sind, zum Beispiel: »Was denken Sie, wie oft Maike diese Bewegungsabläufe wiederholt hat? Was mag sie so gefesselt haben?« oder »Joshua probiert sein Gleichgewicht. Wie lange würden Sie als Erwachsener in dieser Haltung verharren können?« Durch begleitende Fragen wird der Blick der Betrachter gelenkt und zu einem intensiven Befassen mit dem Gesehenen eingeladen. Möglicherweise kommen mehrere Eltern dann auch miteinander ins Gespräch, um die Lösung zu finden, oder sie werden motiviert, ihre Kinder im Hinblick darauf zu beobachten.

So tragen pädagogische Dokumentationen zum einen dazu bei, dass die Arbeit der Kindertageseinrichtung transparent wird, zum anderen stärken sie den Blick der Eltern für die Bildungs- und Entwicklungsschritte der Kinder. Es wird möglich, die Vielfalt des pädagogischen Alltags in der Kindertageseinrichtung sichtbar werden zu lassen. Diese Vielfalt des Alltags korrespondiert mit den unterschiedlichen Ansprüchen der Eltern und gibt darauf Antwort. So können pädagogische Dokumentationen eine respektvolle Haltung und Wertschätzung mit Blick auf die Entwicklungspotenziale der Kinder, aber auch der geleisteten Arbeit des Fachkräfteteams aufseiten der Eltern fördern. Dies stärkt nicht nur die Bildungs- und Erziehungspartnerschaft von Eltern und pädagogischen Fachkräften, sondern auch die Eltern in ihrer Erziehungsverantwortung.

4.3.2 Elternbefragungen

Elternbefragungen in schriftlicher Form – auch mit der Möglichkeit, diese anonym zu beantworten – bieten für Träger, Leitung und Team vielfältige Chancen, die eigene Arbeit zu reflektieren und die Einrichtung konzeptionell weiterzuentwickeln (Bernitzke & Schlegel 2004, S. 245ff.). Die Fragen können sich beziehen auf:

- Strukturqualität der Einrichtung, zum Beispiel die Zufriedenheit mit den Öffnungszeiten
- Pädagogische Qualität der Einrichtung
- Wünsche und Verbesserungsvorschläge mit dem Ziel einer noch größeren Zufriedenheit der Eltern

Elternbefragungen erfordern zielgenaues Fragen

Elternbefragungen haben nicht zum Ziel, eine große Menge an Informationen zu sammeln. Vielmehr geht es darum, genau die Fragen in den Blick zu nehmen, die für die Arbeit der Kindertageseinrichtung zum Zeitpunkt der Befragung bedeutsam sind. Elternbefragungen können aber auch als gezielte Planungshilfe eingesetzt werden, um strukturelle oder inhaltliche Veränderungen vorab auf ihre Bedeutung für die Eltern zu überprüfen. Entsprechend kann die Elternbefragung vorausschauende oder rückblickende Aspekte der Einrichtung und ihrer Arbeit behandeln. Elternbefragungen vermitteln, dass nicht nur die Meinungen des Kindes, sondern die der ganzen Familie wichtig sind. Sie schaffen Offenheit und Verständnis, und dies zunächst unabhängig davon, ob die zurückgemeldeten Wünsche und Erwartungen erfüllt werden können.

Elternbefragungen kosten Zeit und Geld. Beides ist sinnvoll investiert, wenn die Eltern von den pädagogischen Fachkräften als wertvolle Informationsquelle angesehen werden. Voraussetzung ist weiterhin, dass eine grundsätzliche Offenheit bei den Fachkräften besteht, sich mit allen Befragungsergebnissen auseinanderzusetzen, die eigene Arbeit zu hinterfragen und gegebenenfalls zu verändern.

Auf jeden Fall sollte eine Resonanz auf die Rückmeldungen erfolgen, ansonsten könnten sich die Eltern nicht ernst genommen fühlen oder irritiert sein. Deshalb sollten alle Schritte der Befragung von Anfang an transparent gemacht werden, zum Beispiel wie ausgewertet, wie mit den Ergebnissen umgegangen wird, mit wem die Ergebnisse diskutiert werden etc. (Lorenz 2008).

Anregungen für die Praxis

Es gibt Fragen, die in regelmäßigen Abständen immer wieder neu von Interesse sind, wie zum Beispiel nach den Öffnungszeiten der Einrichtung oder der Qualität des Mittagessens. Sich aktuell aus dem Einrichtungsalltag ergebende Fragen machen eine Elternbefragung besonders interessant und erhöhen die Motivation, sich zu beteiligen.

Eine Elternbefragung ist ein Instrument der Sozialforschung (Lorenz 2008), entsprechend gilt: Je besser die Qualität des Fragebogens, desto engagierter die Beantwortung und umso höher der Rücklauf. Qualitätsaspekte sind (ebd.; Klein & Vogt 2008, S. 84):

- Ein motivierendes und erklärendes Anschreiben an die Eltern: Wer möchte etwas wissen? Warum? Einladung, sich zu beteiligen; Dank an die Eltern für die Beteiligung
- Ein den Inhalten angemessener Umfang des Fragebogens: nicht zu kurz (zeigt eher geringes Interesse an der Meinung der Befragten), nicht zu lang (kann zur Überforderung führen und demotivierend wirken)
- Ein ansprechendes, übersichtliches Layout
- Eine klare, verständliche und präzise Sprache; keine Fremdwörter
- Eine bewusste Wahl der Frageform: Es bieten sich geschlossene Fragen (d. h. Antwortmöglichkeiten sind vorgegeben) an, die mit offenen Antwortmöglichkeiten ergänzt werden können. Am Ende des Fragebogens ist eine offene Frage sinnvoll, etwa in der Art: »Was ich/wir sonst noch sagen möchten ...«
- Eine überlegte Sortierung der Fragen – von leicht (motivierend am Anfang) bis heikel / schwer / anspruchsvoll am Ende des Fragebogens

Die Fragen müssen erkennen lassen, dass der Ersteller des Fragebogens nicht nur wissen will, ob etwas gut oder schlecht ist, sondern warum dies so oder anders gesehen wird.

Elternbefragungen setzen voraus, dass die Eltern der Einrichtung der deutschen Sprache mächtig sind bzw. Eltern auf Hilfe zugreifen können, wenn dies notwendig ist. Für Eltern, die der deutschen Sprache nicht mächtig sind, ist ein solches Instrument nicht geeignet – es verschreckt eher. Hier könnte überlegt werden, ob Elterninterviews (Lorenz 2008) angebracht sind. Sie sind allerdings zeitaufwändiger und von daher nur mit einer zuvor getroffenen Auswahl an Eltern durchführbar. Entsprechend geben sie nur einen ansatzweise repräsentativen Eindruck wieder.

Alternative zum Fragebogen: Elterninterviews

Die Befragungen können mit den Eltern oder der Elternvertretung ausgewertet werden. Nach dem Auszählen der Ergebnisse ist zu überlegen, wie sie aufbereitet werden. Gibt es eine kurze tabellarische Übersicht? Gibt es eine schriftliche Zusammenfassung etc.? Dann ist zu prüfen, mit wem die Ergebnisse diskutiert werden und welche Umsetzungsschritte sich daraus ergeben.

Fragen zur Selbstreflexion

Mit wem werden die Ergebnisse der Elternbefragung diskutiert (z B. mit der Elternvertretung) und wie werden sie kommuniziert (als Diskussionsangebot an alle Eltern, mit externer Moderation etc.)?

In welcher Weise werden die Ergebnisse der Befragung und Auswertung den Eltern rückgemeldet (z. B. in Form eines Elternbriefes, eines informativen Aushanges, im Rahmen eines Elternabends …)?

Gibt es Ergebnisse, die zum Beispiel dem Träger der Einrichtung oder dem örtlichen Träger der öffentlichen Jugendhilfe bekannt gemacht werden sollten?

Was sind die nächsten Schritte, die der Elternbefragung folgen?

In welcher Weise erfolgt eine Dokumentation der Ergebnisse und der Konsequenzen aus der Elternbefragung?

4.3.3 Der Elternabend

Der Elternabend ist eine Form institutionalisierter Kooperation mit langer Tradition – in der Kindertageseinrichtung wie in der Schule. Wird er für das Erreichen der angestrebten Ziele und für die spezifische Elternschaft der Kindertageseinrichtung als geeignet angesehen, bieten sich vielfältige und kreative Möglichkeiten der Gestaltung an. An dieser Stelle soll daher nicht der Ablauf eines Elternabends (siehe hierzu Bernitzke & Schlegel 2004, S. 164ff.) in den Blick genommen, sondern auf Aspekte hingewiesen werden, die im Vorfeld der Planung eines Elternabends Anregungen bieten können.

Anregungen für die Praxis

Hier eine Auswahl an Anregungen hinsichtlich der Gestaltung eines Elternabends (Bernitzke & Schlegel 2004; Schlösser 2004; Textor 2013):

- Wie lange können die Eltern – möglicherweise nach einem langen Arbeitstag – konzentriert Wortbeiträgen zuhören? Was kann dazu beitragen, die Aufmerksamkeit der Eltern zu erhalten bzw. zu erhöhen?
- Wird erwartet, dass alle Eltern – Mütter und Väter – kommen oder nur eine bestimmte Zielgruppe, wie etwa die Eltern von Kleinstkindern? Wie werden die Erwartungen unter Berücksichtigung des Grundverständnisses der Bildungs- und Erziehungspartnerschaft kommuniziert (vgl. Kapitel 1)? Und wie erfahren Eltern, denen es nicht möglich war, am Elternabend teilzunehmen, von den für sie bedeutsamen Ergebnissen?
- Sind die Eltern der deutschen Sprache mächtig? Wenn nein, wie kann ihnen geholfen werden, damit sie den Inhalten und dem Verlauf des Elternabends folgen und sich selbst einbringen können?
- Wie können beide Elternteile – Mutter und Vater – zur Teilnahme motiviert werden?

- Wie erfolgt die Begrüßung der Eltern? Wie werden die anwesenden Eltern unterstützt, sich gegenseitig kennenzulernen?
- Wie kann das möglicherweise unterschiedliche intellektuelle Niveau der Eltern berücksichtigt werden? Was ist zu tun, damit sich so viele Eltern wie möglich mit Herz, Sinn und Verstand einbringen?
- Wie können die Eltern für Neues gewonnen werden, zum Beispiel durch eine Arbeit in Kleingruppen etc.?

Nun einige Anregungen hinsichtlich der Ziele des Elternabends:

- Was soll mit dem Elternabend erreicht werden: Kennenlernen der Eltern untereinander? Informationen über ein pädagogisches Thema aus dem Alltag, das aktuell viele Eltern beschäftigt? Wahl der Elternvertretung? Wer benennt die Ziele oder ist bei der Erarbeitung der Ziele und Vorbereitung des Abends zu berücksichtigen?
- Ist der Elternabend wirklich die geeignete Form, die Ziele oder Teile dieser Ziele zu erreichen?
- Wie wird nach Durchführung des Elternabends überprüft, ob die Ziele erreicht wurden?

Weitere Anregungen hinsichtlich des äußeren Rahmens:

- Ist daran gedacht, in der Einladung nicht nur den Beginn des Elternabends festzulegen, sondern auch das Ende, damit die Eltern ungefähr wissen, wann sie wieder zuhause sein werden?
- Sind die Räumlichkeiten einladend oder bedarf es noch einer besonderen Gestaltung?
- Gibt es ausreichend Stühle für Erwachsene?
- Welche Sitzordnung (Sitzreihen, Tischgruppen, großer Kreis etc.) ist – entsprechend der inhaltlichen Gestaltung – an diesem Abend sinnvoll?

- Bedarf es besonderer Materialien, zum Beispiel Kopien von Informationen, damit nicht alle mitschreiben müssen?

Zum Schluss einige Anregungen für den Ablauf des Elternabends:

- Geht aus der Einladung an die Eltern eine aussagekräftige Tagesordnung hervor? Wie wird das gewählte Thema, die Tagesordnung begründet?
- Ist der Ablauf des Abends mit den Referentinnen und Referenten abgestimmt, die zu einem bestimmten Thema eingeladen worden sind?
- Wie werden wichtige Ergebnisse gesichert?
- Wie wird eine Rückmeldung der Eltern eingeholt?

4.3.4 Gesprächskreise für Eltern

Elterngesprächskreise, zum Beispiel zu Erziehungsfragen (Bernitzke & Schlegel 2004; Azun 2013, S. 234f.), bieten eine Möglichkeit, die Zusammenarbeit zwischen pädagogischen Fachkräften und Eltern partnerschaftlich zu gestalten und zu intensivieren. Sie können als spezifische Form des Elternabends gesehen werden. Eine dialogische Struktur der Gesprächskreise erlaubt es den anwesenden Eltern, über ihre Erfahrungen, Sorgen, Fragen und Probleme zu sprechen (vgl. Kapitel 1.4.5). Oft bleiben Eltern mit vielen Fragestellungen allein oder erleben im Austausch mit Verwandten, Freunden und Bekannten keine Hilfe. In der Kindertageseinrichtung finden sie einen geschützten Raum und erleben eine wohltuende Atmosphäre unter Gleichgesinnten.

Themen ergeben sich aus dem pädagogischen Alltag der Einrichtung

Die Einladung zum Gesprächskreis geht von der pädagogischen Fachkraft aus. Sie bereitet die Treffen vor und moderiert sie. Die Themen können sich aus den Gesprächen mit Eltern im pädagogischen Alltag der Kindertageseinrichtung ergeben, vielleicht wird ein konkreter Wunsch seitens der Eltern vorgetragen. Im Team der pädagogischen Fachkräfte können Beobachtungen ausgetauscht werden, welche Themen für die Eltern relevant sein könnten.

Neben dem Bedürfnis der Eltern nach Austausch besteht ein Interesse an Sachinformationen. So kann die pädagogische Fachkraft im Rahmen des Gesprächskreises ihr Wissen weitergeben, zum Beispiel zu Aspekten frühkindlicher Entwicklung oder zu pädagogischen Inhalten der Kindertageseinrichtung. Zugleich kann sie immer wieder die Perspektiven der Kinder einbringen, um die es ja letztlich geht, und so verdeutlichen, was Kinder für eine gute Entwicklung benötigen (Klein & Vogt 2008, S. 166ff.).

Die Perspektiven der Kinder einbringen

Die den Gesprächskreis moderierende Fachkraft achtet darauf, dass Bewertungen und Schuldzuweisungen durch andere Eltern unterlassen werden, wenn es darum geht, einem berichtenden Elternteil Rückmeldung zu geben. Eine ressourcenorientierte Haltung geht davon aus, dass alle Eltern grundsätzlich das Beste für ihre Kinder wollen (vgl. Kapitel 1.4.4). Eltern sind die Experten für ihre Kinder. Diese Überzeugung sollte deutlich benannt werden, denn sie entlastet die Eltern und schafft damit eine wesentliche Voraussetzung für ein vertrauensvolles Verhältnis. Neben der Botschaft »Ihr seid kompetente Eltern« vermittelt die Versicherung »Perfekte Eltern gibt es nicht« (selbst wenn sie in erzieherischen Berufen tätig sind) zusätzlich Entlastung für die Eltern, die sich vielfach durch ihr Umfeld unter erzieherischen Erfolgsdruck gesetzt sehen oder darunter leiden, vermeintlich zu versagen. Mütter und Väter werden so ermutigt, von ihrem Elternsein zu berichten. Sie können erzählen, was ihnen wichtig ist, wo sie sich als Eltern uneins sind, was ihnen gut oder was weniger gut gelingt. Indem die pädagogische Fachkraft immer wieder Fachkenntnisse einbringt und durch die Rückmeldungen und Berichte der anderen Teilnehmer erweitern die Eltern ihr Wissen und Handlungsrepertoire. Die pädagogische Fachkraft hingegen erhält einen Einblick in die Lebensbedingungen und Erziehungsvorstellungen der Eltern und kann diese Erfahrung in die weitere Zusammenarbeit mit den Kindern und ihren Eltern einbringen.

Es geht darum, Eltern zu stärken

Am Ende des Gesprächskreises wird eine kurze Auswertungs- und Abschlussrunde durchgeführt. Folgende Fragen können dabei hilfreich sein:

- Was nehmen Sie heute mit? Was war hilfreich, was weniger hilfreich?
- Welche neue Anregung haben Sie erhalten?
- Was bleibt offen, konnte nicht geklärt werden?

4.3.5 Elternberatung und Familienbildung

In der Regel verbindet man mit Elternberatung und Familienbildung spezielle Institutionen und Professionen der Erziehungs-, Ehe-, Familien- und Lebensberatung bzw. institutionalisierte Formen der Familienbildung, wie sie sich in Volkshochschulen, Familienbildungsstätten etc. finden[30]. Und dennoch bietet gerade der Alltag einer Kindertageseinrichtung für Eltern und Familien vielfältige Möglichkeiten der Familienbildung – mal bewusst seitens der Eltern wahrgenommen, mal gezielt seitens der pädagogischen Fachkräfte angeboten, mal unbewusst und sozusagen nebenbei im gemeinsamen Tun, durch das Zuschauen/Beobachten bzw. das Gespräch der Eltern mit den pädagogischen Fachkräften oder der Eltern untereinander.

Der Kita-Alltag bietet vielfältige Möglichkeiten der Familienbildung

Versteht sich die Kindertageseinrichtung als Familienzentrum (vgl. Kapitel 4.3.6) mit einem entsprechend erweiterten Konzept und strukturell angepassten Rahmenbedingungen, so wird sie selbst zur spezialisierten Institution für Familienbildung.

Es ist gut, sich die Möglichkeiten der Elternberatung und Familienbildung im Alltag der Kindertageseinrichtung zu vergegenwärtigen (Stolz 2007). Ebenso wichtig ist es, dass die pädagogischen Fachkräfte um ihre Grenzen in der Elternberatung und Familienbildung wissen. Der Alltag der Kindertageseinrichtung bietet vielfältige Anregungen für die Eltern, ohne dass diese gezielt als Lern- und Bildungsangebote betitelt werden müssen. Dies begründet sich vor allem in der Vorbildfunktion der pädagogischen Fachkräfte. Eltern werden sie als Beispiel im Umgang mit Kindern beobachten, sich anregen lassen und vielleicht etwas aus dem Wahrgenommenen in die eigene Praxis übernehmen.

Eltern suchen oft Tipps und Ratschläge bei den pädagogischen Fachkräften

Klassische Angebote der Elternberatung und Familienbildung haben sich stets mit dem Vorwurf der »Komm-Struktur« auseinanderzusetzen, d. h. Eltern müssen sich aufmachen und zu diesem speziellen institutionellen Angebot hinkommen. Oder es muss um die Teilnahme an Familienbildungsangeboten geworben werden, um dann mit dem Vorwurf konfrontiert zu werden, dass stets die kommen, die es nicht nötig haben. Die Kindertageseinrichtung demgegenüber besuchen nahezu alle

30 Eine kritische Übersicht zu unterschiedlichen Konzepten der Elternbildung (Elternkurse, Elternwerkstätten als Angebot in Kindertageseinrichtungen) findet sich bei Tschöpe-Scheffler (2006). In einer Synopse werden die Ansätze nach ihren Zielen, Inhalten und Methoden verglichen.

Familien; sie gehört zum familiären Alltag. Insofern ist es sinnvoll, die Chancen dieser alltäglichen Familienbildung bewusst in den Blick zu nehmen und gezielt zu nutzen.

Anregungen für die Praxis

Eltern, insbesondere Mütter, die sich in ihrem familiären Alltag überfordert sehen und so die mit ihren Kindern wahrgenommene Zeit nur oberflächlich und für das Kind wenig intensiv gestalten, können von den pädagogischen Fachkräften eingeladen werden, gezielt Alltagssituationen in der Kindertageseinrichtung zu erleben. So können Mütter von Kleinstkindern zum Beispiel in die Situation des Windelwechselns einbezogen werden. Sie erfahren dabei, dass die Pflegesituation zahlreiche Erziehungs- und Bildungsanlässe schafft, die mit wenig mehr Zeitaufwand die Beziehung zum eigenen Kind positiv beeinflussen, möglicherweise sogar zur emotionalen Entlastung beitragen können. Es ist auch denkbar, dass sich pädagogische Fachkräfte und Eltern gemeinsam mit dem Marte-Meo-Programm (vgl. Kapitel 4.1.4) beschäftigen oder es für Eltern eigene Möglichkeiten der Begegnung damit gibt. Eltern können im Rahmen von Hospitationen das Miteinander der Kinder und der Kinder mit den pädagogischen Fachkräften erleben. Sie erfahren so einfacher alternative oder erweiterte Handlungsmöglichkeiten für den eigenen Alltag und können ihr eigenes Erziehungsrepertoire erweitern.

Nicht selten gehen Eltern auf Erzieherinnen und Erzieher zu, wenn sie Fragen zur Erziehung haben oder sich in einer Sache im Alltag hilflos fühlen. So fragen Eltern zum Beispiel: »Mein Kind schläft abends so schlecht ein. Ich weiß mir nicht mehr zu helfen. Was kann ich tun?« Eltern erkennen in den pädagogischen Fachkräften die Kompetenz für Erziehungsthemen und wünschen Tipps, Ratschläge oder suchen Beratung. Ein kurzer Hinweis, ein Ratschlag aus der eigenen Berufserfahrung kann dabei vielfach ausreichen. Manche Fragen lassen sich jedoch nicht aus dem Stegreif beantworten, weil sie komplexer Natur sind. Vielleicht geht es den Eltern oder dem Elternteil aber auch darum, einmal das Herz ausschütten zu können. Dann ist es notwendig, die Tür-und-Angelsituation zu verlassen und einen – zeitlich und räumlich – geschützten Gesprächsraum aufzusuchen. Gut wäre es, wenn sich die Zeit für das Gespräch gleich einrichten ließe – gerade dann, wenn man merkt, dass das Sprechen dem Gegenüber nicht so leicht fällt und es Überwindung gekostet hat, das Gespräch mit der Fachkraft zu suchen.

Im weiteren Gespräch kann deutlich werden, dass sich die pädagogische Fachkraft selbst überfordert sieht, bei dem angesprochenen Thema Hilfe zu leisten. Dann kann es darum gehen, den Eltern Mut zu machen, weitere Hilfe in Anspruch zu nehmen (vgl. Kapitel 4.4.5). Dafür ist es notwendig, dass in der Einrichtung das Wissen über die im Einzugsbereich vorhandenen Dienste und deren Aufgabenfelder, Funktionen, Anschriften und Anmeldeverfahren sowie möglichst auch der Name des direkten Ansprechpartners vorhanden ist. Das Team der Kindertageseinrichtung sollte sich diese Netzwerk-Kenntnisse erarbeiten, sei es durch Besuche in den Institutionen, durch Arbeitsgemeinschaften im sozialen Umfeld oder weil man die Verantwortlichen anderer Einrichtungen, Behörden und Institutionen zu sich in die Einrichtung eingeladen, sich gegenseitig informiert und Kooperationsformen erörtert hat. In der Regel motiviert das Wissen über die Ansprechpartner und Abläufe Eltern zu weiteren Schritten. Nur in Ausnahmefällen – zum Beispiel wenn Sprachbarrieren bestehen – sollte seitens der Einrichtung in Anwesenheit der Eltern ein Kontakt zu einer anderen Institution aufgenommen werden. Denn es geht nicht darum, für die Eltern die Probleme zu lösen oder sich diese zu eigen zu machen, es geht vielmehr darum, dass Eltern in ihrer Selbstständigkeit gestützt und gestärkt werden. Hilfreich kann es auch sein, in anonymisierter Weise von anderen Eltern in ähnlichen Lebenslagen zu erzählen, die gute Erfahrungen machen konnten, indem sie andere kompetente Stellen hinzugezogen haben. Dies entlastet Eltern, weil sie spüren, dass es ihnen nicht alleine so geht und schon andere ähnliche Wege beschritten haben.

Die Themen der Eltern, die die pädagogische Fachkraft während ihrer Gespräche mit den Eltern oder durch deren Beobachtung wahrnimmt, können überdies zu Themen der Familienbildung werden, insbesondere dann, wenn die Themen von mehreren Eltern geäußert werden.

Anregungen für die Praxis

In der Kooperation mit Institutionen der Elternberatung und Familienbildung (Beratungsdienste, Volkshochschulen, Familienbildungsstätten, spezifische Fachdienste, Jugendamt etc.) sind verschiedene Möglichkeiten denkbar, die jeweiligen Angebote der anderen Fachdienste für die Kindertageseinrichtung und ihre Eltern fruchtbar werden zu lassen:

- Die Angebote der anderen Fachdienste werden den Eltern durch Auslage oder Aushang bekannt gemacht. Dabei sollte überlegt werden, ob alle Angebote den Eltern zur Kenntnis gebracht werden oder eine spezifische Auswahl erfolgt.
- Andere Fachdienste können zu spezifischen Themen eingeladen werden, um bei Eltern- oder Themenabenden darüber zu referieren. Dabei empfiehlt sich eine gemeinsame Vorbereitung mit den Kolleginnen und Kollegen der anderen Fachdienste, damit diese wissen, ob es ein spezifisches Interesse oder Vorfälle gibt, die die Eltern zu dem Thema motivieren. So können pädagogische Fachkräfte der Kindertageseinrichtung und Fachkräfte anderer Dienste solche Angebote auch gemeinsam durchführen.
- Anderen Fachdiensten können die Räumlichkeiten der Kindertageseinrichtung zur Verfügung gestellt werden. So gibt es vereinzelt Beratungsdienste, die Elternsprechstunden in Kindertageseinrichtungen anbieten, um so die Hemmschwelle für Eltern zu verringern und der »Komm-Struktur« eine »Geh-Struktur« im Sinne einer zugehenden Beratung entgegenzusetzen.

Eine Möglichkeit, die Erziehungskompetenzen von Eltern zu stärken, kann darin bestehen, Elternkurse in der Kindertageseinrichtung anzubieten und sich dabei gegebenenfalls mit anderen Kindertageseinrichtungen zusammenzuschließen, um ausreichend viele Interessenten zu finden. Auch hier ist es sinnvoll, bei Bedarf die Kooperation und Erfahrung anderer Fachdienste zu nutzen, gerade im Hinblick auf die eigenen Zeit- und Personalressourcen (Welzien 2006). Es gibt eine ganze Reihe von Programmen zur Stärkung der Elternkompetenz, wie die folgende Tabelle zeigt[31]. Bevor ein Programm eingesetzt wird, ist kritisch zu prüfen – im Austausch im Team oder mit anderen Fachdiensten –, ob das gewählte Programm für die Zielgruppe und ihre sozialen und kulturellen Hintergründe wirklich geeignet ist (Kalicki 2006).

Programm	Zielstellung	Weitere Informationen unter:
FUN (Familie und Nachbarschaft)	Familien aus gemeinsamer Nachbarschaft werden in ihrer Erziehung und Mitwirkung gestärkt und gefördert. Über acht Wochen hinweg für drei Stunden an einem Nachmittag pro Woche werden im Rahmen eines Familienstammtisches Eltern spielerisch in ihrer Elternrolle gefestigt und Erziehungskompetenz gestärkt.	www.praepaed.de
HIPPY	Mithilfe von standardisierten Spiel- und Lernmaterialien werden Kinder zwischen vier und sechs Jahren aus sozial benachteiligten Familien in ihrer kognitiven, sprachlichen und motorischen Entwicklung gefördert. Die Eltern führen selbst die Lerneinheiten durch. Gegenseitige Hausbesuche und Gruppentreffen unterstützen die Eltern.	www.hippy-deutschland.de Preiß 2013, S. 48 ff. Buck 2013
Liebevoll und kompetent	Es wird erprobtes Handwerkszeug und fundiertes Wissen für den Erziehungsalltag vermittelt. Dabei wird auf immer wiederkehrende und typische Themen aus langjähriger Praxis der Erziehungsberatung zurückgegriffen.	Conrad-Ladwein u. a. 2009
Marte Meo	Stärkung der Erziehungskompetenz; vielfältig einsetzbar – insbesondere bei Eltern von Kleinstkindern.	Vgl. Kapitel 4.1.4
Ostapje	Frühförderprogramm für Kinder ab 18 Monaten aus sozial benachteiligten Familien; insbesondere die Mütter werden von Hausbesucherinnen im richtigen Umgang mit Kleinkindern geschult.	www.dji.de/cgi-bin/projekte/output.php?projekt=321 Preiß 2013, S. 48 ff. Sann 2013

31 Vgl. auch die ausführliche Sammlung von Praxisporträts zur Elternarbeit (Stange u. a. 2013).

Programm	Zielstellung	Weitere Informationen unter:
Eltern-AG	Ausgebildete Mentorinnen und Mentoren begleiten Eltern, die von den Risiken sozial benachteiligter Lebenslagen betroffen sind, und fördern in Gruppendiskursen jene Kompetenzen, die es ihnen ermöglichen, souveräne, einfühlsame und fördernde Erzieher ihrer Kinder zu sein (Empowerment-Ansatz). Eltern-AG beruht auf einem systemisch-konstruktivistischen Menschenbild, das von der Gleichwertigkeit der Sicht der Eltern mit Risikobedingungen gegenüber anderen Sichtweisen ausgeht. Mentoren und Eltern begegnen sich auf Augenhöhe.	www.eltern-ag.de Armbruster 2006
Starke Eltern – starke Kinder	Neben der Stärkung der elterlichen Erziehungskompetenz stehen die Prävention von körperlicher und psychischer Gewalt in der Familie sowie die Stärkung der Mitsprache- und Mitbestimmungsrechte von Kindern im Mittelpunkt.	www.starkeeltern-starkekinder.de
STEP	Systematisches Elterntraining mit dem Ziel, die Kooperationsfähigkeit von Eltern und Familien zu erhöhen. Soziale Gerechtigkeit und demokratische Lebensführung sind dabei handlungsleitend.	www.instep-online.de
Triple P	In einem systematischen Elterntraining werden grundlegende Erziehungsfertigkeiten vermittelt.	www.triplep.de Born & Dirscherl 2013

Eine an Bedeutung gewinnende Informationsquelle für Eltern und pädagogische Fachkräfte ist das Internet. In den letzten Jahren etablierten sich verstärkt sogenannte Familienportale. Beispielhaft seien genannt:

- www.familienhandbuch.de, ein vom Staatsinstitut für Frühpädagogik (IFP) herausgegebenes internetbasiertes Handbuch insbesondere für Eltern, Erzieherinnen und Erzieher sowie Lehrkräfte
- www.familien-wegweiser.de, herausgegeben vom Bundesministerium für Familie, Senioren, Frauen und Jugend; bietet aktuelle Informationen und Tipps zu den Themen: Eltern werden, Eltern sein, Kinderbetreuung, Arbeit, Gesundheit und Wohnen

Anregungen für die Praxis

Ob Angebote anderer Fachdienste ausgelegt und ausgehängt oder gleich in der Kindertageseinrichtung durchgeführt werden: Die pädagogischen Fachkräfte sollten nicht nur Kenntnis über die Angebote, auf die sie hinweisen, haben, sondern es sollte sichergestellt sein, dass sie mit der Konzeption der Kindertageseinrichtung und der Haltung einer Bildungs- und Erziehungspartnerschaft vereinbar sind. Gerade dann, wenn die Räumlichkeiten der Kindertageseinrichtung anderen Anbietern zur Verfügung gestellt werden, sollten sich insbesondere Träger und Leitung bewusst sein, dass dies unter ihrem Dach geschieht und Auswirkungen auf ihren Ruf als empfehlenswerte Kindertageseinrichtung haben kann. Eine Kooperation, zumindest aber ein angemessener inhaltlicher Erfahrungsaustausch mit dem jeweiligen Anbieter ist daher Voraussetzung.

Arbeitet die Kindertageseinrichtung als Familienzentrum (vgl. Kapitel 4.3.6), dann sind die Schnittstellen zu anderen Professionen in der Regel stärker miteinander verzahnt, und die multiprofessionelle Ausgestaltung der Einrichtung kann zur Unterstützung der Eltern genutzt werden.

4.3.6 Exkurs: Die Kita als Familienzentrum

Die gesellschaftlichen Veränderungen und ihre Auswirkungen auf die Lebensgestaltung von Familien sind Auslöser für die Diskussion einer inhaltlichen Weiterentwicklung der Kindertageseinrichtungen zu Familienzentren. Viele Erfahrungen belegen, dass zusätzliche Wege und die Auseinandersetzung mit weiteren Institutionen die Inanspruchnahme ergänzender förderlicher Angebote durch Familien erschweren. Familienzentren können diese Hürden durch den Aufbau einer vernetzten Angebotsstruktur abbauen und so Familien eine stärkere Unterstützung anbieten (vgl. 14. Kinder- und Jugendbericht 2013, S. 402).

Die Vielfalt der Namen geht mit einer Vielfalt der Konzepte einher

Ebenso vielfältig wie die Begrifflichkeiten – Familienzentren, Häuser für Kinder, Eltern-Kind-Zentren, Mehrgenerationenhäuser etc. – sind die konzeptionellen Varianten der an den spezifischen Bedürfnissen von Familien orientierten Einrichtungsformen. Dabei besteht kein definierter Zusammenhang zwischen der Begrifflichkeit und dem Konzept der Institution, d. h. bei identischer Nennung finden sich durchaus unterschiedliche konzeptionelle Ausgestaltungen.

Die Analyse des Sozialraums bietet eine Grundlage für die Konzeption

Die Beachtung der Bedürfnisse der Eltern und Familien, die eine Kindertageseinrichtung nutzen, sollte im Sinne einer Sozialraumorientierung ein Qualitätsmerkmal jeder Kindertageseinrichtung sein. Die Analyse des Sozialraumes, des Umfeldes der Kindertageseinrichtung, wäre demnach Grundlage der konzeptionellen Ausgestaltung jeder Einrichtung. Entsprechend müsste an dem familienorientierten Konzept erkennbar sein, ob die Familien eher einer bildungsfernen Schicht zuzuordnen sind, einer gutbürgerlichen Mittelschicht, dem gehobenen Bürgertum oder eine Mischung darstellen. Handlungsleitend sollten dabei folgende zwei Fragen sein: Von welchen Angeboten profitieren die Kinder in besonderem Maße? Und stehen uns dafür die personellen und sächlichen Ressourcen zur Verfügung? Je nach Profil der Kinder und Eltern sowie der Ressourcen der Einrichtung können zum Beispiel diverse Angebote der Familienbildung in den eigenen Räumlichkeiten durchgeführt, enge Kooperationen mit Erziehungsberatungsstellen aufgebaut, geeignete Räume der Einrichtung für Familienfeiern zur Verfügung gestellt oder ein Babysitter-Dienst organisiert werden.

Wird die Kita ein Familienzentrum, so stellt dies eine strukturelle Weiterentwicklung dar

Gegenüber einer Kindertageseinrichtung mit dem konzeptionellen Schwerpunkt der Familienorientierung stellt die Angebotsform des Familienzentrums, so wie sie hier verstanden wird, eine konzeptionelle Weiterentwicklung dar, die neben der fachlich-inhaltlichen zugleich eine strukturelle Weiterentwicklung beinhaltet. Die strukturelle Weiterentwicklung zeigt sich darin, dass eine zuverlässige und verbindliche familienorientierte Infrastruktur geschaffen wird, d. h. Unterstützungsangebote für Familien (Beratungsdienste, Familienbildung, Gesundheitsdienste etc.) werden verbindlich miteinander vernetzt. Das setzt in aller Regel die Entscheidung einer übergeordneten Instanz voraus, um entsprechende Vereinbarungen mit den jeweils verantwortlichen Trägern und Institutionen zu schließen oder ein Angebot zu schaffen, das die verschiedenen Angebote vereinigt. Dabei stellt die Weiterentwicklung einen Prozess dar, der umfangreiche Überlegungen und organisatorische Fragenstellungen beinhaltet, die sich an unterschiedliche Verantwortungsträger richten. Dieser Prozess der Organisationsentwicklung findet sich als handlungsleitendes Material praxisnah für die Perspektive der Kindertageseinrichtung ausgeführt bei Diller und Schelle (2013).

Zwischen einer Kindertageseinrichtung mit deutlich ausgeprägter Familienorientierung in der Konzeption und dem beschriebenen Familienzentrum liegen unterschiedliche Formen der Abstufung in den Gestaltungsmöglichkeiten. Die Grenzen sind fließend. Weniger fließend sind meist die personellen und sächlichen Ressourcen. Konzeptionelle Ausrichtung und Schwerpunktsetzung der Einrichtung müssen mit den räumlichen, sächlichen und personellen Rahmenbedingungen korrespondieren.

In inhaltlicher Hinsicht geht es bei einem Familienzentrum darum, dass die Konzeption der Kindertageseinrichtung unter Berücksichtigung des Sozialraumes und einer durchgängigen Familienorientierung, die auch generationenübergreifend sein kann, eine deutliche Ausweitung erfährt. Beispielhaft für eine konzeptionelle Ausweitung seien nachstehende Aspekte genannt:

- Die Angebote der Einrichtung haben nicht nur die Eltern im Blick, die ihre Kinder betreuen lassen, sondern alle Familien des Sozialraumes.
- Die Bildungsangebote der Einrichtung haben nicht nur die Förderung der Kinder im Blick, sondern auch die Bildungsbedarfe der Eltern und anderer Erwachsener.
- Es findet eine Verzahnung unterschiedlicher familienunterstützender Angebote statt, zum Beispiel durch Kooperation oder Einbindung von Familienbildung, Beratungsdiensten, Angeboten des Gesundheitsbereichs (z. B. Hebammen), Babysitter-Diensten etc.
- Das Fachkräfteteam hat eine multiprofessionelle Perspektive und setzt sich aus Absolventen verschiedener Berufsabschlüsse zusammen.

Auch in struktureller Hinsicht sollte sich die konzeptionelle Weiterentwicklung einer Kindertageseinrichtung hin zum Familienzentrum abbilden. Dabei sollten die strukturellen Aspekte mit den inhaltlichen Aspekten konsequenterweise korrespondieren. Hier einige Beispiele für die Beachtung der strukturellen Aspekte:

- Die konzeptionelle Weiterentwicklung der Kindertageseinrichtung ist Bestandteil eines Gesamtkonzeptes des örtlichen Trägers der öffentlichen Jugendhilfe bzw. der Kommune mit dem Ziel der Gestaltung kommunaler Bildungslandschaften.
- Die finanziellen und personellen Ressourcen korrespondieren mit der konzeptionellen Ausgestaltung.
- Die Einrichtung ist nach Möglichkeit für alle Familien gut erreichbar, d. h. auch mit öffentlichen Verkehrsmitteln.
- Es erfolgt eine Weiterqualifizierung des Teams bzw. die multiprofessionelle Besetzung desselben wird berücksichtigt.

Praxisbeispiel

Das Land Nordrhein-Westfalen hat für Einrichtungen, die sich Familienzentrum nennen wollen, zur Voraussetzung gemacht, dass ein entsprechendes Gütesiegel erworben wird, das an vordefinierte Kriterien gebunden ist (www.familienzentrum.nrw.de). Die Kriterien zeigen, dass unterschiedliche Ausgestaltungen eines »Familienzentrums NRW« möglich sind. Die strukturelle Verantwortung für die Entstehung eines Familienzentrums obliegt in Nordrhein-Westfalen nicht dem örtlichen Träger der öffentlichen Jugendhilfe (Jugendamt), sondern wird durch die vom Land erlassenen Kriterien und definierten Förderbedingungen der Entscheidung des einzelnen Trägers einer Einrichtung überlassen.

Familienzentren können auf vielfältige Weise entstehen, zum Beispiel durch die Weiterentwicklung einer Kindertageseinrichtung oder durch den Zusammenschluss von Beratungsdiensten. Kindertageseinrichtungen sind insofern ein außerordentlich geeigneter Ort, weil sie als niedrigschwelliges und wohnbereichsnahes Angebot für Familien leichter zugängig sind als spezialisierte Institutionen. In einer Recherche hat das Deutsche Jugendinstitut (Diller 2006) drei Organisationstypen von Familienzentren klassifiziert:

Organisationstypen von Familienzentren

- Kindertageseinrichtung Plus: Eine Einrichtung setzt Schwerpunkte in der Familienorientierung und macht gegenüber einer klassischen Kindertageseinrichtung deutlich zusätzliche Angebote für Eltern und Familien.
- Kooperationsmodell: Mehrere Einrichtungen bzw. Träger entwickeln ein gemeinsames Konzept; die jeweiligen Stärken der Einrichtungen werden in einem Rahmenkonzept integriert.
- Zentrumsmodell: In einem Zentrum gibt es unterschiedliche Angebote unter einem Dach. Dabei ist durchaus denkbar, dass die Kindertageseinrichtung nicht Familienzentrum, sondern ein Teil desselben ist.

4.3.7 Eltern für die Mitarbeit gewinnen

Was ist der Sinn, Eltern für den Alltag der Kita zu gewinnen?

Die Bildungs- und Erziehungspartnerschaft mit den Eltern einer Kindertageseinrichtung kann gestärkt und bereichert werden, indem Eltern für die Mitarbeit gewonnen werden oder sich freiwillig engagieren. Was ist der Sinn, dass sich Eltern im pädagogischen Alltag der Kindertageseinrichtung engagieren können oder dafür gewonnen werden? Für Eltern handelt es sich um die Möglichkeit, einmal intensiv die Erlebniswelt ihres Kindes zu teilen. Kinder sind immer länger in außerhäuslicher Betreuung, sowohl über den Tag hinweg als auch an Lebensjahren. Durch die Beteiligung der Eltern können geteilte Zeit und gemeinsam Erlebtes ermöglicht werden. Für manche Eltern ist das Mitmachen im pädagogischen Alltag vielleicht sogar eine Möglichkeit, etwas im Umgang mit den eigenen Kindern zu lernen oder entwicklungspsychologische Erkenntnisse zu gewinnen und so die eigene Erziehungskompetenz zu stärken (vgl. Kapitel 4.3.5). Eltern, die sich beteiligen dürfen, können ihre eigenen Kompetenzen einbringen. Auch erfahren Eltern auf diese Weise etwas über die Anstrengungen des beruflichen Alltags der pädagogischen Fachkräfte. Dies kann zu einem Mehr an Verständnis füreinander führen. Dabei ergeben sich Gespräche über die Konzeption der Einrichtung, die für beide Seiten hilfreiche Anregungen und Verständnishilfen bieten können (Textor 2006d, S. 74). Für die Mitarbeit von Eltern bieten sich zahlreiche Anlässe und Möglichkeiten: Projekte mit den Kindern, unterstützende Hilfestellungen im pädagogischen Alltag (z. B. Vorlesepaten), Maßnahmen zur Gestaltung der Räumlichkeiten oder des Außengeländes und vieles mehr, so auch die Mitarbeit in der organisierten Elternvertretung.

Eltern engagieren sich im pädagogischen Alltag

Gibt es in der Einrichtung bereits eine Tradition, nach der sich Eltern bei Hospitationen (vgl. Kapitel 4.2.4) oder in Projekten unterstützend im pädagogischen Alltag engagieren können, dann bringen Eltern sich vielleicht bereits ganz selbstverständlich ein. Vielfach wird es jedoch erforderlich sein, die Eltern konkret anzusprechen, ob sie sich für das eine oder andere Vorhaben eine Mitarbeit vorstellen können. Durch die vielfältigen Kontakte einer funktionierenden Bildungs- und Erziehungspartnerschaft erfahren die pädagogischen Fachkräfte etwas über die Kompetenzen der Eltern und können sie gezielt ansprechen. Damit zeigen sie zugleich ihre Wertschätzung, werden die Eltern so als Individuen mit ihren persönlichen Stärken wahrgenommen. Aber auch ein Aufruf durch Aushang kann dazu führen, dass Mütter und Väter sich einbringen. Aus der Ehrenamtsforschung ist bekannt, dass ein Engagement oder Ehrenamt heute dann eher übernommen wird, wenn es zeitlich befristet ist und die Erwartungen, die an die Mitarbeit gestellt werden, beiden Seiten klar sind. Deshalb ist es gut, wenn die pädagogische Fachkraft konkret benennen kann, wie sich Mutter, Vater, Großeltern oder interessierte Nachbarn einbringen können und wie die Erwartungen genau aussehen.

Eltern engagieren sich in der Elternvertretung

Strukturell verankerte Kooperationsformen, wie zum Beispiel Elternausschüsse oder Elternbeiräte, sichern die Partizipation der Elternschaft als Ganzes. Elternvertretungen sind ein Beteiligungsorgan. Die gewählten Eltern sind eigenverantwortlich für die Wahrnehmung des ihnen zugesprochenen Vertretungsrechtes, d. h. Elternausschüsse und Elternbeiräte sind autonom tätig.

Eine kompetente Elternvertretung ist eine Chance für die Kita

Eine starke, d. h. kompetente und engagierte Elternvertretung ist eine Chance für die Kindertageseinrichtung. Sie kann die Interessen der Einrichtung wesentlich unterstützen, kann wertvolle Hinweise und Kritik zur Weiterentwicklung geben, sich bei der Öffentlichkeitsarbeit einbringen, weitere Eltern zur Mitarbeit motivieren, bei Konflikten mit andern Eltern der pädagogischen Fachkraft zur Seite stehen etc. Natürlich bedeutet eine starke Elternvertretung für Träger, Leitung und pädagogische Fachkräfte auch Herausforderung und Auseinandersetzung. Angst und Sorge vor übertriebenen Ansprüchen oder Einmischungen der kollektiven Elternschaft treten aber zurück zugunsten einer Haltung, die die Stärken und Fähigkeiten der gewählten Eltern sieht und die Bereitschaft zu Dialog und Diskurs erkennbar werden lässt.

Die im SGB VIII rechtlich verankerte Partizipation der Eltern sieht vor, dass die Erziehungsberechtigten an den Entscheidungen der Kindertageseinrichtung in wesentlichen Angelegenheiten der Erziehung, Bildung und Betreuung zu beteiligen sind. Dies sind insbesondere (Gerstein 2014, S. 69ff.; vgl. Kapitel 2.4):

- Die Grundsätze des pädagogischen Konzepts
- Die personelle, sächliche und räumliche Ausstattung
- Die Öffnungs- und Schließzeiten

Es ist naheliegend, dass diese Themen für alle Eltern von Bedeutung sind und somit von der Elternvertretung gegenüber den Verantwortungstragenden der Kindertageseinrichtung wahrgenommen werden.

Über die Art und Weise des Zustandekommens der Elternvertretungen ist in der Regel in den Ausführungsgesetzen der Länder keine detaillierte Vorgehensweise vorgegeben. Diese obliegt dann der Verantwortung des Trägers der Einrichtung. Zusammensetzung der Elternvertretung und Wahlverfahren, Kompetenzen und Kooperationsformen sollten transparent geregelt sein. Dies erleichtert die Einarbeitung neuer Elternvertretungen und schafft Orientierung in Konfliktsituationen.

Unterstützen der Träger, die Leitung und das Team die Elternvertretung, drücken sie damit ihren Wunsch nach einer gelingenden Bildungs- und Erziehungspartnerschaft mit den Eltern aus. Es gibt motivierte Eltern, die jedoch in ihrer Bereitschaft wahrgenommen und angesprochen werden wollen. Hilfreich ist es, wenn (neu) gewählte Elternvertretungen eine Einarbeitung erhalten (Gauly & Groß 2007). Dies kann entweder durch erfahrene Elternvertretungen erfolgen, gegebenenfalls auch im Zusammenschluss mehrerer Einrichtungen, oder die Trägerorganisation bzw. auch das Jugendamt kann gewonnen werden, eine allgemeine Einführung und Fortbildung für die Vertretungen von Eltern durchzuführen. Die Verantwortung der Kooperation mit der Elternvertretung obliegt insbesondere dem Träger und der Leitung einer Einrichtung

(Fthenakis u. a. 2009). Eine gute Kooperation mit der Elternvertretung und damit mit dem Kollektiv der Eltern wirkt sich in der Regel zugleich positiv auf die individuelle Bildungs- und Erziehungspartnerschaft mit den einzelnen Eltern aus.

Anregungen für die Praxis

Träger und Team können die Elternvertretung auf vielfältige Art und Weise unterstützen, zum Beispiel

- schaffen sie Möglichkeiten, dass die Eltern sich kennenlernen können – als Voraussetzung, damit sie überhaupt eine Elternvertretung wählen können;
- sprechen sie Eltern in Absprache mit der Elternvertretung an, um sie für die Mitarbeit in der Elternvertretung zu gewinnen;
- tauschen sie regelmäßig Informationen mit der Elternvertretung aus, zum Beispiel über bedeutsame Entwicklungen in der Einrichtung oder der Kommune/des Landes;
- stellen sie die Räumlichkeiten für die Treffen der gewählten Elternvertretung zur Verfügung.

4.4 Elternbeschwerden sowie Konflikte zwischen Eltern und pädagogischen Fachkräften

Eine ressourcenorientierte Haltung (vgl. Kapitel 1.4.4) verhilft pädagogischen Fachkräften dazu, Beschwerden und Konflikte als Chance zu sehen. Sie können zu Lernsituationen werden, in denen Erfahrungen gemacht werden, die zu einer Erneuerung von Beziehungen und Strukturen oder deren Weiterentwicklung führen. Konflikte können zu mehr Verständnis für die eigene Lebenssituation und die anderer führen und dazu beitragen, dass weniger Angst vor der Auseinandersetzung besteht. Sie sind somit eine soziale Lernchance für Kinder, Eltern und pädagogische Fachkräfte, wobei letzteren die Verantwortung für die Gestaltung der Konfliktbewältigung zukommt.

Die Kindertageseinrichtung ist eine gesellschaftliche Institution und repräsentiert entsprechend die Normen und Werte der vorherrschenden Kultur, bestehende Status- und Machtunterschiede wie sie sich in der deutschen Mittelschicht abbilden (Azun 2013, S. 225). Das pädagogische Team ist geprägt davon und es prägt selbst, auch wenn dies nicht so ausgesprochen wird, was im pädagogischen Alltag als normal, nicht normal, richtig oder falsch angesehen wird. Doch was ist normal oder richtig angesichts der Vielfalt der Individuen und Persönlichkeiten, die sich in der Kindertagesstätte treffen (vgl. Kapitel 1.4.2 & 1.4.3)? Fühlen sich Eltern in der ihnen eigenen Art und Weise die Welt zu sehen und ihr Leben zu gestalten nicht respektiert, dann verstummen sie oder werden ärgerlich. Auf diese Weise entstehen Situationen, in denen sich die pädagogischen Fachkräfte selbst als »ohnmächtig« und ganz und gar nicht als Repräsentanten einer gesellschaftlichen Institution erleben (Azun 2013, S. 225). Dominanzverhältnisse zu durchschauen ist für die Beteiligten nicht einfach. Beschwerden von Eltern oder ihr Verstummen sind daher wertvolle Anlässe, über das eigene Handeln zu reflektieren oder es zum Gegenstand eines Austausches im Team oder bei einer Supervision zu machen. Hier liegt eine Chance auf dem Weg zu einer inklusiven Pädagogik. Dabei gilt: Pädagogische Fachkräfte können ihre eigene Arbeit darstellen und begründen. Eltern müssen ihr Handeln nicht rechtfertigen (Prott & Hautumm 2004, S. 28). Die Haltung, dass aus Fehlern und Kritik nicht nur gelernt werden kann, sondern diese eine Basis für die Weiterentwicklung bieten, liegt dem Beschwerdemanagement zugrunde. Dieses wird im Folgenden ebenso in den Blick genommen wie klassische konfliktanfällige Situationen, wie sie der Alltag der Kindertageseinrichtung eben mit sich bringt.

Zu hinterfragen: Was ist normal, richtig oder falsch?

4.4.1 Beschwerdemanagement

Beschwerden von Eltern gehören zum Alltag einer Einrichtung und sind nichts Außergewöhnliches (Textor 2011, S. 98ff.). In der Beschwerde drückt sich das Recht der Eltern aus, ihrer Einstellung, Haltung und Ansicht Ausdruck zu verleihen.

Zum professionellen Umgang einer pädagogischen Fachkraft mit Beschwerden gehört es, dass sie diese nicht als persönlichen Angriff wahrnimmt (ebd.). Das nimmt der Kritik die vielfach erlebte Bedrohung und die damit verbundene Angst. Die pädagogische Fachkraft hat gelernt und lernt es immer wieder neu, mit Kritik positiv umzugehen. Ähnlich wie beim Umgang mit Vorurteilen (vgl. Kapitel 1.4.2) geht es darum, sich der Situation zu stellen, der eigenen Gefühle bewusst zu werden, das Anliegen der Eltern zu verstehen suchen und sich so auf den Sachverhalt zu konzentrieren.

Beschwerden sind in der Regel ein Hinweis darauf, dass Erwartungen nicht oder nur unzureichend erfüllt werden. Dabei geht es bei Erwartungen nicht zwingend um Handlungen oder konzeptionelle Umstellungen. Vielleicht geht es um die Erwartung eines (anderen) respektvollen Umgangs. So kann es sein, dass Eltern ihre Erwartung gar nicht richtig benennen können. Es ist vielleicht nur das Gefühl »Hier stimmt etwas für mich nicht«, das dann an einem äußeren Anlass festgemacht wird. Es ist also gut, auf die Spurensuche von Erwartungen zu gehen.

Die pädagogische Fachkraft achtet den Erziehungsauftrag der Eltern

Unerfüllte Erwartungen stellen – unabhängig davon, ob sie berechtigt oder unberechtigt sind – ein ernst zu nehmendes Problem dar, das für die Qualität der Einrichtung bedeutsame Hinweise enthält. Man stelle sich nur einmal vor, Eltern würden sich nicht beschweren, weil sie sich dies nicht zutrauen oder den Eindruck haben, die Einrichtung ist an ihrer Kritik und an einer Weiterentwicklung nicht interessiert. Oder noch gravierender: Die Eltern machen sich Sorgen, dass sich Beschwerden nachteilig auf ihre Kinder auswirken. Stattdessen melden sie ihr Kind in der nahegelegenen Kindertageseinrichtung eines anderen Trägers an. Damit geht der Einrichtung die Chance verloren, sich mit der Kritik der Eltern zum Wohl der eigenen Einrichtung auseinanderzusetzen. Im Extremfall kann dies die Existenz der Einrichtung bedrohen. Es wundert daher nicht, dass Handel und Wirtschaft großen Wert auf ein funktionierendes Beschwerdemanagement (Weber 2004, S. 44ff.) legen und Kunden, die Beschwerden äußern, nicht selten noch eine Anerkennung in Form geschenkter Ware zugesprochen bekommen, da man den wirtschaftlichen Wert dieser Form der Qualitätssicherung und Qualitätsentwicklung sieht und zu nutzen weiß.

Für den angemessenen Umgang mit Beschwerden empfiehlt es sich, ein Beschwerdemanagement (ebd.) einzurichten. Dieses sieht konkrete Abläufe und Zuständigkeiten für den Fall der Beschwerde vor:

- Wer übernimmt welche Verantwortung?
- Welchen Weg nimmt die Beschwerde?
- Welche Feedbackschleifen gibt es?
- Wie erfolgt die Rückmeldung an die Eltern?
- Wann ist die Beschwerde abgearbeitet?

Abläufe eines Beschwerdemanagements

Günstigenfalls werden Elternvertretungen bei der Erarbeitung solcher Ablaufpläne berücksichtigt. Das mag manchen zu eng erscheinen, kann aber eine äußerst hilfreiche Orientierung bieten, die allen Beteiligten Sicherheit gibt. Die Ablaufpläne weisen nicht nur Handlungsschritte, sondern auch Verantwortlichkeiten aus. So kann eine Kultur etabliert werden, in der es nicht einzig darum geht, Fehler zu vermeiden, sondern die Beschwerden als Anregung für eine gemeinsame Weiterentwicklung anzusehen. Dabei gilt: Eine hohe Quote an Beschwerden von Eltern ist ebenso kritisch zu bewerten wie eine sehr geringe.

Fragen zur Selbstreflexion

Im Umgang mit Beschwerden ist es hilfreich, auf nachstehende Fragen Antworten zu finden und Abläufe zu erarbeiten, die verbindlich festgelegt werden:

Wie ermutigen wir in unserer Einrichtung Eltern, ihre Kritik und Beschwerden offen zu äußern?

Wie gelingt es uns, Eltern zu vermitteln, dass wir sie und ihre Beschwerden ernst nehmen?

Wie gehen wir mit Beschwerden um? Wie sehen die konkreten Abläufe und Verantwortlichkeiten bei uns aus? Sind unsere Absprachen schriftlich fixiert, damit sie jederzeit – auch für neue Kolleginnen und Kollegen – nachzuvollziehen sind?

Es empfiehlt sich, das Beschwerdemanagement in einem Planspiel zu testen. Durch ein funktionierendes Beschwerdesystem kann die Anzahl der Konflikte wesentlich reduziert werden. Denn nicht selten entstehen aus Beschwerden konfliktträchtige und schwierige

Situationen, die zudem noch die Gefahr der Eskalation bergen können. Werden Beschwerden ignoriert, steigt die Wahrscheinlichkeit einer konfliktträchtigen Eskalation (Weber 2004).

4.4.2 Konfliktgespräche

Konflikte gehören wie Beschwerden zum Alltag einer Kindertagesstätte. Sie werden im Allgemeinen als anstrengend erlebt und gerne vermieden. Werden Konflikte jedoch nicht wahrgenommen, bearbeitet und einer stimmigen Lösung zugeführt, dann treten sie immer wieder auf, manchmal in den »unpassendsten« Situationen (Weber 2004). Das Risiko besteht vor allem darin, dass ein verschleppter Konflikt dazu führt, dass die Ursache oder der Anlass nicht mehr bewusst ist. Konflikte dehnen sich aus und eskalieren. Das geschieht in aller Regel nicht sofort, sondern vollzieht sich in beobachtbaren Stufen über einen entsprechenden Zeitraum (ebd., S. 13ff.). Erst dann gefundene Lösungen sind möglicherweise nur kurzfristig tragfähig, da sie nicht das eigentliche Problem erfassen und beseitigen konnten.

Konflikte sind Lernsituationen

Konflikte sind Lernsituationen (Weber 2004). Sie bieten damit Entwicklungschancen für die pädagogischen Fachkräfte, das Team, die Eltern und gegebenenfalls weitere Beteiligte. Konflikte ermöglichen damit die Sicherung und Weiterentwicklung der »Organisation Kita«. Für die Bewältigung eines Konfliktes ist es hilfreich, sich die Voraussetzungen für ein Gelingen der Bildungs- und Erziehungspartnerschaft zu vergegenwärtigen (vgl. Kapitel 1.4). Konflikte sollten zeitnah angesprochen werden. Zum einen, damit sie nicht eskalieren, zum anderen, damit die mit ihnen verbundene psychische und möglicherweise sogar körperliche Belastung überwunden werden kann. Auseinandersetzungen mit den Eltern in Tür-und-Angelsituationen sollten die pädagogischen Fachkräften vermeiden (Textor 2006f, S. 116f.). Hier sollte ein geschützter Raum aufgesucht oder ein zeitnaher Termin vereinbart werden.

Für die konkrete Durchführung eines Konfliktgesprächs schlägt Lindner (2013, S. 80) bestimmte Phasen des Gesprächsablaufes vor, an die sich die folgende Darstellung anlehnt:

Vorbereitung	▶ Den Raum als »dritten Gesprächspartner« sehen und angemessen vorbereiten (Lindner 2013, S. 48 ff.) ▶ Wer nimmt an dem Gespräch teil? ▶ Was soll angesprochen werden? Wann ist das Gespräch für alle Beteiligten gelungen? ▶ Die eigenen Haltungen überdenken: – Respekt und Wertschätzung (vgl. Kapitel 1.4.1) – Vorurteilsbewusstsein (vgl. Kapitel 1.4.2) – Beachtung ethnischer und sozialer Kulturen (vgl. Kapitel 1.4.3) – Ressourcenorientierung (vgl. Kapitel 1.4.4) – In den Dialog treten (vgl. Kapitel 1.4.5) – Systemische Perspektive (vgl. Kapitel 1.4.7)
Atmosphäre / Begrüßung	▶ Vorbereitung des Raumes ▶ Begrüßung und Benennung des Anlasses / Themas ▶ Sich vergewissern, ob Anlass und Thema von den Eltern geteilt werden ▶ Den Eltern die Möglichkeit geben, »Dampf abzulassen«
Die eigene Perspektive	▶ Den Konfliktanlass aus der eigenen Perspektive und dem subjektiven Wahrnehmen und Erleben schildern
Die Perspektive der Eltern	▶ Mit offenen (W-)Fragen den/die Gesprächspartner anregen, ihre Sicht zu schildern, zum Beispiel: Was wurde wahrgenommen? Wie wurde etwas erlebt? Welche Folgen gab es? Was ist wichtig zu benennen?
Dialog – gemeinsame Lösungssuche	▶ Gemeinsam Lösungen suchen und diskutieren ▶ Gemeinsamkeiten herausstellen ▶ Zwischenergebnisse festhalten
Vereinbarungen treffen	▶ Ergebnisse festhalten ▶ Gegebenenfalls Zeitplan für nächste Schritte festlegen ▶ Terminabsprache, um die Vereinbarungen gemeinsam zu überprüfen
Gesprächsende	▶ Wertschätzende Würdigung des Gesprächs ▶ Verabschiedung

Bei Konfliktgesprächen ist das aktive Zuhören besonders wichtig (vgl. Kapitel 1.4.5; Textor 2006f, S. 113ff.). Das Verständnis für das Anliegen des Gesprächspartners, auch wenn es begleitet von Gefühlsreaktionen und möglicherweise unqualifizierte Äußerungen vorgetragen wird, kann einen Machtkampf verhindern helfen (vgl. Kapitel 1.4.7). Erzürnte, aufgeregte Eltern können so erfahren, dass die pädagogische Fachkraft sie und das hinter ihrem Zorn liegende Problem sowie ihre Sorge verstehen will. Das bringt Ruhe in die emotional aufgeladene Gesprächssituation.

Anregungen für die Praxis

Kommt es trotz aller Bemühungen zu einer emotional aufgeladenen Situation mit den Eltern, dann bietet der sogenannte kontrollierte oder verzögerte Dialog eine Hilfestellung. Dabei vergewissern sich die Gesprächspartner wechselseitig des vom Gegenüber Wahrgenommenen und Gehörten, um Missverständnissen von vornherein vorzubeugen. Den Ablauf kann man sich wie folgt vorstellen (in Anlehnung an Textor 2006f, S. 117f.; 2011, S. 95ff.):

Leitfaden: Kontrollierter oder verzögerter Dialog

- Die erste Person (Vater / Mutter) spricht.
- Die zweite Person (pädagogische Fachkraft) gibt das Gehörte in eigenen Worten wieder.
- Die erste Person bestätigt, ob sie richtig verstanden wurde und ergänzt oder korrigiert die Aussage.
- Erst wenn die erste Person sich richtig verstanden fühlt, darf die zweite Person ihre Gedanken äußern. Sie fragt dann die erste Person, ob sie richtig verstanden wurde und bittet sie, das Gehörte und Verstandene zu wiederholen.
- Nun gibt die erste Person das Gehörte in eigenen Worten wieder, der kontrollierte Dialog beginnt aufs Neue.

Eine dialogische Haltung als Kommunikationsinstrument und Kommunikationskultur ist im Konfliktgespräch elementar. Dabei kann wiederum auf das Wissen und die Erkenntnisse der personenzentrierten Gesprächsführung nach Carl Rogers zurückgegriffen werden (vgl. Kapitel 1.4.5; Weinberger 2011). In der personenzentrierten Gesprächsführung folgt die für die Gesprächsführung verantwortliche Fachkraft ganz den Themen des Gegenübers und hält sich mit eigenen Statements und Meinungen zurück.

Bei eskalierenden oder von den Dialogpartnern nicht lösbaren Konflikten können externe Vermittler hinzugezogen werden, etwa Kolleginnen und Kollegen aus der eigenen Einrichtung oder aus der Fach- oder Erziehungsberatung.

Vorgehen bei Konflikten, die die Einrichtung als Ganzes betreffen

Betrifft der Konflikt nicht eine einzelne Familie, sondern eine Gruppe von Eltern – zum Beispiel im Hinblick auf eine unterschiedliche Bewertung der Konzeption und ihrer Umsetzung –, dann sollte die Leitung der Einrichtung frühestmöglich den Träger informieren und mit ihm deeskalierende Schritte erwägen. Auch hier ist es sinnvoll, bei Bedarf frühzeitig externe Hilfe hinzuziehen, wie etwa die Unterstützung des örtlichen Trägers der öffentlichen Jugendhilfe (Jugendamt) zu suchen, in Supervision erfahrene Fachberatungen oder in Fällen der vermuteten Kindeswohlgefährdung (vgl. Kapitel 5.6) die diesbezüglich erfahrene Fachkraft hinzuzuziehen. Gerade im Bereich von Kindertageseinrichtungen kommunaler Träger kann sich der interne Konflikt nach außen auswirken und zur politischen Auseinandersetzung führen. Wird dann der Konflikt nicht als Chance zur Weiterentwicklung gesehen (vgl. Kapitel 4.4.1), sondern zum politischen Machtspiel degradiert, bei dem es um die Sicherung und den Gewinn der eigenen Position geht, wird es konsequenterweise Verlierer geben. Im Kontext von Erziehung und Bildung geht die Verhärtung von Positionen, die Etablierung von Gewinnern und Verlierern, zulasten des gesamten Systems – Schaden nehmen alle. Professionelles Handeln in sozialen Gefügen hat Win-win-Situationen zum Anspruch; dies schließt Diskurs- und Aushandlungsbereitschaft sowie Kompromissfähigkeit ebenso ein wie verantwortungsbewusstes, entschiedenes und entschlossenes Handeln.

4.4.3 Auseinanderliegende Vorstellungen zum Bildungsverständnis

Viele Eltern wissen aufgrund der öffentlich stark wahrgenommenen Bildungsdebatte, dass eine frühe Förderung der Kinder Bildungschancen und vielfältige Zugänge eröffnet. Dennoch folgen Eltern nicht selten einem Bildungsverständnis, das in der Gesellschaft und in den Medien (noch) stark verankert ist, nicht aber dem Ansatz professioneller frühpädagogischer Praxis entspricht. Das Bildungsverständnis der Eltern ist damit oft stark kognitiv und leistungsorientiert ausgerichtet und sieht die Kita-Zeit insbesondere als eine Vorbereitung auf die Schule. Lernen wird mit Fähigkeiten und Leistungen verbunden, die weniger am einzelnen (eigenen) Kind wahrgenommen und beobachtet, sondern durch Messung und Beurteilung an einem imaginären Leistungsziel festgemacht werden. Hier zeigt sich, wie wichtig es ist, dass die pädagogischen Fachkräfte die Eltern an ein frühpädagogisches Bildungsverständnis heranführen – zur Entlastung der Eltern, zur Stärkung der eigenen Arbeit und zum Gewinn der Kinder (Bostelmann 2007, S. 42ff.). Kinder mit unzähligen Zusatzangeboten zu überhäufen, die sie weder brauchen noch verarbeiten können, setzt Eltern wie pädagogische Fachkräfte gleichermaßen unter Druck. Bei einer solchen »Bildungsjagd« würde man die vielfältigen sich entwickelnden, blühenden und Frucht bringenden Lernformen auf dem Weg und am Wegesrand übersehen oder gar zertrampeln. Stattdessen gilt es, den Eltern einen Zugang zu eröffnen, damit sich Bildung in vielen kleinen Prozessen im Alltag ereignen kann. Dabei ist es hilfreich, Eltern Einblicke in den Kita-Alltag zu geben (Wehinger 2010, S. 39ff.).

Umso bedeutsamer sind Entwicklungsgespräche, in denen die pädagogischen Fachkräfte, die Eltern und Kinder die Schätze der Bildungsbiografie des Kindes in den Blick nehmen, würdigen und wertschätzen (vgl. Kapitel 4.2.2). Den individuellen Bildungsspuren des Kindes folgend, können zusätzliche Förderperspektiven und -angebote in den Blick genommen werden. Je klarer Eltern auf diese Weise die Lernerfolge ihrer Kinder erkennen (lernen), umso weniger bestehen sie auf gelungenen Kreativitätsbeweisen wie etwa hübsche Marienkäfer, kantenreiche Scherenschnitte oder gemusterte Bastuntersetzer.

Praxisbeispiel

Eine Mutter ist sich unsicher, ob sie ihr Kind in der Englisch-Gruppe anmelden soll. Frühes Fremdsprachenlernen, so hofft sie, verschafft ihrem Sohn Martin einen Wissensvorsprung. Zudem gehen viele Freunde und Freundinnen des Vierjährigen in diese Projektgruppe. »Möchte Martin denn Englisch lernen?«, fragt der Erzieher nach. Die Mutter kommt ins Nachdenken. Sie antwortet: »Ich möchte, dass mein Kind keine Nachteile hat. Aber eigentlich spielt er lieber und interessiert sich mehr für die Werkecke.« Als ihr der Erzieher versichert, dass Martin nichts verlorengeht, wenn er sich nicht der Englisch-Gruppe anschließt, wird der Mutter sichtbar eine Last genommen. Der Erzieher kann ihr aufzeigen, dass Martin mit fremden Sprachen bereits im jetzigen Alltag der Kita zu tun hat und dass er – im Gegensatz zu anderen Kindern – mit sehr viel Geschick seinen Fähigkeiten in der Werkecke und bei naturwissenschaftlichen Projekten nachkommt.

Anregungen für die Praxis

Bildungserfahrungen kann das Kind in den alltäglichsten Situationen sammeln. Allein zum Beispiel die Mittagessen-Situation spricht unterschiedliche Bildungsbereiche an, die von den pädagogischen Fachkräften bewusst in den Blick genommen und ausgestaltet werden können:

- Die Kinder decken selbstständig die Tische. An den Tischen kann jeweils nur eine bestimmte Anzahl von Kindern sitzen. Der Zahlenraum von 1 bis x ist angesprochen.
- Vor dem Essen wird gemeinsam gesungen, zum Beispiel Lieder in verschiedenen Sprachen, oder es wird gemeinsam gebetet. Es gibt Tischgespräche. Sprache, religiöse und interreligiöse Bildungsbereiche können ausgestaltet werden.

- Ein bewusstes Gestalten der Tischkultur vermittelt unterschiedliche kulturelle Werte, stärkt soziale Umgangsformen und die Gemeinschaftsfähigkeit.
- Das Essen und die Nahrung als solches berühren das Thema Interkulturalität (Speisen unterschiedlicher Kulturen); Produkte und Methoden zur Essenszubereitung sowie das Händewaschen vor dem Essen berühren die Themen Gesundheit und Natur, aber auch Naturwissenschaften. Ebenso geht es um Nachhaltigkeit, d. h. den respektvollen Umgang mit Lebensressourcen.

4.4.4 Weitere konfliktanfällige Situationen

Missverständnisse und unklare Absprachen

Zusammenarbeit und Partnerschaft sind anfällig für Fehler. Eltern wollen weder enttäuschen noch die pädagogischen Fachkräfte kränken. Vielmehr sind sie im Interesse ihres Kindes an einem guten Verhältnis interessiert. Das Wissen um »systemische Denk- und Arbeitsansätze« (vgl. Kapitel 1.4.7) ermöglicht der pädagogischen Fachkraft einen Perspektivenwechsel. Ein systemisches Verständnis geht davon aus, dass das Handeln des Gegenübers einen Sinn ergibt. So kann es im Alltag schnell passieren, dass die pädagogischen Fachkräfte oder das Team der festen Überzeugung sind, dass sie sich und ihr Anliegen verständlich gemacht haben. Doch »Senden« einer Botschaft und »Empfangen« einer Botschaft ist von den vielfältigen Gewohnheiten des Betreffenden abhängig (Schulz von Thun 2010). Es ist hilfreich, durch Nachfragen und echtes Interesse zu überprüfen, ob enttäuschendes oder kränkendes Verhalten von Eltern möglicherweise auf Missverständnissen, also misslungenen Verständnissen, beruht (Prott & Hautumm 2004, S. 30 f.). Dies ist vielfach zugleich eine Möglichkeit etwas darüber zu erfahren, wie Menschen dieselben Dinge ganz unterschiedlich sehen können.

Das Senden und Empfangen von Botschaften ist von Gewohnheiten abhängig

Ständiges Zuspätkommen

Eine verschlossene Tür am Morgen, der Ausschluss des Kindes aus dem Morgenkreis oder Strafgebühren – Sanktionen treiben Eltern möglicherweise an, ihr Kind pünktlich zu bringen, liefern aber in der Regel keinen Verständnisgewinn. Sie schüren damit vielmehr das Konfliktpotenzial. Besser wäre es, das Verständnis der Eltern dafür zu gewinnen, dass Pünktlichkeit im Interesse ihres Kindes liegt und sich die Unverbindlichkeit beim Bringen auf das Kind auswirkt (Bostelmann 2007, S. 37 ff.). Kindern sind Rituale wichtig, weil sie ausdrücken, dass sie selbst ein Teil einer Gemeinschaft sind. Manchmal reicht die Vermittlung von fachlichen Informationen, um das Verständnis der Eltern zu gewinnen. Zusammenhänge aufzuzeigen, gegebenenfalls die positiven Reaktionen des Kindes mit Beispielen zu belegen, kann in einem Eltern- und Entwicklungsgespräch erfolgen (vgl. Kapitel 4.2.2). Für manche Eltern kann es hilfreich sein, Regeln in Bezug auf die Pünktlichkeit des Bringens zu vereinbaren, die in einer »Übereinkunft über die gemeinsame Kooperation zur Erziehung und Bildung des Kindes« niedergelegt werden (vgl. Kapitel 4.1.2).

Übrigens: Eine vergleichbare Situation ergibt sich, wenn Eltern ihre Kinder abholen möchten und sich diese noch im Tiefschlaf während der Mittagsruhe befinden. Auch in diesem Fall ist die Perspektive der Kinder einzubeziehen und kreativ nach Möglichkeiten zu suchen, die möglichst allen Beteiligten gerecht wird (vgl. Praxisbeispiel in Kapitel 3.2.2).

Divergierende Erziehungsvorstellungen

Zwischen Eltern und pädagogischen Fachkräften kann es zu unterschiedlichen Ansichten hinsichtlich der Erziehungsmethoden kommen. Eine vorurteilsbewusste Haltung (vgl. Kapitel 1.4.2) und die Sensibilität für ethnische und soziale Kulturen (vgl. Kapitel 1.4.3) können dabei unterstützen, dass es nicht zu einer Verurteilung dieser Eltern oder zu einem Beziehungsrückzug oder -abbruch kommt. Im Rahmen eines Erziehungsinterviews (vgl. Kapitel 4.1.2) können Vorstellungen und Erwartungen zwischen pädagogischen Fachkräften und Eltern abgeglichen werden.

Eltern, die zu viel Verantwortung an die pädagogischen Fachkräfte abgeben

Eltern mit geringem Selbstbewusstsein nehmen sich in der Regel zurück und übergeben (stillschweigend und unbewusst) Verantwortung an die pädagogischen Fachkräfte. Es sind vor allem Eltern, die nur selten Lob und Komplimente erhalten haben. Pädagogische Fachkräfte können sich selbstkritisch hinterfragen (vgl. Kapitel 1.4.6), ob sie durch ihr Auftreten eine uneingeschränkte Vorreiterrolle demonstrieren, wenn es um die Erziehung geht, und ob die Eltern möglicherweise mit dem Eintritt in die Kindertageseinrichtung den Eindruck gewinnen können, dass sie nicht genügen (vgl. Kapitel 3.1.3) und sich dementsprechend fehl am Platze fühlen. Möglicherweise gilt es, sich als pädagogische Fachkraft eigene Vorurteile bewusst zu machen (vgl. Kapitel 1.4.2). Diese stabilisieren dann das bestehende System und die sich wenig zutrauende Haltung der Eltern. Für das Kind stehen die Teilsysteme Elternhaus und Kindertageseinrichtung auf diese Weise relativ unverbunden nebeneinander. Durch regelmäßige Entwicklungsgespräche kann den Eltern zunehmend deutlich werden, dass eine gemeinsame Verantwortung besteht, in die sie sich als Experten für ihr Kind und ihre Lebensumstände einbringen und alle Beteiligten gut zusammenarbeiten können. Je selbstverständlicher Gespräche stattfinden und zur Routine werden und je deutlicher die Ressourcen und Stärken der Kinder herausgestellt werden, desto angstfreier und engagierter nehmen Eltern die Erziehungspartnerschaft aktiv wahr.

Eltern, die zu viel mitreden wollen

Auch in dieser klassischen konfliktanfälligen Situation geht es um die Symmetrie zwischen den Erziehungs- und Bildungspartnern. In diesem Fall ist es möglicherweise die pädagogische Fachkraft, die sich ihr eigenes Selbstverständnis, ihren Auftrag und die konzeptionelle Ausrichtung der Einrichtung wiederholt bewusst machen muss. Eine ressourcenorientierte und dialogische Haltung schafft gute Voraussetzungen, die Situation zugunsten einer gelingenden Bildungs- und Erziehungspartnerschaft zu meistern (vgl. Kapitel 1.4 & 3.1.1).

4.4.5 Eltern für die Nutzung von Fachdiensten gewinnen

Kindertageseinrichtungen kommt eine herausragende Bedeutung hinsichtlich der Früherkennung von Verhaltens- und Sprachauffälligkeiten, Entwicklungsrückständen und (drohenden) Behinderungen der Kinder zu (vgl. Kapitel 5.6; Textor 2006e). Zwar obliegt den pädagogischen Fachkräften einer Kindertageseinrichtung nicht die Diagnose, aber durch die umfangreichen Erfahrungen in der Beobachtung von Entwicklungsverläufen der Kinder verfügen sie über Kompetenzen, die ihnen eine Einschätzung erlauben, ob es sinnvoll ist, zusätzliche Fachdienste hinzuzuziehen, um eine nähere Abklärung und Diagnose vorzunehmen. Auch die intuitive Einschätzung »Da gibt es etwas, das sollte ich nicht übergehen« kann der Früherkennung dienlich sein. Die große Chance des Teams einer Kindertageseinrichtung besteht darin, dass es sich über Beobachtungen und mögliche Konsequenzen austauschen kann.

Anregungen für die Praxis

Zur Einschätzung von Entwicklungsverläufen der Kinder und im Vorfeld von Elterngesprächen, die die Heranziehung zusätzlicher Fachdienste in den Blick nehmen sollen, können Beobachtungsbögen oder Einschätzskalen, die für den Einsatz in Kindertageseinrichtungen geeignet sind, hinzugezogen werden – zum Beispiel:

- Kuno E. Beller & Simone Beller (2010): Kuno Bellers Entwicklungstabelle. Berlin: Freie Universität.
- Hans-Joachim Laewen (2009): Grenzsteine der Entwicklung. Ein Frühwarnsystem für Risikolagen. Als Download im Internet verfügbar.
- Toni Mayr (Hrsg.) (1998): Entwicklungs- und Verhaltensauffälligkeiten bei Kindergartenkindern (BEK). München: Staatsinstitut für Frühpädagogik. Verfügbar unter: http://www.ifp.bayern.de/imperia/md/content/stmas/ifp/beobachtungsbogen_bek.pdf.
- Ulrike Petermann, Franz Petermann & Ute Koglin (2011): Entwicklungsbeobachtung und -dokumentation (EBD): 3–48 Monate. Eine Arbeitshilfe für pädagogische Fachkräfte in Krippen und Kindergärten. Berlin: Cornelsen.

Möglicherweise arbeitet die Einrichtung in psychosozialen Arbeitskreisen mit oder es bestehen Kontakte zu Frühförder- und Erziehungsberatungsstellen oder zu psychosozialen Diensten, sodass eine Einschätzung der Beobachtungen in anonymisierter Form (vgl. Kapitel 2.6) im Austausch mit anderen Professionen getroffen werden kann, bevor das Gespräch mit den Eltern gesucht wird.

Kommen die pädagogischen Fachkräfte zu der Einschätzung, dass das Kind einer spezifischen Unterstützung bedarf, ist zunächst zu prüfen, ob die Einrichtung das Kind selbst fördern kann (Textor 2006e, S. 102 ff.).[32] Werden keine Möglichkeiten gesehen, sollte baldmöglichst ein Elterngespräch anberaumt werden. Daran sollten nach Möglichkeit beide Elternteile teilnehmen, damit beide Partner sich des Gehörten vergewissern können und nicht einer der beiden – in der Regel die Mutter – vielleicht mit Verharmlosungstendenzen des Partners zuhause alleingelassen ist. Auch kann so möglicherweise gegenseitigen Schuldzuweisungen der Eltern entgegengewirkt werden.

Gerade in schwierigen Zeiten, wenn zum Beispiel beobachtete Auffälligkeiten, Entwicklungsrückstände, spezifische Förderbedarfe oder (drohende) Behinderungen angesprochen werden müssen, die eine zusätzliche Diagnose, Beratung und Förderung durch Dritte notwendig machen, bewährt sich eine vertrauensvolle Bildungs- und Erziehungspartnerschaft. Die pädagogische Fachkraft macht in diesen Gesprächen nicht selten die Erfahrung, dass Eltern mit Hilflosigkeit, aber auch Aggression reagieren und die Einrichtung für die Reaktionen des Kindes verantwortlich machen (ebd., S. 103). Es ist gut, diese Reaktionen nicht

32 Pädagogische Fachkräfte können Eltern in ihrer Erziehungskompetenz unterstützen und Kinder im Rahmen der ihnen gegebenen Möglichkeiten fördern. Angesichts der Aufgabenvielfalt und der gegebenen strukturellen Rahmenbedingungen in Kindertageseinrichtungen dürfen die Erwartungen hinsichtlich eines kompensatorischen Wirkens der pädagogischen Fachkräfte nicht überfrachtet werden. Insbesondere zeigen Forschungsergebnisse, dass nachhaltige Effekte zur Wirksamkeit früher Hilfen bei armen und sozial benachteiligten Kindern, für die öffentliche Betreuung besonders wichtig ist, gerade dann auftreten, wenn eine integrierte und verzahnte Intervention mit der Familie vorausgeht. Diesen Anforderungen nach Verzahnung können insbesondere Einrichtungen nachkommen, die über eine entsprechende Infrastruktur (vgl. Familienzentren; siehe auch Kapitel 4.3.6) verfügen. Unabhängig von der Infrastruktur zeigt sich jedoch, dass die besten Erfolge erzielt werden, wenn pädagogische Fachkräfte die Familien aktiv mit einbeziehen (Hess 2012, S. 16 f.; Sylva u. a. 2010).

zu überbewerten; sie sind vielfach Ausdruck eines ersten Verarbeitungsprozesses der Eltern.

Zu den Vorbereitungen auf das Elterngespräch gehören (ausführliche Anregungen auch bei Schulz 2012):

- Die Beobachtungen sollten nicht auf die lange Bank geschoben werden. Zügig das Gespräch mit den Kolleginnen und Kollegen bzw. in anonymisierter Form mit anderen Fachdiensten suchen.
- Nachdem die pädagogische Fachkraft eine Einschätzung gewonnen hat, ist das Gespräch mit den Eltern zeitnah anzusetzen.
- Für das Gespräch sollte ausreichend Zeit eingeplant werden. Es sollte in einem ruhigen Raum stattfinden. Eine kreisförmige Sitzordnung unterstreicht die gleichberechtigte Verantwortung; ein Gegenübersitzen wirkt konfrontativ. Das mögen Kleinigkeiten sein, aber die nonverbale Kommunikation wirkt vielfach stärker als das gesprochene Wort.

Anregungen zur Durchführung des Elterngesprächs – Nennung des Problems:

- Wie im Entwicklungsgespräch, gilt es in diesem Elterngespräch zunächst die Wertschätzung und Zuneigung zum Kind auszudrücken, seine Stärken zu benennen.
- Gleiches gilt für die Eltern, indem ihre erzieherischen Leistungen und ihr Einsatz für das Kind gewürdigt werden und ihnen zudem mit Respekt und Wertschätzung begegnet wird. Eltern meinen es gut mit ihrem Kind und wollen es richtig erziehen.
- Immer wieder sollte herausgestellt werden, dass sowohl Eltern als auch Kindertageseinrichtung das Beste für das Kind wollen.
- Die eigenen Beobachtungen und die Betroffenheit werden als Ich-Botschaften vorgetragen. »In dieser Situation (Situation beschreiben) habe ich Ihr Kind als … erlebt. Dabei erging es mir … Ich hatte die Schwierigkeit, dass … Ich habe darauf so reagiert, dass …« Die subjektive Perspektive der pädagogischen Fachkraft nimmt den Mitteilungen die Verallgemeinerung, und Eltern müssen sich nicht angegriffen fühlen, dass sie zum Beispiel selbst noch nichts bemerkt haben.

- Wie im Entwicklungsgespräch können die Eltern motiviert werden, ihre eigenen Beobachtungen zu schildern. Es kann sogar sein, dass einer der Partner erleichtert ist, dass das Thema angesprochen wird, weil er sich möglicherweise nicht getraut hat, es von sich aus aufzugreifen.
- Die Eltern können nach eigenen Erklärungen für das Beobachtete gefragt werden.
- Die pädagogische Fachkraft kann die Perspektive des Kindes einbringen und die Eltern motivieren, selbst die Perspektive ihres Kindes einzunehmen.
- Die pädagogische Fachkraft kann fachliche Informationen, die für das Gespräch von Bedeutung sind, zum Beispiel zur Entwicklungspsychologie des Kindes und wie es Erlebnisse verarbeitet, einbringen.
- Vorangegangene Aktivitäten der Kindertageseinrichtung und der Eltern können angesprochen, gewürdigt und in ihrer Bedeutung für das Kind reflektiert werden.
- Die pädagogische Fachkraft akzeptiert, dass die Eltern die Situation gegebenenfalls anders sehen. Bei Verhaltensauffälligkeiten kann dabei möglicherweise deutlich werden, dass sich das Kind in der Familie anders verhält als in der Kindertageseinrichtung. Dann kann gemeinsam daran gearbeitet werden, herauszufinden, welche Bedürfnisse das Kind im jeweiligen System zum Ausdruck bringt.
- Durch dieses Vorgehen wird gleichzeitig zum Ausdruck gebracht, dass die Erziehungsverantwortung der Eltern, ihre Autonomie und Eigenständigkeit beachtet werden. Gleichzeitig wird deutlich, dass die Kindertageseinrichtung bereit ist, sie zu unterstützen und die Entwicklung des Kindes gemeinsam zu fördern.
- Wie im Konfliktgespräch (vgl. Kapitel 4.4.2) ist das aktive Zuhören wichtig: die Gedanken und Gefühle der Eltern ernst zu nehmen, sie zu akzeptieren und auf sie einzugehen, sich zu vergewissern, die Eltern richtig verstanden zu haben. Auf diese Weise können sich die Eltern leichter mit den Problemen ihres Kindes befassen, denn sie müssen sich nicht verteidigen und keine Energie für einen Schlagabtausch mit der pädagogischen Fachkraft aufbringen.

Ein auf diese Weise geführtes Gespräch hat gute Aussichten für eine kooperative Beziehung. Dies umso mehr, wenn sich die Eltern in der

Weise entlastet sehen, dass ein Tabu-Thema nun endlich angesprochen ist und sie es gemeinsam mit den pädagogischen Fachkräften der Kindertageseinrichtung angehen können. Dann geht das Gespräch gewissermaßen in die nächste Runde; es geht um den Blick nach vorne, um den gemeinsam zu planenden Problemlösungsprozess. Auch hier bietet sich an, in Schritten vorzugehen – das gibt Struktur, bietet Orientierung und entlastet die Gesprächspartner.

Anregungen zur Durchführung des Elterngesprächs – Problemlösungsprozess (in Anlehnung an Textor 2006e, S. 104f.):

- Die pädagogische Fachkraft und die Eltern verständigen sich gemeinsam auf eine Problemdefinition.
- Gemeinsam definieren sie realistische Ziele. Ein erreichtes Ziel motiviert in Nachfolgegesprächen, weitere Ziele zu setzen.
- Anschließend sammeln sie alle denkbaren Lösungsmöglichkeiten und -wege (Brainstorming). Dabei fragen Eltern und pädagogische Fachkraft noch nicht danach, ob sie realistisch sind – das würde die Quote an Einfällen stark reduzieren.
- Jetzt suchen sie aus der Ideensammlung die besten Alternativen aus und planen die Umsetzung: Was soll geschehen? Wer ist verantwortlich? Bis wann?
- Die Ergebnisse dieses Planungsprozesses werden schriftlich festgehalten.
- Die Umsetzung erfolgt. Ein neuer Termin wird vereinbart, sodass die Umsetzungsschritte gemeinsam verfolgt werden können und das weitere Vorgehen neuen Erkenntnissen angepasst werden kann.

4.5 Der Übergang in die Grundschule

Der Übergang von der Kindertageseinrichtung in die Grundschule bedeutet für Kinder und Eltern eine besondere Herausforderung: Es ist ein Schritt in einen neuen Lebensabschnitt mit anderen Strukturen, Handlungsmustern, Anforderungen und Rahmenbedingungen, der eine aktive Anpassungsleistung erfordert (Griebel & Niesel 2011). Die Transitionsforschung zeigt auf, welche Entwicklungsimpulse oder Chancen der Diskontinuität Übergänge und Neuanfänge im Leben eines Menschen auslösen (ebd.). So wird davon ausgegangen, dass ein positiver Übergang das positive Selbstbild des Kindes und sein Interesse am lebenslangen Lernen stärkt. Kind und Eltern müssen diesen Übergang aktiv bewältigen. Den pädagogischen Fachkräften in Kindertageseinrichtung, Schule und Hort kommt eine moderierende und professionell unterstützende Rolle zu. Der Übergang von der Kindertageseinrichtung in die Grundschule stellt somit eigene Aufgaben und Herausforderungen an die Bildungs- und Erziehungspartnerschaft mit den Eltern, um den Abschied und den Neubeginn für die Kinder gelingend zu gestalten.

Strukturelle und inhaltliche Unterschiede der Systeme Kindertagesbetreuung und Schule (vgl. Kapitel 2.7) wirken auf die Situation des Übergangs und damit auf die handelnden Personen – Kinder, Eltern, pädagogische Fachkräfte, Lehrkräfte – ein. Die Kommission des 14. Kinder- und Jugendberichtes (BMFSFJ 2013, S. 403) sieht die Notwendigkeit, dass die Kinder- und Jugendhilfe ein besonderes Augenmerk auf die Beobachtung, Gestaltung und Analyse von Übergängen legt. Dabei sieht sie insbesondere die Begleitung und Einbeziehung von Eltern (»parental involvement«) als bedeutsam an, um die Reproduktion von Ungleichheit in der Bildungsteilhabe zu verringern (ebd.). Eine gelungene Übergangsgestaltung, bei der mit Blick auf das Kind die Eltern einbezogen werden, ist also zugleich ein Beitrag zur Chancengerechtigkeit.

4.5.1 Das Schulwesen als staatlicher Auftrag

Die Schule hat einen eigenständigen Erziehungsauftrag, der aus Art. 7 GG abgeleitet wird. Danach untersteht das gesamte Schulwesen der Aufsicht des Staates. Im Rahmen dieser Aufgabenwahrnehmung durch den Staat findet das elterliche Erziehungsrecht seine Grenze an der allgemeinen Schulpflicht, die seitens des Staates vorgegeben ist und der die Eltern entsprechend unterliegen. Daraus folgt: Mit Eintritt in das Schulsystem erhält neben dem Elternrecht die öffentlich wahrgenommene Verantwortung eine besondere Bedeutung (vgl. Kapitel 2.7).

Mit dem Eintritt in die Schule rückt der Staat näher

Aufgrund dieser rechtlichen Zusammenhänge ergibt sich für viele Familien der Eindruck, dass ihnen der Staat näher rückt. Während Eltern in der Alltagsgestaltung zu Zeiten der Angebotsnutzung der Kindertageseinrichtung – unter Berücksichtigung der sich mit dem Einrichtungsbesuch ergebenden Bedürfnisse des Kindes – weitestgehend frei sind, definiert nun die Schule als staatliches Organ einen nicht geringen Teil des Tagesrhythmus. Es ist nicht von ungefähr, dass der Satz »Jetzt beginnt der Ernst des Lebens« mit dem Eintritt in die Schule verbunden wird und dabei nicht nur auf die Veränderungen, die sich für die Kinder ergeben, abzielt, sondern durchaus die Alltagsanpassung der gesamten Familie betrifft. Das beginnt schon damit, dass die Familie beim Eintritt des ersten Kindes in die Schule den morgendlichen Aufsteh-, Frühstücks- und In-die-Gänge-kommen-Rhythmus anpassen muss.

4.5.2 Aspekte, die die Verschiedenheit von Kindertageseinrichtung und Schule begründen

Die autonomen und partizipativen Grundstrukturen sind im schulischen Kontext lange nicht so ausgeprägt wie im Bereich der Kindertagesbetreuung (vgl. Kapitel 2.7). Das hat wesentlich damit zu tun, dass die Eltern, anders als bei der Schule, im Bereich der Kindertagesbetreuung eigenständige Auftraggeber sind. Es zeigt sich aber auch, dass bei aller modernen Weiterentwicklungen im Schulbereich, die unverkennbar gegeben sind, »Momente guter preußischer Tradition« weiterhin erlebbar sind. Monzel zeigt auf, dass die heutigen Debatten zur Verhältnisbestimmung von Elementar- und Primarbereich seit jeher Gegenstand der Diskussion sind und ihre systemische Trennung in der Reichsschulkonferenz 1920 und der Verabschiedung des Reichsjugendwohlfahrtsgesetzes im Jahr 1922 formell erfolgt ist (Monzel 2012). Seither ist die Kindertageseinrichtung systemisch und juristisch dem Kinder- und Jugendhilfesystem und die Schule dem Bildungssystem zugeordnet. Das Schulsystem, das gegenüber der Jugendhilfe mit deutlich geringerer Autonomie ausgestattet ist, zählt in gewisser Hinsicht zu den sich selbst stabilisierenden Systemen – manche Lehrerin und mancher Lehrer hat das schulische System zumindest berufsbiografisch nie verlassen – und ist daher sehr veränderungsresistent. Das ist zum einen gut, um für die Bürgerinnen und Bürger Kontinuität, Stabilität und Orientierung zu sichern, zum anderen ist die Weiterentwicklung gehemmt bzw. erfordert einen ungleich höheren Einsatz an Engagement, Mut und manchmal Freigeist der im System auf allen Ebenen Verantwortung Tragenden.

Im schulischen Bereich steht der Bildungsauftrag eindeutig im Vordergrund. Erst mit dem zunehmenden Ausbau der Ganztagsschulen kommen die Aspekte der Erziehung und Betreuung im schulischen Alltag verstärkt in den Blick. Mit dem Ausbau der Plätze für unter Dreijährige und von Ganztagsplätzen in Kindertageseinrichtungen darf zudem angenommen werden, dass der Druck auf das Schulsystem oder das es ergänzende Jugendhilfesystem (Hortbereich) in den nächsten Jahren zunimmt, das Angebot so auszugestalten, dass die Vereinbarkeit von Familie und Erwerbsleben durchgängig möglich ist.

Erziehung, Bildung und Betreuung sind für den Alltag in Kita und Schule bedeutsam

Auftrag der Kindertageseinrichtung ist die Trias Erziehung, Bildung und Betreuung der Kinder. Die Zusammenschau dieser Anforderungen wird in der Außenperspektive der Organisation for Economic, Cooperation and Development (OECD) als wegweisend und hochwertig angesehen (OECD 2004, S. 23f.). Die in Kindertageseinrichtungen tätigen Fachkräfte stehen ganz in dieser Tradition. Neben dem Bildungsauftrag ergibt sich zugleich der Auftrag, Eltern die Vereinbarkeit von Familie und Beruf zu ermöglichen.

Die Beachtung des einzelnen Subjekts (Kinder, Eltern) ist konzeptionell in der Kinder- und Jugendhilfe (SGB VIII) verankert und entspricht daher der Grundausrichtung der Kindertagesbetreuung. Die frühpädagogische Orientierung am einzelnen Kind, seinen individuellen Ressourcen, die Beachtung seiner Peergroup und sozialen Welt haben gewissermaßen Tradition. Diese Entwicklung steht im schulischen Kontext am Beginn und ist im Grundschulbereich sicherlich am weitesten vorangeschritten.

Vergleichsweise jung ist die Entwicklung inhaltlicher Rahmensetzungen (Bildungspläne, -programme, -empfehlungen) im Bereich der Kindertagesbetreuung und eine strukturierte, begründete und reflektierte Umsetzung derselben (z. B. Beobachtung und Dokumentation, Einschätzung des Sprachförderbedarfs und Sprachstandfeststellungen). Eine reflektierte und begründete Didaktik hat demgegenüber im schulischen Bereich eine professionalisierte Tradition.

Beobachtet man die Entwicklungen seit der Veröffentlichung der PISA-Studie (2002), so lässt sich feststellen, dass es im Bereich der Schule Weiterentwicklungen hin zu einer stärkeren Autonomie des Systems und größeren Beachtung der individuellen Förderung gibt. Im Bereich der Kindertageseinrichtungen werden deutlicher inhaltliche Orientierungen vorgegeben. Die gegenläufigen Entwicklungen beider Systeme können als Chance betrachtet werden, da sie wertvolle inhaltliche Ansatzpunkte für die Kooperationspartner – pädagogische Fachkräfte in Kindertageseinrichtungen und Lehrkräfte in Schulen – bieten.

So prägt das jeweilige System – Jugendhilfe/Kindertageseinrichtungen einerseits sowie Schulsystem andererseits – das konkrete Handeln der im System tätigen Fachkräfte. Es ist daher gut, wenn die Beteiligten um diese Unterschiede wissen, da dann so manches Unverständnis nicht an der Person des Gegenübers festgemacht werden muss, sondern sich möglicherweise aus diesen systemischen Zusammenhängen erklären lässt. Im Übergang des Kindes von der Kindertageseinrichtung in die Grundschule wirken diese Zusammenhänge in die Bildungs- und Erziehungspartnerschaft mit den Eltern hinein.

4.5.3 Die Orientierung am Kind verbindet die Systeme Kindertageseinrichtung und Schule

Noch ist es nicht überall Wirklichkeit, die Orientierung am Kind bei der Gestaltung des Übergangs in den Mittelpunkt zu stellen. Dabei hilft diese Orientierung den Fachkräften beider Systeme – Kindertageseinrichtung und Grundschule –, eine gemeinsame Perspektive zu entwickeln und diese zugleich in die jeweilige Bildungs- und Erziehungspartnerschaft mit den Eltern einzubringen. Der Perspektivenwechsel wurde bereits im »Gemeinsamen Rahmen der Länder für die Frühe Bildung in Kindertageseinrichtungen« – verabschiedet von Jugendminister- wie Kultusministerkonferenz – grundgelegt (Jugendministerkonferenz 2004). Schulfähigkeit wird dort als eine gemeinsame Entwicklungs- und Förderaufgabe von Kindertageseinrichtungen und Grundschule verstanden. Und weiter: »Ziel dieses Diskurses sind gleichermaßen das schulfähige Kind wie die kindfähige Schule« (ebd., S. 8).

Im Jahr 2009 hat die Jugend- und Kultusministerkonferenz ein weiterführendes Grundlagenpapier vorgelegt, das gezielt den Übergang in den Blick nimmt und noch deutlicher die Orientierung am Kind als Basis des gemeinsamen Handelns herausstellt: »Die grundgesetzlich unterschiedliche Verankerung der Systeme des Elementar- und Primarbereichs begründet verschiedene Traditionen der inhaltlichen und organisatorischen Ausgestaltung des Bildungs- und Erziehungsauftrags. Dies findet in der Orientierung an der Bildungsbiografie des einzelnen Kindes eine gemeinsame Ausrichtung. … Nicht die Institutionen mit ihren

Zielen und Bedingungen stehen im Mittelpunkt, sondern der Blick auf das Kind mit seinen Bedürfnissen und Alltagserfahrungen« (Jugend- und Familienministerkonferenz 2009, S. 5, Ziffer 8).

Anregungen für die Praxis

Kontinuierliche Beobachtung und Dokumentation sowie regelmäßige Entwicklungsgespräche mit den Eltern während der gesamten Kita-Zeit bilden für die pädagogischen Fachkräfte der Kindertageseinrichtung eine gute Basis dafür, dass die Orientierung am Kind und die Bildungs- und Erziehungspartnerschaft mit den Eltern im guten Sinne zur pädagogischen Routine werden. In konzeptionellen Vereinbarungen zwischen Kindertageseinrichtungen und Grundschulen kann diese Orientierung ihre Fortsetzung erfahren:

- Es gibt eine konzeptionelle Vereinbarung zwischen Kita und Grundschule für die Gestaltung des Übergangs, der die Orientierung am Kind zugrunde liegt. Es werden alle am pädagogischen Handeln beteiligten Akteure berücksichtigt: Kind – Eltern – Institutionen.
- Die Portfolios der Kinder oder andere Dokumentationsformen erzählen von der individuellen Entwicklung eines jeden Kindes, von seinen Stärken und den Herausforderungen, die es zu bewältigen hatte. Diese können Grundlage der Gespräche zum Übergang in die Grundschule zwischen pädagogischen Fachkräften, Lehrkräften, Eltern und Kind sein. Grundlegend ist dabei die Haltung: partizipativ und dialogisch, die Bildungs- und Erziehungspartnerschaft beachtend – den Datenschutz eingeschlossen (vgl. Kapitel 1.4.5 & 2.6).

4.5.4 Bedeutsame Aspekte für die Bildungs- und Erziehungspartnerschaft bei der Gestaltung des Übergangs

Oft unterschätzt: die Bedeutung der Einschulung für die Eltern

Vielfach unterschätzt wird die Bedeutung, die die Einschulung für die Eltern hat (Griebel & Niesel 2011, S. 116ff.).[33] Eltern haben ihre eigenen Erfahrungen mit dem System Schule gemacht. Natürlich steht das Interesse im Vordergrund, dem eigenen Kind einen guten Start in der Schule zu ermöglichen, doch ist damit meist auch eine Vielfalt an Erinnerungen und Emotionen verbunden, die meist nicht zur Sprache kommen und dennoch in die Zeit des Übergangs und dessen Gestaltung hineinwirken. Positive Erfahrungen der Eltern geben den Kindern ausgesprochen oder unausgesprochen Frohmut und Neugier mit auf den Weg. Negative Erfahrungen bedingen Ängstlichkeit und Sorge oder die Hoffnung, dass die eigenen Kinder das besser schaffen, was ihnen nicht gelungen oder vergönnt war.

Nicht nur die Eltern bringen ihre Erfahrungen ein. Gleiches gilt für die pädagogischen Fachkräfte, für die es ebenso wichtig ist, sich mit ihrer Biografie (vgl. Kapitel 3.1.2) und ihren Lernerfahrungen auseinanderzusetzen. Zur Chance werden ihre Erfahrungen dann, wenn sie helfen, die Eltern zu verstehen und den Übergang so zu gestalten, dass den Kindern Mut und Neugier statt Sorge und übertriebener Leistungsanspruch mit auf den Weg gegeben wird. Einfluss haben die Erfahrungen von Eltern und pädagogischen Fachkräften zudem auch auf die Frage, in welchem Alter das Kind einzuschulen ist, ob eine Zurückstellung des Kindes oder ein verfrühtes Einschulen dem Wohl des Kindes entspricht oder dem (unbewussten) Wunsch der Eltern und/oder pädagogischen Fachkräfte, das Kind (noch) vor der Schule zu bewahren.

Anregungen für die Praxis

Bei der Gestaltung von Elternabenden zum »Übergang in die Grundschule« bietet sich an, nicht nur organisatorische Aspekte

33 Verwiesen sei auf das Projekt »Auch Eltern kommen in die Schule« des Staatsinstitutes für Frühpädagogik (IFP), das sich den Fragestellungen und Perspektiven der Eltern annimmt, die zu Eltern eines Schulkindes werden, und untersucht, welche Unterstützung Eltern in der Kooperation mit Kindertageseinrichtung und Schule erfahren. Informationen unter: http://www.ifp.bayern.de/projekte/laufende/Schul-Eltern.html.

anzusprechen, sondern den betroffenen Eltern Raum zu geben für den Austausch über eigene Erfahrungen, Ängste und Hoffnungen im Themenfeld »Schule«. Im Gespräch mit einzelnen Eltern oder der Gruppe vom Übergang betroffener Eltern könnte zudem überlegt werden, was Mutter und Vater ihrem Kind an guten und den Rücken stärkenden Wünschen mit auf den Weg geben wollen. Dies kann mit den Eltern oder für sie schriftlich festgehalten werden und in geeigneter Weise von den Eltern – zum Beispiel im Rahmen eines Abschlussfestes oder als Beigabe in der Schultüte – den Kindern überreicht werden. Dort, wo ein offener Austausch zwischen pädagogischen Fachkräften und Eltern untereinander möglich ist, können Rückmeldungen zu den formulierten Wünschen an die Kinder gegeben werden: Wie wirken die Wünsche der anderen Eltern auf mich? Machen die Wünsche Mut? Zeigen die Wünsche Freude, elterliche Liebe und Stolz? Sind die möglicherweise gegenüber dem Kind geäußerten Erwartungen angemessen?

Der Übergang darf ein Neuanfang sein

Beim Übergang in die Grundschule gilt es für die pädagogischen Fachkräfte und die Eltern, Abschied zu nehmen – es sei denn, das Kind besucht weiter als Hortkind die Einrichtung; aber auch dann verändert sich die Zusammenarbeit und muss neu ausgerichtet werden. Nun gilt es, die vergangene Zeit gemeinsam in den Blick zu nehmen: Was war förderlich? Was ist nicht so gut gelungen? Was möchte man sich gegenseitig mit auf den Weg geben? Die pädagogischen Fachkräfte erhalten in diesen Auswertungsgesprächen hilfreiche Hinweise für die konzeptionelle Weiterentwicklung der Einrichtung (vgl. Kapitel 4.3.2). Und sollte in der Reflexion deutlich werden, dass es trotz aller Bemühungen nicht gelungen ist, eine gute Bildungs- und Erziehungspartnerschaft mit den Eltern aufzubauen, kann es befreiend wirken, dies gegenüber den Eltern oder im Team auch so zu benennen. Anzuerkennen, dass man gemeinsam als pädagogisches Team gescheitert ist, ist Teil professionellen Handelns. Wichtig ist es, nicht bei Schuldzuschreibungen stehenzubleiben, sondern wahrhaftig und barmherzig Überlegungen anzustellen, was dieses Scheitern bedingt haben könnte und was man daraus für die Zukunft lernen kann.

5 Kinder als Gewinner einer gelungenen Bildungs- und Erziehungspartnerschaft

Mit dem Eintritt in die Kindertageseinrichtung sind die Kinder gefordert, zwei Lebenswelten – Familie und Kita – miteinander zu verbinden. Dabei ist es förderlich, wenn sich Eltern und pädagogische Fachkräfte als Ko-Konstrukteure der kindlichen Bildung und Erziehung erweisen. Die Erziehungspartnerschaft zwischen Eltern und pädagogischen Fachkräften stellt die Verbindung der Systeme und Lebenswelten dar. Kinder spüren sehr genau, ob die Erzieherin oder der Erzieher und die Mutter oder der Vater »miteinander können«. Dies ist eine grundlegende Voraussetzung dafür, dass sich das Kind in der Kindertageseinrichtung neuen Erfahrungen und Lernanlässen öffnet. Die Bedeutung einer Erziehungs- und Bildungsgemeinschaft für ein gelingendes Aufwachsen nachfolgender Generationen kommt in dem Satz »Um ein Kind zu erziehen, bedarf es eines ganzen Dorfes« prägnant zum Ausdruck. Im gemeinsamen Tun mit dem Kind werden pädagogische Fachkräfte und Eltern Ko-Konstrukteure eines gemeinsamen Bildungsgeschehens.

Eigens in den Blick genommen werden in diesem Kapitel darüber hinaus Kinder unter drei Jahren, Kinder mit Behinderung sowie Aspekte des Kindesschutzes jeweils hinsichtlich der Bedeutung für die Bildungs- und Erziehungspartnerschaft.

Eltern sind Experten für ihr Kind. Pädagogische Fachkräfte sind Experten für kindliche Entwicklung im Allgemeinen, für die Bandbreite der verschiedenen Entwicklungswege und für mögliche Stolpersteine. Je häufiger die Erwachsenen zudem die Sicht des Kindes und das Kind selbst einbeziehen, desto farbiger und vollständiger wird das Bild. Nur die gemeinsame, sich ergänzende Sicht und die Berücksichtigung der unterschiedlichen Lebensräume des Kindes vermitteln ein annähernd vollständiges Bild der kindlichen Entwicklung.

Kinder sind gefordert, die Lebensfelder Familie und Kita zu verbinden

Kinder, die eine Kindertageseinrichtung besuchen, leben in zwei Lebensfeldern: in der Familie und in der Kindertageseinrichtung (Roth 2011). Von ihnen wird erwartet, dass sie täglich den Übergang von einem Lebensfeld in das andere und wieder zurück vollziehen, ebenso die damit verbundenen Wechsel der Bezugspersonen. Sie werden dabei diskrepante Erfahrungen machen und diese bewältigen müssen, um sich nicht zwischen den unterschiedlichen Welten zu verlieren. Um diese kritischen Erfahrungen im Kleinstkindalter gering zu halten, bedarf es einer bewussten Abstimmung der Übergänge (vom Elternhaus in die Kindertageseinrichtung, beim Wechsel zwischen Betreuungseinrichtungen und weiter in die Schule) und der Zusammenarbeit der Erwachsenen im Interesse der Kinder (vgl. Kapitel 4.1.3 & 4.5).

Es darf davon ausgegangen werden, dass die beteiligten Erwachsenen – Eltern wie pädagogische Fachkräfte – für sich in Anspruch nehmen, das Beste für das Kind zu wollen und zu leisten. Dabei übersehen beide Seiten vielfach, dass sie gemeinsam auf das Kind einwirken und sich Erziehung und Bildung nur als Summe der Einwirkungen der beteiligten Personengruppen und Institutionen realisiert. Jedes System erzieht die Kinder auf unterschiedliche Weise: zum einen der private Bereich mit sehr persönlichen Beziehungen, mit Zuwendung und Versorgung, zum anderen die öffentliche Institution mit Vertrag und Konzeption, mit professionellen Fachkräften und größeren Kindergruppen. Die Familie erweist sich dabei als die pädagogisch nachhaltig wirksamere Institution. Mit dem Eintritt des Kindes in die Kindertageseinrichtung ist die Erziehung des Kindes daher als gemeinsames Projekt der Beteiligten zu begreifen. Ein Verständnis von einer geteilten und gemeinsamen Verantwortung – Eltern und pädagogische Fachkräfte als Ko-Konstrukteure der kindlichen Erziehung und Bildung – kann die kindliche Förderung verbessern (Ahnert 2010, S. 261ff.).

Ko-Konstrukteure der kindlichen Erziehung und Bildung

5.1 Kinder als Spiegel einer gelungenen Bildungs- und Erziehungspartnerschaft

Jedes Kind wird in sein ureigenes Familiensystem hineingeboren. Die Bindung, die es zu seinen Eltern aufbaut, sichert ihm die Möglichkeit, sich in diesem System zurechtzufinden (vgl. Kapitel 4.1.1). Im Gegenzug äußert es Liebe, Treue und Loyalität gegenüber den Eltern.

Kinder benötigen sichere emotionale Bindungen. Diese ermöglichen ihnen, sich als Person angenommen und in ihren Themen verstanden zu fühlen. Sichere Bindungen geben ihnen einen Rückhalt bei der Erforschung der Welt. Die grundlegenden Bindungserfahrungen erfährt das Kind bei Mutter und Vater sowie, abhängig von der Erziehungskultur (vgl. Kapitel 1.4.3), bei weiteren Personen seines Lebensumfeldes. Mit dem Besuch der Kindertageseinrichtung treten neue, weniger starke Bindungen hinzu. In ihren Bindungsbeziehungen zum Kind müssen pädagogische Fachkräfte die Qualität der Bindung des Kindes zu seiner Familie mit einbeziehen. Daher ist eine Zusammenarbeit der pädagogischen Fachkräfte mit den Eltern und gegebenenfalls weiteren Familienmitgliedern unerlässlich, um einen Bruch zwischen der Erziehung in der Kindertageseinrichtung und dem Elternhaus zu vermeiden. Die Zusammenarbeit von pädagogischen Fachkräften und Eltern verhindert, dass Kindern Loyalitätskonflikten ausgesetzt sind (Prott & Hautumm 2004, S. 26).

Eine gute Zusammenarbeit gibt dem Kind Sicherheit

Entsprechend schaffen Konflikte zwischen Elternhaus und Kindertageseinrichtung Loyalitätsprobleme, die das Kind verunsichern und damit den Aufbau weiterer Bindungen an neue Bezugspersonen erschweren. Eine pädagogische Fachkraft muss akzeptieren, dass sie es nicht nur mit dem Kind, sondern mit dem ganzen Familiensystem zu tun hat. Und dies ist umso bedeutsamer, je jünger das Kind ist. Wenn es der pädagogischen Fachkraft gelingt, anzuerkennen, dass die Eltern die primären Bezugspersonen des Kindes und primär verantwortlich für das Kind sind, dann wird sie dem System, so wie es für das Kind grundlegend ist, gerecht. Damit ist eine Basis für eine gelingende Erziehungspartnerschaft gelegt. Die Zusammenarbeit zwischen den beiden Lebenswelten ist für die ganzheitliche Entwicklung des Kindes sehr wichtig. Kinder registrieren diese Unterschiede. Sie bewerten dies aber nicht im moralischen Sinne. Die Erziehungspartnerschaft zwischen

Die pädagogische Fachkraft hat mit dem ganzen Familiensystem zu tun

Eltern und pädagogischen Fachkräften stellt die Verbindung der Systeme und Lebenswelten dar (Viernickel 2009, S. 58ff.). Dies ist wichtig, damit das Kind emotionale Beziehungen aufbauen kann, ohne dass Realitätskonflikte entstehen. Zugleich trägt das Kind seine Erfahrungen, die es in diesen unterschiedlichen Lebenswelten macht, aus dem einen System in das andere hinein und verändert die Systeme somit selbst (Bronfenbrenner 1989).

Kinder sind ein Spiegel der Bildungs- und Erziehungspartnerschaft

Kinder sind intuitive Wahrnehmungskünstler. Wie Seismografen spüren sie, ob es in ihrer Umgebung stimmt oder nicht. Damit sind Kinder Spiegel ihrer Umgebung. Sie sind ausgerechnet dann missmutig, wenn die Lage zwischen den Erwachsenen sowieso schon angespannt ist. Sie verstummen oder zeigen Verzagtheit, wenn die Erwachsenen selbst einer äußerst angespannten Situation ausgesetzt sind. Wer einmal den Verlauf einer Erziehungsberatung miterleben oder durch Erzählung daran teilnehmen durfte, kam möglicherweise schon mit der Erkenntnis in Berührung, dass die sogenannte Auffälligkeit des Kindes oder der Kinder mit einem Verhalten der Erwachsenen korrespondiert. Nicht anders im pädagogischen Alltag einer Kindertageseinrichtung. Kinder haben ein Gespür für die Beziehungen der Erwachsenen, denn diese sind elementar und existenziell wichtig für sie. Da die Eltern für das Kind in aller Regel die (lebens-)wichtigsten Bezugspersonen sind, wird es sich schlimmstenfalls nicht mehr mit Freude auf den Kita-Alltag einstimmen können. Dies ist aber eine grundlegende Voraussetzung dafür, dass sich das Kind in der Kindertageseinrichtung neuen Erfahrungen und Lernanlässen öffnet. Lerntheoretisch ist das Kind damit darauf angewiesen, dass es den pädagogischen Fachkräften gelingt, zumindest eine respektvolle Zusammenarbeit mit den Eltern aufzubauen.

Für Kinder wichtig: eine grundsätzliche Übereinkunft im Erziehungsverhalten der für sie bedeutsamen Personen

Im Gutachten des Wissenschaftlichen Beirats für Familienfragen, das 2005 im Auftrag des Bundesministeriums für Familie, Senioren, Frauen und Jugend die Stärkung familiärer Beziehungs- und Erziehungskompetenzen zum Gegenstand hatte, wurde deutlich betont: »Für Kinder ist es eminent wichtig, dass die Personen, die sich ihre Erziehung teilen, in der grundlegenden Ausrichtung ihres Erziehungsverhaltens übereinstimmen, dass sie ähnliche Ziele verfolgen, konkretes Erziehungsverhalten in ähnlicher Weise begründen und dass sie vieles von dem, was sie Kindern mit auf den Weg geben wollen, in ähnlicher Weise auch selbst vorleben. … Dabei kann das Verhältnis zwischen Eltern und den außerhalb der Familie an der Erziehung Beteiligten nur als ein partnerschaftliches verstanden werden, das heißt, es müssen Erziehungspartnerschaften eingegangen und gepflegt werden« (BMFSFJ 2005b, S. 21).

Alle dem Kind pädagogisch begegnenden Personen nehmen Einfluss, und zwar entsprechend den gegebenen Umständen in einer prägenden und das Kind fordernden Weise. Dem Kind werden nahe beieinanderliegende oder auch weit voneinander entfernte Informations- und Identitätsinhalte angeboten, die es zu verarbeiten hat. Es sucht Orientierung, die ihm umso besser gelingt, je mehr Berührung die angebotenen Inhalte und Botschaften der Erwachsenen in seiner Umgebung haben. Je jünger Kinder sind, umso entlastender wirken sich Übereinstimmungen in den vermittelten Werten der Erwachsenen aus. Hier zeigt sich, dass die Arbeit an einer gelingenden Bildungs- und Erziehungspartnerschaft eine tragende Säule der Elementarpädagogik ist.

5.2 »Um ein Kind zu erziehen, bedarf es eines ganzen Dorfes«

Der Ausspruch, der dieses Kapitel überschreibt und dem afrikanischen Kontinent entstammt, wird im Kontext außerfamiliärer Betreuung vielfach zitiert und mit positiven Assoziationen verbunden. Der Satz bringt, neben den ethnischen Aspekten (vgl. Kapitel 1.4.3), die Bedeutung einer Erziehungs- und Bildungsgemeinschaft für ein gelingendes Aufwachsen nachfolgender Generationen zum Ausdruck. Wie gestalten sich aber die Analogien afrikanischer Dorfgemeinschaften zu den Wirklichkeiten unserer Gesellschaft?

Bereits in ihrer Expertise zum Zwölften Kinder- und Jugendbericht (2005) und in ihrer Veröffentlichung »Wieviel Mutter braucht ein Kind« (2010) trägt Liselotte Ahnert spannende Forschungsergebnisse zusammen. Dafür greift sie unter anderem auf Entwicklungstheorien zurück, die die menschliche Frühgeschichte in den Blick nehmen. Danach ist zu vermuten, dass insbesondere das Betreuungsmodell zur Verbesserung der Betreuungsqualität und -bereitschaft beiträgt, bei dem die Mütter als Hauptverantwortliche eine kollektive Unterstützung durch zusätzliche Betreuerinnen und Betreuer, Erwachsene wie Geschwisterkinder, erfahren und nicht die Kinderbetreuung ausschließlich durch sie erfolgt (Ahnert 2010, S. 96ff.). Diese Grundthese findet ihre Bestätigung ebenso in Studien zum Aufwachsen von Kindern in der Moderne. Ein mütterliches Verhalten erfolgt umso sensitiver im Umgang mit den eigenen Kindern, je ausgeprägter die soziale Unterstützung in Bezug auf private Ressourcen (Hilfen durch den Partner, Verwandte, Freunde) wie auch öffentliche Unterstützung in Form von Betreuungsangeboten, professioneller Beratung und Hilfeleistung erfolgt (Ahnert 2005; 2010, S. 108ff.). Das bedeutet, die Qualität der Mutter-Kind-Interaktion wird wertvoller, wenn sich die Mutter selbst eingebunden weiß in ein umfassendes Unterstützungssystem. Bei erwerbstätigen Müttern ist dieser Zusammenhang besonders groß (Ahnert 2005, S. 15f.). Und weiter konnte aus einem Vergleich zwischen Westberlin und Ostberlin (1986–1989) festgehalten werden: Die öffentliche Haltung zu außerfamiliärer Kinderbetreuung wirkt sich auf die Mutter-Kind-Beziehung aus (Ahnert 2010, S. 151ff.). Ist sie gesellschaftlich akzeptiert, weil zum Beispiel allgemein üblich (Ostberlin zu DDR-Zeiten), so erfährt die Mutter sich eingebunden in ein gesellschaftliches Unterstützungssystem. Ist öffentliche Kinderbetreuung gesellschaftlich eher kritisch oder für den Notfall vorgesehen (Westberlin bis 1989), so sieht sich die Mutter eher alleine gelassen, möglicherweise sogar desavouiert (ebd.).

Gesellschaftliche Unterstützung wirkt sich positiv auf die Mutter-Kind-Interaktion aus

Der afrikanische Ausspruch »Um ein Kind zu erziehen, bedarf es eines ganzen Dorfes« erhält somit nicht nur seine wissenschaftliche Fundierung, er wird zum gesellschaftlichen Anspruch. Die Qualität der Mutter-Kind-Beziehung wird mit geprägt durch das Selbstverständnis der Öffentlichkeit zur öffentlichen Betreuung, die für die Bereitschaft der Gemeinschaft steht, Mütter und Väter in ihrem anspruchsvollen Alltag zu unterstützen. Mütter, die sich unterstützt fühlen und unterstützt werden, können ihre eigene Fürsorglichkeit besser entfalten und sich besser auf die Reaktionsmuster ihres Babys einstellen, als wenn sie mit der Betreuung des Kindes alleine gelassen werden. Erfahren Mütter gesellschaftliche Akzeptanz, wenn sie Fremdbetreuung in Anspruch nehmen, so wirkt sich dies sogar positiv auf die bestehende Mutter-Kind-Interaktion aus. Die verbleibende Zeit wird für Mutter und Kind wertvoller.

Das Selbstverständnis der Öffentlichkeit zur Kinderbetreuung beeinflusst die Mutter-Kind-Beziehung

Die Bedeutung einer gelingenden Bildungs- und Erziehungspartnerschaft zwischen pädagogischen Fachkräften der Kindertageseinrichtung und Eltern wird mit diesen Ergebnissen verstärkt. Deutlich ist aber auch: Öffentliche Kinderbetreuung und die dort tätigen pädagogischen Fachkräfte bedürfen der gesellschaftlichen Anerkennung, um ihrerseits die gesellschaftliche Unterstützung an Eltern weitergeben zu können. Das moderne Dorf der deutschen Gesellschaft ist komplex, doch die zugrunde liegenden Strukturen eines förderlichen Aufwachsens gleichen denen der menschlichen Frühgeschichte und dem des afrikanischen Dorfes: Um ein Kind zu erziehen, bedarf es öffentlicher Unterstützung, die in vielfältiger Weise zum Ausdruck kommen kann. Es bedarf zugleich einer gesellschaftlichen Haltung, die besagt, dass Mütter und Väter diese Unterstützung auch in Anspruch nehmen dürfen. Dies können die pädagogischen Fachkräfte des Kinderbetreuungssystems in professioneller Weise zum Ausdruck bringen, indem sie sich immer wieder neu den Herausforderungen einer gelingenden Bildungs- und Erziehungspartnerschaft stellen.

5.3 Das Bild vom Kind – zum frühpädagogischen Bildungsverständnis

Der Bezugspunkt erzieherischen Denkens und Handelns in der Bildungs- und Erziehungspartnerschaft von Eltern und pädagogischen Fachkräften ist das Kind als Persönlichkeit. Das Kind wird als Person ganz angenommen, mit allen Stärken, Schwächen und Besonderheiten. Kinder sind als Subjekt von Bildung und Erziehung zu denken. Ausgangspunkt hierfür ist das Bild vom Kind als aktiv Lernendem, das in der Auseinandersetzung mit seiner Umwelt Sinn und Bedeutung sucht (Neumann 2010, S. 86ff.).

Bildung als Selbstbildung gelingt nur auf der Grundlage stabiler Beziehungen

Die Bildung des Kindes als Selbstbildung ist nur auf der Grundlage stabiler Beziehungen denkbar. Kinder lernen in Beziehung zu anderen Menschen. Sie lernen mit und von Erwachsenen und anderen Kindern, die ihr Handeln sprachlich begleiten oder als Vorbild wirken, wenn sie selbst Neugierde und Forschergeist an den Dingen dieser Welt zeigen. Ko-Konstruktion werden solche Prozesse genannt, in denen Kinder mit Erwachsenen oder anderen Kindern gemeinsam Bedeutungen herausfinden, den Dingen einen Sinn geben und sich ihr Bild von der Welt erschließen – eben gemeinsam konstruieren. Eine gelingende Bildungs-

und Erziehungspartnerschaft zwischen Eltern und pädagogischen Fachkräften unterstützt den Forschergeist des Kindes und bringt die Zuverlässigkeit von Beziehungen zum Ausdruck. Im gemeinsamen Tun mit dem Kind werden pädagogische Fachkräfte und Eltern Ko-Konstrukteure eines gemeinsamen Bildungsgeschehens (ebd.).

Kinder sind Subjekte ihres eigenen Bildungsprozesses

Ziel der Arbeit von Kindertageseinrichtungen ist es, Kinder als Subjekte in ihrem eigenen Bildungsprozess zu sehen und darin zu unterstützen. Kinder streben von Geburt an danach, sich ihre Welt anzueignen. Frühkindliches Lernen findet dann statt, wenn die Aktivität vom Kind ausgeht und es selbst seine Welt erkundet. Zeitgemäße professionelle Frühpädagogik fördert diese Eigenaktivität des kompetent handelnden Kindes. Dem modernen Erziehungs- und Bildungsverständnis liegt damit das sich in den gesellschaftlichen Anforderungen widerspiegelnde Grundverständnis einer hohen Wertschätzung von Autonomie zugrunde (vgl. Kapitel 1.4.3).

Diese Wertschätzung hoher Autonomie ist insbesondere in den westlichen gut gebildeten Kulturbereichen zu finden und wird von Eltern und weiten Teilen der Gesellschaft intuitiv gelebt. In der öffentlich verantworteten Pädagogik erfolgt eine reflektierte Förderung der Eigenaktivität des Kindes. Dieses Bild vom Kind, das in seiner Autonomie gestärkt und gefördert wird, und die mit diesem Bild einhergehenden Implikationen und konzeptionellen Auswirkungen entsprechen nicht unbedingt den Erfahrungsräumen und intuitiv gepflegten Traditionen aller Eltern. Deshalb ist es notwendig, mit den Eltern in den Austausch über das Bild vom Kind und seine Selbstbildungskompetenzen zu treten. Dies gelingt besonders gut in Elterngesprächen über die Entwicklung der Kinder (vgl. Kapitel 4.2.2). Dabei kann anhand von Beobachtungen und Dokumentationsmaterialien der Kinder nachvollziehbar aufgezeigt werden, wie neugierig, lustvoll und kompetent sich Kinder ihre Welt aneignen und dabei von den Erwachsenen unterstützt werden können. In dieser kommunikativen Perspektive (Neumann 2010, S. 86ff.) entwickeln Kinder ihr Selbst- und Weltverständnis in einem Rahmen, der durch das Handeln von Eltern, Familien, anderen Kindern sowie pädagogischen Fachkräften mitbestimmt und ko-konstruktiv gestaltet wird.

5.4 Im Blick: Kinder unter drei Jahren

Kinder unter drei Jahren sind seit einigen Jahren durch den Ausbau des Platzangebotes und die Einführung des bundesweiten Rechtsanspruchs für Kinder ab dem vollendeten ersten Lebensjahr im August 2013 besonders stark im öffentlichen Bewusstsein. Die politische und gesellschaftliche Motivation für den Platzausbau ist wesentlich von dem Ziel einer besseren Vereinbarkeit von Familie und Beruf geprägt (vgl. Kapitel 3.2.2) und weniger durch bildungspolitische Perspektiven einer frühen Förderung (Roth 2012a, S. 73f).

Merz und Schmidt (2008) haben die entwicklungspsychologischen »Lernschritte ins Leben« gelungen ins Bild gesetzt. Die Entwicklungsunterschiede zwischen den null- bis dreijährigen Kindern sind groß. Doch auch die Jüngsten bringen sich als aktiv Lernende ein (vgl. Kapitel 5.3). Die Frage »Wie kann der pädagogische Alltag mit den Jüngsten und ihren Eltern gestaltet werden?« orientiert sich ebenso wie für Kinder aller anderen Altersgruppen an der Frage: »Was bringt das einzelne Kind mit?« (Becker-Stoll u. a. 2014).

Für die Gestaltung der Bildungs- und Erziehungspartnerschaft mit Eltern von Kleinstkindern haben einige der in diesem Handbuch dargestellten Aspekte und Zusammenhänge eine besondere Bedeutung:

- Bei Babys und Kleinstkindern ist der Eingewöhnung besondere Aufmerksamkeit zu widmen (vgl. Kapitel 4.1.3). Hier sind die Zusammenhänge der Bindung des Kindes an seine Bezugspersonen von elementarer Bedeutung (vgl. Kapitel 4.1.1; Becker-Stoll u. a. 2014).
- Gerade für Mütter, die sich schwer tun, ihr Kind sehr früh einer öffentlichen Kinderbetreuung anzuvertrauen, kann es hilfreich sein, wenn sie in dieser Hinsicht Unterstützung erfahren (vgl. Kapitel 5.2).
- Unter dreijährige Kinder haben nur sehr eingeschränkt die Möglichkeit, Bedürfnisse oder körperliche und emotionale Erfahrungen und Erlebnisse zu kommunizieren. Die Erwachsenen sind als Vermittlerinnen und Vermittler gefordert, insbesondere in den Bring- und Abholzeiten (vgl. Kapitel 4.2.3).

Im Zeitraum zwischen Geburt und dem dritten Lebensjahr finden riesige Entwicklungsschritte statt. So wird zu Beginn der Kita-Zeit nicht nur die Basis für eine vertrauensvolle Zusammenarbeit und eine damit verbundene Bildungs- und Erziehungspartnerschaft geschaffen, sondern die dynamische Entwicklung des Kindes kann von den pädagogischen Fachkräften und den Eltern gemeinsam in den Blick genommen und gefördert werden. In den ersten Lebensjahren werden für Kinder Grundlagen dafür gelegt, wie ihr eigener Blick auf das Leben und sie als Teil dessen zukünftig geprägt sein werden.[34]

Der Blick auf die Welt wird in den ersten Lebensjahren geprägt

Es darf begründet angenommen werden, dass eine gute Bildungs- und Erziehungspartnerschaft eine solide Basis für eine gelingende frühkindliche Betreuung und Förderung im Kleinstkindalter darstellt. In gemeinsamer Verantwortung von Eltern und pädagogischen Fachkräften und durch gegenseitige Unterstützung kann die notwendige Feinfühligkeit gegenüber den Bedürfnissen und Entwicklungsbestrebungen des Babys und Kleinstkindes von den Erwachsenen erbracht werden.

5.5 Im Blick: Kinder mit Behinderung

Kinder mit Behinderung sind zunächst einmal Kinder wie alle anderen Kinder auch: Individuen mit eigener Persönlichkeit, mit eigenen Fähigkeiten und Fertigkeiten, Hoffnungen und Wünschen. Mit den spezifischen Herausforderungen, die sie an die Kindertageseinrichtung stellen, sind sie eine Chance für eine gemeinsame Weiterentwicklung aller Beteiligten – für Fachkräfteteam, Elternschaft und Kinder. Mit der 2009 verabschiedeten UN-Konvention über die Rechte von Menschen mit Behinderung[35] wird zunehmend der Ansatz der Inklusion verfolgt. Dabei geht es darum, dass Menschen mit Behinderung in den Alltag aller Menschen integriert werden und entsprechend ihrer individuellen Bedürfnisse eine Unterstützung erfolgt: Inklusion statt Ausgrenzung und Sonderbehandlung (vgl. auch Kapitel 1.4.2). Eine gelingende Bildungs- und Erziehungspartnerschaft mit den Eltern kann dazu beitragen, diesem Anspruch gerecht zu werden. Denn auch für die Eltern gilt:

34 Kobelt-Neuhaus (2011) nimmt die kindlichen Entwicklungsschritte in diesem frühen Lebensalter in den Blick und die Herausforderungen für die Erwachsenen, die sich zusammen mit den Kindern weiterentwickeln wollen.

35 Das Übereinkommen der Vereinten Nationen über die Rechte von Menschen mit Behinderung ist verfügbar unter: http://www.bildungsserver.de/db/mlesen.html?Id=47812&mstn=3.

Sie sind Eltern wie andere Eltern auch. Es ergeben sich jedoch spezifische Aspekte für die Bildungs- und Erziehungspartnerschaft mit den Eltern von Kindern mit Behinderung, weshalb sie hier eigens in den Blick genommen werden.

Kinder, deren Behinderung gleich mit der Geburt oder im frühesten Kindesalter erkannt wurde, bringen oft traumatisierte Mütter und Väter mit in die Kindertageseinrichtung, vorausgesetzt, die Eltern verfügen über den Mut, die Kraft oder haben Unterstützung dabei, ihre Kinder einer Kindertageseinrichtung anzuvertrauen (Kobelt-Neuhaus 2011, S. 88ff.). Für manche dieser Eltern werden die pädagogischen Fachkräfte zu Hoffnungsträgern eines »normalen« Alltags für ihre Kinder. Für die Zusammenarbeit ist es wichtig, dass die pädagogischen Fachkräfte eine Klärung der gegenseitigen Erwartungen und Vorstellungen anstreben – auch, um sich selbst nicht zu überfordern (ebd.). Bei Kindern, deren Behinderung bereits vor der Aufnahme in eine Kindertageseinrichtung festgestellt wurde, ergeben sich zwei Zielperspektiven, die je nach Behinderung und dem sozialen Bedingungsfeld vor Ort miteinander konkurrieren können:

- Die Integration in das »normale« soziale Umfeld, d.h. die konsequente Umsetzung des Inklusions-Gedankens
- Die bestmögliche der Behinderung angemessene spezifische Förderung des Kindes

Eine konsequent inklusive Haltung hat zum Ziel, beide Perspektiven – Aufwachsen im gewohnten sozialen Umfeld sowie bestmögliche behinderungsbedingte Förderung – miteinander zu vereinbaren. Hier ist auf allen Verantwortungsebenen in den kommenden Jahren noch eine engagierte Lernbereitschaft gefragt. Im günstigsten Fall erfolgt eine interdisziplinäre Zusammenarbeit der Kindertageseinrichtung mit Stellen der Frühförderung oder Anbietern anderer Förderangebote, die die Familie bereits seit der Geburt des Kindes kennen und beraten.

Für Kinder, deren Behinderung in einem Alter festgestellt wird, in dem sie bereits eine Kindertageseinrichtung besuchen, ergibt sich meist eine andere Dynamik, da alle Beteiligten sich auf die neue Situation einstellen müssen. Aber auch hier gilt es, dem inklusiven Anspruch zu folgen und bestmögliche Förderbedingungen zu schaffen.

Für die Bildungs- und Erziehungspartnerschaft zwischen den pädagogischen Fachkräften der Kindertageseinrichtung und den Eltern des Kindes mit Behinderung können zusätzliche Aspekte und Perspektiven von Bedeutung sein (Bernitzke & Schlegel 2004, S. 105 ff.; Kobelt-Neuhaus 2012). Je mehr es den pädagogischen Fachkräften gelingt, diese zu erfassen und mit den oft noch wenig vertrauten und manchmal tabuisierten Themen im Sinne einer inklusiven Alltagsgestaltung umzugehen, desto schneller und intensiver können alle Beteiligten erleben, dass die Aufnahme eines Kindes mit Behinderung eine Chance für das gemeinsame Wachsen und Lernen ist. Unter anderem können folgende Aspekte für die Gestaltung der Bildungs- und Erziehungspartnerschaft bedeutsam sein:

- Nicht selten schwingt bei Eltern das Gefühl mit, schuld zu sein an der Behinderung ihres Kindes (Kobelt-Neuhaus 2011, S. 88). Hier gilt es, den Eltern respektvoll und wertschätzend zu begegnen – das Infrage-Stellen der Schuldgefühle oder der Versuch, sie den Eltern auszureden, hilft nicht. Anzuerkennen, dass es ist, wie es ist (vgl. Kapitel 1.4.1 & 3.1.2), ermöglicht am ehesten, dass Mutter und Vater mit sich selbst barmherziger umgehen können.
- Manche Eltern versuchen, die Behinderung oder die Bedrohung einer möglichen Behinderung ihres Kindes zu leugnen. Dies kann nicht selten bei Frühchen, also bei Kindern, die sehr früh geboren wurden und häufig in unterschiedlicher Weise in den Folgejahren zusätzlicher Förderung bedürfen, beobachtet werden. Hier ist mit Geduld bei den Eltern dafür zu werben, zusätzliche Fachdienste hinzuziehen (vgl. Kapitel 4.4.5), damit die Chancen für das Kind genutzt werden können.
- Der Besuch einer Kindertageseinrichtung kann für Eltern, insbesondere Mütter von Kindern mit schwerer Behinderung in besonderer Weise entlastend wirken. So gewinnen sie vielleicht ein wenig Zeit für sich selbst und können auftanken. Es ist gut, ihnen zu vermitteln, dass sie diese Entlastung annehmen und genießen dürfen. Vielleicht kann so die Freude am eigenen Kind – die bei einer andauernden Überforderung verlorenzugehen droht – gestärkt werden. Dies insbesondere dann, wenn die pädagogische Fachkraft mit einem ressourcenorientierten Blick den Eltern von ihrem Kind und seinem Alltag in der Einrichtung berichtet (vgl. Kapitel 1.4.4 & 4.2.2).

- Eltern von Kindern mit Behinderung haben sich häufig ein umfangreiches Wissen in Bezug auf die diagnostizierte Behinderung angeeignet. Indem die pädagogische Fachkraft sich für dieses Wissen interessiert, wird die Kompetenz der Eltern gestärkt und sie selbst kann eigene Kenntnisse erweitern.
- Manche Eltern von Kindern mit Behinderung finden kaum Zugang zu ihrem Kind. So versorgen sie ihr Kind, können aber keine intensive Beziehung aufbauen. Wenn dies dann der pädagogischen Fachkraft gelingt, tritt bei den Eltern zu möglicherweise vorhandenen Schuldgefühlen noch Neid hinzu. Hier hilft es, dem Tabu mutig entgegenzutreten: Es darf sein, ein Kind nicht lieb haben zu dürfen. Diese Eltern können ermutigt werden, zur eigenen Entlastung für sich selbst Hilfe bei anderen Fachdiensten zu suchen. Aber auch der Kita-Alltag kann Unterstützung bieten: Mutter und Vater können eingeladen werden, gemeinsam mit der pädagogischen Fachkraft auf Forschungsreise zu gehen, was ihr Kind alles kann und an Stärken in sich trägt. Hier kann die Marte-Meo-Methode (vgl. Kapitel 4.1.4) unterstützend wirken.
- Eltern und pädagogische Fachkräfte sind eingebunden in die kontinuierliche Fortschreibung eines sogenannten Teilhabeplans. In Verantwortung des Sozialhilfeträgers setzen sich alle zur Förderung des Kindes eingebundenen Institutionen sowie die Eltern zusammen, um regelmäßig die Entwicklungsfortschritte des Kindes in den Blick zu nehmen und weitere Schritte zur bestmöglichen Teilhabe des Kindes an seinem sozialen Umfeld zu planen. Diese Zusammenkünfte können mit den Eltern in der Kindertageseinrichtung insbesondere anhand der gemeinsamen Beobachtungen in Elternhaus und Kita vorbereitet werden.

Wird erstmalig ein Kind mit Behinderung aufgenommen, so ist dies auch für alle anderen Eltern der Kindertageseinrichtung ein wichtiges Thema. Während die Eltern des Kindes mit Behinderung Sorge haben, dass ihr Kind nicht genügend gefördert wird und in der Gruppe der anderen Kinder untergeht, befürchten umgekehrt Eltern von Kindern ohne Behinderung, dass ihre Kinder zu kurz kommen und sich alles auf das Kind mit Behinderung konzentriert (Kobelt-Neuhaus 2011, S. 89f.). Hier findet ein Elternabend oder ein Gesprächskreis für Eltern sicherlich Interessierte. Wichtig ist dann, dass die Chancen (vgl. Kapitel 1.4.2) für alle gesehen werden können, die in der Aufnahme dieses Kindes liegen. Allen voran sind daher die pädagogischen Fachkräfte gefordert, für sich selbst die Chancen zu benennen oder zu erarbeiten.

5.6 Im Blick: Kindesschutz

Das Angebot der Kindertageseinrichtung beruht auf dem Prinzip der Freiwilligkeit. Es entsteht ein intensiver und kontinuierlicher Kontakt zwischen den pädagogischen Fachkräften, Eltern und Kindern – oftmals über viele Jahre hinweg. Dadurch entwickelt sich Vertrauen zueinander. Ebenso ist die Möglichkeit für die pädagogischen Fachkräfte gegeben, Beeinträchtigungen, Stagnation der Entwicklung oder Veränderungen des Wohls des Kindes oder gar seine Gefährdung wahrzunehmen. Da nahezu jedes Kind eine Kindertageseinrichtung besucht, ist das öffentliche Angebot der Kindertagesbetreuung damit zugleich ein grundlegender Beitrag zum Kindesschutz (Gerstein 2014, S. 92ff.). Entsprechend ist die Aufgabe der Kindertageseinrichtung eine doppelte:

Die Aufgabe der Kita ist eine doppelte: Eltern stärken – Kinder schützen

- Kinder vor Gefahren für ihr Wohl zu schützen, indem zuerst ihre Eltern in ihrer Erziehungsverantwortung gestärkt, gefördert und unterstützt werden. Durch eine gelingende Bildungs- und Erziehungspartnerschaft können Hilfe und Unterstützung zum Schutz der Kinder wirksam werden.
- Kinder vor Gefahren für ihr Wohl zu schützen, wenn Eltern ihrer Erziehungsverantwortung nicht nachkommen können. Dann gilt es, mit den Eltern nach Hilfen zu suchen, um Gefährdungsmomente abzuwenden. Notfalls können und müssen zusätzliche Dienste und das Jugendamt als weitere die Eltern und Kinder unterstützende Instanzen hinzugezogen werden.

Mit der Änderung durch das Bundeskinderschutzgesetz 2012 wurde deutlich gemacht, dass Kindertageseinrichtungen einen eigenständigen, ihren Aufgaben und Möglichkeiten entsprechenden Schutzauftrag haben (ebd.). Dieser ist in § 8a SGB VIII formuliert und verlangt die Berücksichtigung standardisierter Handlungsschritte (Maywald 2011, S. 10):

Handlungsschritte bei einer Kindeswohlgefährdung

- Wahrnehmung gewichtiger Anhaltspunkte und Einschätzung der Gefährdung; sorgfältige Abgrenzung zu problematischen Erziehungssituationen oder unterversorgten Lebenslagen
- Mitteilung an die Einrichtungsleitung; kollegiale Beratung
- Gegebenenfalls Hinzuziehung einer diesbezüglich erfahrenen Fachkraft
- Einbeziehung der Eltern
- Altersangemessene Einbeziehung des Kindes
- Motivierung der Eltern, Hilfen für sich in Anspruch zu nehmen
- Beobachtung, ob die Eltern die Hilfen annehmen und ob diese ausreichend sind, die Gefährdung des Kindes zu vermeiden
- Gegebenenfalls Einbeziehung des Jugendamtes
- Dokumentation der Handlungsschritte

Auf diese standardisierten Handlungsschritte soll hier nicht detailliert eingegangen werden. Vielmehr soll in den Blick genommen werden, wie im Fall einer angenommenen Kindeswohlgefährdung die Bildungs- und Erziehungspartnerschaft zwischen pädagogischen Fachkräften und Eltern berührt ist. Es liegt auf der Hand, dass es beim Kindesschutz Spannungsverhältnisse und Ambivalenzen gibt – zwischen

- dem Elternrecht und dem Wohl des Kindes
- der Stärkung der Erziehungsverantwortung der Eltern und dem Entzug derselben
- der Vertrauensbasis einer Bildungs- und Erziehungspartnerschaft und dem staatlichen Eingriff

Hinzu kommt die persönliche Betroffenheit der pädagogischen Fachkräfte. Die Erkenntnis, dass ein Kind von seinen wichtigsten Bezugspersonen, den eigenen Eltern, die ihm doch Schutz bieten sollen, gefährdet wird, ist für sie vielfach nur schwer erträglich. Dennoch gilt es, diese Spannungen auszuhalten und professionell vorzugehen. Die für die Kindertageseinrichtung professionell zu gestaltende Herausforderung liegt vor allem darin, die vertrauensvolle Kommunikationsebene zu den Eltern aufrechtzuerhalten, um die weitere und zukünftige Zusammenarbeit zu sichern. Dabei kann die innere Vorstellung helfen, dass selbst Eltern, die ihre Kinder gefährden, das Beste für ihre Kinder wünschen, sich dabei jedoch überfordert oder hilflos sehen und erleben. Deshalb schämen sie sich vielfach und haben Angst vor Entblößung ihrer Unfähigkeit oder sehen sich alleine gelassen. Oft stecken diese Eltern in einem Teufelskreis; die Kraft und die Fähigkeiten zum eigenen Entkommen aus diesen Bezügen fehlen ihnen. Ziel des Kindesschutzes ist es nicht, dysfunktionale Familien zu zerschlagen, sondern das Wohl des Kindes *und* die Stärkung der Eltern im Blick zu haben. Kinder wollen, dass Schläge und Misshandlung aufhören, in den seltensten Fällen aber wollen sie eine Trennung von den Eltern. Eine Stärkung der Eltern fördert die Stärkung der Kinder.

Wesentliches Kennzeichen der standardisierten Vorgehensweise in Kindertageseinrichtungen bei Anhaltspunkten für Kindeswohlgefährdung nach § 8a SGB VIII besteht darin, dass die Fallverantwortung und Steuerung zunächst allein in der Zuständigkeit der Kindertageseinrichtung liegen. Solange keine akute Gefährdung vorliegt, bleibt die Kindertageseinrichtung für das weitere Vorgehen allein verantwortlich. Zur Unterstützung kann die Kindertageseinrichtung die nach § 8a SGB VIII vorgesehene »insoweit erfahrene Fachkraft« hinzuziehen. Mit ihr kann vor allem die Frage erörtert werden, ob die Hilfen und Unterstützungen, die die Kindertageseinrichtung den Eltern anbieten kann, ausreichend erscheinen, das Kind vor weiterer Gefährdung zu schützen. Es geht um eine tragfähige Einschätzung und eine Unterstützung in der Handlungsstrategie, nicht darum, dass das Fachkräfteteam den »Fall« an die erfahrene Fachkraft übergibt. Die pädagogischen Fachkräfte der Kindertageseinrichtung müssen am Ende dieser Beratung Sicherheit für die nächsten Schritte gewonnen haben.

Weder das Übergehen oder eine Bagatellisierung einer Gefährdungssituation, um dadurch zum Beispiel die Beziehung zu den Eltern vermeintlich nicht zu gefährden, noch panisches Überreagieren oder Schuldvorwürfe sind professionell angemessene Strategien. Maywald (2011, S. 8) sieht kompetentes Handeln der pädagogischen Fachkraft, wenn

- die Eltern im Rahmen eines strukturierten und zielgerichteten Vorgehens auf die Gefährdung ihres Kindes angesprochen werden,
- die elterliche Verantwortung eingefordert wird,
- mit den Eltern Strategien zur Abwendung der Gefährdung vereinbart werden,
- deren Wirksamkeit überprüft wird,

- bei Bedarf weitere Maßnahmen zum Schutz des Kindes notfalls auch gegen den Willen der Eltern ergriffen werden.

Wenn die Kindertageseinrichtung mit ihren Möglichkeiten, die Eltern so zu unterstützen, dass die Kindeswohlgefährdung überwunden werden kann, an ihre Grenzen stößt, muss das Jugendamt informiert werden, dann allerdings umgehend und zuverlässig. Das im Kindesschutzparagrafen (§ 8a SGB VIII) zum Ausdruck kommende Wächteramt des Staates verfolgt nicht die Überwachung, sondern es geht um Wachsamkeit und daraus folgend um Hilfe und Unterstützung in Eskalationsstufen. Vor Einbeziehung des Jugendamtes sollten die Eltern darüber in Kenntnis gesetzt werden. Diese Gespräche sollten die Leitung der Kindertageseinrichtung und eine den Eltern vertraute pädagogische Fachkraft führen und gut vorbereitet werden (vgl. Kapitel 4.4.2). Ein Gespräch mit den Eltern darf nur dann unterlassen werden, wenn es begründete Annahmen dafür gibt, dass dieses die Kinder noch mehr gefährden würde. Sinnvoll ist es, die Information des Jugendamtes möglichst in einem gemeinsamen Gespräch zwischen Eltern, Kindertageseinrichtung und Jugendamt erfolgen zu lassen.

Das staatliche Wächteramt versteht sich als öffentliche Wachsamkeit, nicht als Überwachung

Ist das Kindeswohl gefährdet, sieht sich der Staat in der Pflicht, tätig zu werden (vgl. Kapitel 2.1). Die rechtliche Regelung (§ 8a SGB VIII) sieht Eskalationsstufen vor, die im äußersten Fall Maßnahmen gegen die Eltern und ihren Willen vorsehen, bis hin zur Inobhutnahme des Kindes und dem Entzug des Sorgerechts der Eltern. Für die konkrete Umsetzung des § 8a SGB VIII ist der örtliche Träger der öffentlichen Jugendhilfe (Jugendamt) verantwortlich. Mit freien Trägern werden entsprechende Vereinbarungen getroffen.

Auch in diesen Grenzfällen der Bildungs- und Erziehungspartnerschaft mit den Eltern gilt es, als professionelle pädagogische Fachkraft dem Grundverständnis einer respektvollen und wertschätzenden, ressourcenorientierten und dialogischen Haltung zu folgen (vgl. Kapitel 1.4). So kann für alle Beteiligten die Hoffnung auf eine gelingende Zukunft gestärkt werden.

Literatur

Ahnert, Lieselotte (2005): Entwicklungspsychologische Erfordernisse bei der Gestaltung von Betreuungs- und Bildungsangeboten im Kleinkind- und Vorschulalter. In: Sachverständigenkommission Zwölfter Kinder- und Jugendbericht (Hrsg.): Bildung, Betreuung und Erziehung von Kindern unter sechs Jahren. München: Verlag Deutsches Jugendinstitut (DJI), 9–54.

Ahnert, Lieselotte (2010): Wieviel Mutter braucht ein Kind? Bindung – Bildung – Betreuung: öffentlich und privat. Heidelberg: Spektrum Akademischer Verlag.

Armbruster, Meinrad (2006): Eltern-AG. Das Empowerment-Programm für mehr Elternkompetenz in Problemfamilien. Heidelberg: Carl Auer.

Azun, Serap (2013): Zusammenarbeit mit Eltern: Respekt für jedes Kind – Respekt für jede Familie. In: Wagner, Petra (Hrsg.): Handbuch Inklusion. Grundlagen vorurteilsbewusster Bildung und Erziehung. Freiburg i. Br.: Herder, 222–241.

Bach, Markus (2012): Marte Meo – Dialoge bewusst gestalten. Kindertagesstätten als Orte gelingender Verständigung. In: Förster, Charis; Hammes-di Bernardo, Eva; Wünsche, Michael (Hrsg.): Dialog gestalten. Kommunikation im pädagogischen Kontext. Weimar und Berlin: verlag das netz, 40–44.

Bauer, Petra; Brunner, Ewald Johannes (Hrsg.) (2006): Elternpädagogik. Von der Elternarbeit zur Erziehungspartnerschaft. Freiburg i. Br.: Lambertus.

Becker-Stoll, Fabienne; Niesel, Renate; Wertfein, Monika (2014): Handbuch Kinderkrippe. So gelingt Qualität in der Tagesbetreuung. Freiburg i. Br.: Herder.

Bernitzke, Fred; Schlegel, Peter (2004): Das Handbuch der Elternarbeit. Troisdorf: Bildungsverlag EINS.

Berth, Felix (2011): Die Verschwendung der Kindheit. Wie Deutschland seinen Wohlstand verschleudert. Weinheim und Basel: Beltz.

Borke, Jörn (2013): Der interkulturelle Aspekt in den Bildungs- und Orientierungsplänen. In: Keller, Heidi (Hrsg.): Interkulturelle Praxis in der Kita. Wissen – Haltung – Können. Niedersächsisches Institut für frühkindliche Bildung und Entwicklung (*nifbe*). Freiburg, Basel, Wien: Herder.

Born, Ronja; Dirscherl, Thomas (2013): Praxisportrait: Gemeinsam liebend gern erziehen lernen: Das Tripl P-Gruppentraining mit Eltern. In: Stange, Waldemar; Krüger, Rolf; Henschel, Angelika; Schmitt, Christof (Hrsg.):

Erziehungs- und Bildungspartnerschaften. Praxisbuch zur Elternarbeit. Wiesbaden: Springer VS, 361–365.

Bostelmann, Antje (Hrsg.) (2007): Achtung Eltern! – Im Kindergarten. Typische Konflikte mit Eltern, und wie man damit umgeht. Mülheim a. d. Ruhr: Verlag an der Ruhr.

Brock, Inés (2012): Frühpädagogische Fachkräfte und Eltern – Psychodynamische Aspekte der Zusammenarbeit. Eine Expertise der Weiterbildungsinitiative Frühpädagogische Fachkräfte (WIFF). München: Deutsches Jugendinstitut.

Bronfenbrenner, Urie (1989): Die Ökologie der menschlichen Entwicklung. Natürliche und geplante Experimente (Originaltitel: The Ecology of Human Development; Experiments by Nature and Design; Erstveröffentlichung 1979). Frankfurt a. M.: Fischer.

Buber, Martin (2008; Erstveröffentlichung 1923): Ich und Du. Stuttgart: Reclam.

Buck, Michael (2013): Praxisportrait: HIPPY – Home Instructions for Parents of Preeschool Youngsters. In: Stange, Waldemar; Krüger, Rolf; Henschel, Angelika; Schmitt, Christof (Hrsg.): Erziehungs- und Bildungspartnerschaften. Praxisbuch zur Elternarbeit. Wiesbaden: Springer VS, 176–179.

Bühler-Niederberger, Doris (2013): Familie und Kindheit aus soziologischer Sicht. Zwischen Individualisierung und Statusplatzierung. In: Förster, Charis; Höhn, Kariane; Schreiner, Sonja A. (Hrsg.): Kindheitsbilder – Familienrealitäten. Prägende Elemente in der pädagogischen Arbeit. Freiburg, Basel, Wien: Herder, 83–90.

Bundesministerium für Familie, Senioren, Frauen und Jugend (BMFSFJ) (2005a): Siebter Familienbericht. Familie zwischen Flexibilität und Verlässlichkeit. Perspektiven für eine lebenslaufbezogene Familienpolitik. Berlin. Verfügbar unter: http://www.bmfsfj.de/doku/Publikationen/familienbericht/download/familienbericht_gesamt.pdf.

Bundesministerium für Familie, Senioren, Frauen und Jugend (BMFSFJ) (2005b): Stärkung familialer Beziehungs- und Erziehungskompetenzen. Kurzfassung eines Gutachtens des Wissenschaftlichen Beirats für Familienfragen des Bundesministeriums für Familie, Senioren, Frauen und Jugend. Berlin. Verfügbar unter: http://www.bmfsfj.de/RedaktionBMFSFJ/Broschuerenstelle/Pdf-Anlagen/St_C3_A4rkung-familialer-Beziehungs-und-Erziehungskompetenzen,property=pdf,bereich=bmfsfj,sprache=de,rwb=true.pdf.

Bundesministerium für Familie, Senioren, Frauen und Jugend (BMFSFJ) (2012a): Achter Familienbericht. Zeit für Familie. Familienzeitpolitik als Chance einer nachhaltigen Familienpolitik. Berlin. Verfügbar unter: http://

www.bmfsfj.de/RedaktionBMFSFJ/Broschuerenstlle/Pdf-Anlagen/8.-Familienbericht,property=pdf,bereich=bmfsfj,sprache=de,rwb=true.pdf.

Bundesministerium für Familie, Senioren, Frauen und Jugend (BMFSFJ) (2012b): Familienreport 2012. Leistungen, Wirkungen, Trends. Berlin. Verfügbar unter: http://www.bmfsfj.de/RedaktionBMFSFJ/Broschuerenstelle/Pdf-Anlagen/Familienreport-2012,property=pdf,bereich=bmfsfj,sprache=de,rwb=true.pdf.

Bundesministerium für Familie, Senioren, Frauen und Jugend (BMFSFJ) (2012c): Ausgeübte Erwerbstätigkeit von Müttern. Erwerbstätigkeit, Erwerbsumfang und Erwerbsvolumen 2010. Dosier. Berlin. Verfügbar unter: http://www.bmfsfj.de/RedaktionBMFSFJ/Broschuerenstelle/Pdf-Anlagen/Ausge_C3_BCbte-Erwerbst_C3_A4tigkeit-von-M_C3_BCttern,property=pdf,bereich=bmfsfj,sprache=de,rwb=true.pdf.

Bundesministerium für Familie, Senioren, Frauen und Jugend (BMFSFJ) (2013): 14. Kinder- und Jugendbericht. Bericht über die Lebenssituation junger Menschen und die Leistungen der Kinder- und Jugendhilfe in Deutschland. Berlin. Verfügbar unter: http://www.bmfsfj.de/RedaktionBMFSFJ/Broschuerenstelle/Pdf-Anlagen/14-Kinder-und-Jugendbericht,property=pdf,bereich=bmfsfj,sprache=de,rwb=true.pdf.

Cloos, Peter; Karner, Britta (Hrsg.) (2010): Erziehung und Bildung von Kindern als gemeinsames Projekt. Zum Verhältnis familialer Erziehung und öffentlicher Kinderbetreuung. In: Bock, Karin; Dörr, Margret; Homfeldt, Hans Günther; Schulze-Krüdener, Jörgen; Thole, Werner (Hrsg.): Grundlagen der Sozialen Arbeit. Band 25. Baltmannsweiler: Schneider-Verlag Hohengehren.

Conrad-Ladwein, Annelie; Lappehsen-Lengler, Dorothee; Wagner, Theresia (2009): Liebevoll und kompetent. Die Erziehungsbasics für Eltern. Freiburg i. Br.: Herder.

Daveri, Livia (2013): Praxisportrait: Sprachliche Bildung und Elternbildung im Elementarbereich – am Beispiel RUCKSACK KiTa. In: Stange, Waldemar; Krüger, Rolf; Henschel, Angelika; Schmitt, Christof (Hrsg.): Erziehungs- und Bildungspartnerschaften. Praxisbuch zur Elternarbeit. Wiesbaden: Springer VS, 180–188.

Denkwerk Zukunft. Stiftung Kulturelle Erneuerung (2013): Weichen stellen – Wege zu zukünftigen Lebensweisen. Vortrag und Diskussion mit Gerald Hüther: Einladen – Ermutigen – Inspirieren. Filmausschnitte. Verfügbar unter: http://www.youtube.com/watch?v=jgenNUtoSyI (verwiesen sei insbesondere auf Minute 10:45 und Minute 14:18).

Derman-Sparks, Louise (2013): Anti-Bias Education for Everyone – Vorurteilsbewusste Bildung und Erziehung für alle. In: Wagner, Petra (Hrsg.):

Handbuch Inklusion. Grundlagen vorurteilsbewusster Bildung und Erziehung. Freiburg i. Br.: Herder, 279–294.

Deutsches Jugendinstitut (DJI) (Hrsg.) (2011): Zusammenarbeit mit Eltern. Grundlagen für die kompetenzorientierte Weiterbildung. Ein Wegweiser der Weiterbildungsinitiative Frühpädagogische Fachkräfte (WIFF). München. Verfügbar unter: http://www.weiterbildungsinitiative.de/uploads/media/WiFF_Wegweiser_3_Zusammenarbeit_mit_Eltern_Internet.pdf.

Diller, Angelika (2006): Eltern-Kind-Zentren. Grundlagen und Rechercheergebnisse. München: Deutsches Jugendinstitut (DJI).

Diller, Angelika; Schelle, Regine (2013): Von der Kita zum Familienzentrum. In: kindergarten heute. Management kompakt. Themenheft zu Methoden der Organisation. Freiburg i. Br.: Herder.

Elschenbroich, Donata; Schweitzer, Otto (1995): Anleitung zur Neugier. Aufwachsen und lernen in Japan. Drei Stationen japanischer Kindheit, drei Stationen der Einführung in eine penibel strukturierte Gesellschaft – aber auch drei Stationen eines sorgfältigen Aufbaus einer Grammatik der Neugier, der geschätzt-selbständigen Eroberung von Lebenskreisen, von Weltwissen. Ein Film. München: Deutsches Jugendinstitut (DJI).

Friederich, Tina (2011): Zusammenarbeit mit Eltern – Anforderungen an frühpädagogische Fachkräfte. Eine Expertise der Weiterbildungsinitiative Frühpädagogische Fachkräfte (WIFF). München: Deutsches Jugendinstitut (DJI). Verfügbar unter: http://www.weiterbildungsinitiative.de/uploads/media/WiFF_Expertise_Friederich.pdf.

Fröhlich-Gildhoff, Klaus; Kraus, Gabriele; Rönnau, Maike (2006): Gemeinsam auf dem Weg. Eltern und ErzieherInnen gestalten Erziehungspartnerschaft. In: kindergarten heute, Heft 10. Freiburg i. Br.: Herder, 6–15.

Fröhlich-Gildhoff, Klaus; Pietsch, Stefanie; Wünsche, Michael; Rönnau-Böse, Maike (Hrsg.) (2011): Zusammenarbeit mit Eltern in Kindertageseinrichtungen. Ein Curriculum für die Aus- und Weiterbildung. In: Fröhlich-Gildhoff, Klaus (Hrsg.): Materialien zur Frühpädagogik, Band 7. Zentrum für Kinder- und Jugendforschung (ZfKJ), Evangelische Hochschule Freiburg. Freiburg: Verlag Forschung – Entwicklung – Lehre (FEL).

Fthenakis, Wassilios E. (2008): Bildung von Anfang an: Bildungskonzepte für Kinder unter sechs Jahren aus internationaler und nationaler Perspektive. In: Hoppe, Manfred; Schack, Axel (Hrsg.): Rohstoff Bildung: Lebenslang lernen. Wiesbadener Gespräche zur Sozialpolitik. Heidelberg: Haefner, 135–166.

Fthenakis, Wassilios E.; Hanssen, Kirsten; Oberhuemer, Pamela; Schreyer, Inge (2009[2]) (Hrsg.): Träger zeigen Profil. Qualitätshandbuch für Träger von Kindertageseinrichtungen. Berlin: Cornelsen.

Gauly, Burkhard; Groß, Willi (2007): »Wir sind Eltern!« Stärkung der Elternbeiratsarbeit. In: Hartmann, Susanne; Hohl, Georg; Renk, Peter; Scherer, Peter A.; Walker, Ute (Hrsg.): Gemeinsam für das Kind. Erziehungspartnerschaft und Elternbildung im Kindergarten. Berlin: verlag das netz, 98–106.

Gernhardt, Ariane (2012): Kinderzeich(n)en. Kindliches Zeichnen im kulturellen Kontext. Niedersächsisches Institut für frühkindliche Bildung (*nifbe*). *nifbe*-Themenheft Nr. 10. Osnabrück: *nifbe*. Download im Internet.

Gernhardt, Ariane; Herrmann, Karsten; Korte-Rüther, Maria (2013): Interkulturelle Kompetenz in der Kita. Niedersächsisches Institut für frühkindliche Bildung (*nifbe*). *nifbe*-Themenheft Nr. 16. Osnabrück: *nifbe*. Download im Internet.

Gerstein, Hartmut (2014, Veröffentlichung in Vorbereitung): Kleine Rechtskunde für pädagogische Fachkräfte in Kitas. Berlin: Cornelsen.

Goleman, Daniel (2004[16]; Erstveröffentlichung 1995): Emotionale Intelligenz. München: Deutscher Taschenbuch Verlag.

Griebel, Wilfried; Niesel, Renate (2011): Übergänge verstehen und begleiten. Transitionen in der Bildungslaufbahn von Kindern. Berlin: Cornelsen.

Groot-Wilken, Bernd; Warda, Leslie (2009[4]): Entwicklungsgespräche in Kindergarten und Kita. Vorbereiten – durchführen, dokumentieren. Freiburg i. Br.: Herder.

Grote, Christoph (2012): Zusammen wachsen – Väter in Erziehungspartnerschaften. In: Stange, Waldemar; Krüger, Rolf; Henschel, Angelika; Schmitt, Christof (Hrsg.): Erziehungs- und Bildungspartnerschaften. Grundlagen und Strukturen von Elternarbeit. Wiesbaden: Springer VS, 320–325.

Gudjohns, Herbert; Wagener-Gudjohns, Birgit; Pieper, Marianne (2008): Auf meinen Spuren. Übungen zur Biografiearbeit. Bad Heilbrunn: Julius Klinkhardt.

Haas, Jürgen (2010): Kinder haben Väter. Impulse für eine Verstärkung der Arbeit mit Vätern in Kindertageseinrichtungen und Familienzentren. In: KiTa aktuell, NRW, 10/2010. Kronach: Wolters Kluwer / Carl Link.

Hahn, Ulla (2001): Das verborgene Wort. München: Deutscher Taschenbuch Verlag.

Hess, Simone (2012) (Hrsg.): Grundwissen – Zusammenarbeit mit Eltern in Kindertageseinrichtungen und Familienzentren. Berlin: Cornelsen.

Hoenisch-Pomeroy, Nancy (2008): Ich folgte meinem Herzen oder: Wie ich lernte, die Familien meiner Kindergartenkinder in die Erziehung ihrer Kinder miteinzubeziehen. In: Diskowski, Detlef; Pesch, Ludger (Hrsg.):

Familien stützen – Kinder schützen. Was Kitas beitragen können. Weimar und Berlin: verlag das netz.

Honig, Michael-Sebastian (2004): Was ist ein guter Kindergarten? Theoretische und empirische Analysen zum Qualitätsbegriff in der Pädagogik. Weinheim / München: Juventa.

Hüther, Gerald (2009): Die Macht der inneren Bilder. Wie Visionen das Gehirn, den Menschen und die Welt verändern. Göttingen: Vandenhoeck & Ruprecht.

Joos, Magdalena; Betz, Tanja (2004): Gleiche Qualität für alle? Ethnische Diversität als Determinante der Perspektivität von Qualitätsurteilen und -praktiken. In: Honig, Michael-Sebastian: Was ist ein guter Kindergarten? Theoretische und empirische Analysen zum Qualitätsbegriff in der Pädagogik. Weinheim / München: Juventa, 69–99.

Jugendministerkonferenz (JFMK) (2004): Gemeinsamer Rahmen der Länder für die frühe Bildung in Kindertageseinrichtungen. Beschluss vom 13./14.05.2004. Zugleich Beschluss der Kultusministerkonferenz vom 03./04.06.2004. Verfügbar unter: http://www.kmk.org/fileadmin/veroeffentlichungen_beschluesse/2004/2004_06_04-Fruehe-Bildung-Kitas.pdf.

Jugend- und Familienministerkonferenz (JFMK) (2009): Den Übergang von Tageseinrichtung für Kinder in die Grundschule sinnvoll und wirksam gestalten – Das Zusammenwirken von Elementarbereich und Primarstufe optimieren. Beschluss vom 05.06.2009. Zugleich Beschluss der Kultusministerkonferenz (KMK) vom 18.06.2009. Verfügbar unter: http://www.kmk.org/fileadmin/veroeffentlichungen_beschluesse/2009/2009_06_18-Uebergang-Tageseinrichtungen-Grundschule.pdf.

Jurczyk, Karin (2013): Familienrealitäten heute: Vielfalt, Leistungen, Überforderungen. In: Förster, Charis; Höhn, Kariane; Schreiner, Sonja A. (Hrsg.): Kindheitsbilder – Familienrealitäten. Prägende Elemente in der pädagogischen Arbeit. Freiburg, Basel, Wien: Herder, 62–75.

Jurczyk, Karin; Keddi, Barbara; Lange, Andreas; Zerle, Claudia (2009): Zur Herstellung von Familie. In: Deutsches Jugendinstitut (DJI): Bulletin 88 PLUS, 4/2009. München. Verfügbar unter: http://www.dji.de/bulletin/d_bull_d/bull88_d/DJIB_88.pdf.

Kalicki, Bernhard (2006): Ansätze der Familienbildung in Kindertageseinrichtungen. In: Textor, Martin R. (Hrsg.): Erziehungs- und Bildungspartnerschaft mit Eltern. Gemeinsam Verantwortung übernehmen. Freiburg i. Br.: Herder, 122–134.

Kebbe, Anne (2009a): Stärken wahrnehmen und stärken. In: Viernickel, Susanne (Hrsg.): Beobachtung und Erziehungspartnerschaft. Offensive Bildung. Berlin: Cornelsen, 66–97.

Kebbe, Anne (2009b): Konzeptionelle und methodische Stützpfeiler für Beobachtung, Dokumentation und Erziehungspartnerschaft. In: Viernickel, Susanne (Hrsg.): Beobachtung und Erziehungspartnerschaft. Offensive Bildung. Berlin: Cornelsen, 162–180.

Kebbe, Anne; Reemen, Doris (2009): Entwicklung und Gestaltung von Erziehungspartnerschaften. In: Viernickel, Susanne (Hrsg.): Beobachtung und Erziehungspartnerschaft. Offensive Bildung. Berlin: Cornelsen, 121–142.

Keller, Heidi (2011): Kinderalltag. Kulturen der Kindheit und ihre Bedeutung für Bindung, Bildung und Erziehung. Berlin, Heidelberg: Springer.

Keller, Heidi (2013) (Hrsg.): Interkulturelle Praxis in der Kita. Wissen – Haltung – Können. Niedersächsisches Institut für frühkindliche Bildung und Entwicklung (*nifbe*). Freiburg, Basel, Wien: Herder.

Kindl-Beilfuß, Carmen (2011[3]): Fragen können wie Küsse schmecken. Systemische Fragetechniken für Anfänger und Fortgeschrittene. Heidelberg: Carl Auer.

Klein, Lothar; Vogt, Herbert (2008): Eltern in der Kita. Schwierigkeiten meistern – Kommunikation entwickeln. Seelze-Velber: Kallmeyer in Verbindung mit Klett.

Kobelt-Neuhaus, Daniela (2011): Im Dialog mit den Eltern 0- bis 3-Jähriger. Wie Erziehungspartnerschaft gelingen kann. Berlin: Cornelsen.

Kobelt-Neuhaus, Daniela (2012): Erziehungspartnerschaft mit Eltern von Kindern mit Behinderung. In: Hess, Simone (Hrsg.): Grundwissen – Zusammenarbeit mit Eltern in Kindertageseinrichtungen und Familienzentren. Berlin: Cornelsen, 84–96.

Krenz, Armin (Hrsg.) (2007): Psychologie für Erzieherinnen und Erzieher. Grundlagen für die Praxis. Berlin: Cornelsen.

Laewen, Hans-Joachim; Andres, Beate; Hédervári, Éva (2011[7]): Die ersten Tage – ein Modell zur Eingewöhnung in Krippe und Tagespflege. Berlin: Cornelsen.

Landesamt für Soziales, Jugend und Versorgung (2008): Kindorientierte Hilfen bei Trennung und Scheidung durch Vernetzung von Familiengerichten, Anwälten, Jugendämtern, Beratungsstellen, Kindertagesstätten und Schulen. Beschluss des Landesjugendhilfeausschusses vom 11.02.2008. Download verfügbar im Internet.

Leu, Hans Rudolf; Flämig, Katja; Frankenstein, Yvonne; Koch, Sandra; Pack, Irene; Schneider, Kornelia; Schweiger, Martina (2007): Bildungs- und Lerngeschichten. Bildungsprozesse in früher Kindheit beobachten, dokumentieren und unterstützen. Deutsches Jugendinstitut. Weimar und Berlin: verlag das netz.

Liegle, Ludwig (2013): Frühpädagogik. Erziehung und Bildung kleiner Kinder. Ein dialogischer Ansatz. Stuttgart: Kohlhammer.

Lindner, Ulrike (2013): Klare Worte finden. Elterngespräche in der Kita. Professionell vorbereiten – kompetent kommunizieren – Konflikte entschärfen. Mühlheim a. d. Ruhr: Verlag an der Ruhr.

Lorenz, Sigrid (2008): Rückenwind für die Arbeit. Elternbefragungen bringen Erzieherinnen voran. In: kindergarten heute 6-7/2008. Freiburg i. Br.: Herder, 18–22.

Maslow, Abraham H. (1981[12]): Motivation und Persönlichkeit (Originaltitel: Motivation and Personality; amerikanische Erstausgabe 1954). Reinbek bei Hamburg: Rowohlt.

Maywald, Jörg (2011): Kindeswohlgefährdung. Die Rolle der Kindertageseinrichtung – Anforderungen an Fachkräfte. Eine Expertise der Weiterbildungsinitiative Frühpädagogische Fachkräfte (WIFF). München: Deutsches Jugendinstitut (DJI). Verfügbar unter: http://www.weiterbildungsinitiative.de/uploads/media/WiFF_Expertise_8_Maywald_Internet.pdf.

Merz, Christine; Schmidt, Hartmut W. (2008[2]): Lernschritte ins Leben. Entwicklungspsychologische Stationen in Bildern. Freiburg i. Br.: Herder.

Monzel, Bianca (2012): Die Kooperation von Kitas und Grundschulen. Herausforderungen und Chancen. In: Förster, Charis; Hammes-di Bernardo, Eva; Wünsche, Michael (Hrsg.): Dialog gestalten. Kommunikation im pädagogischen Kontext. Weimar und Berlin: verlag das netz, 118–125.

Nentwig-Gesemann, Iris; Fröhlich-Gildhoff, Klaus; Harms, Henriette; Richter, Sandra (2011): Professionelle Haltung – Identität der Fachkraft für die Arbeit mit Kindern in den ersten drei Lebensjahren. Eine Expertise der Weiterbildungsinitiative Frühpädagogische Fachkräfte (WIFF). München: Deutsches Jugendinstitut (DJI).

Neumann, Karl (2010): Frühpädagogische Ansätze und Programme und ihre Bestimmungen des Verhältnisses von öffentlicher und privater Erziehung. In: Cloos, Peter; Karner, Britta (Hrsg.): Erziehung und Bildung von Kindern als gemeinsames Projekt. Zum Verhältnis familialer Erziehung und öffentlicher Kinderbetreuung. In: Bock, Karin; Dörr, Margret; Homfeldt, Hans Günther; Schulze-Krüdener, Jörgen; Thole, Werner (Hrsg.): Grundlagen der Sozialen Arbeit. Band 25. Baltmannsweiler: Schneider-Verlag Hohengehren, 80–97.

Nowak, Inge (2013): Praxisportrait. Bilder sprechen mehr als tausend Worte – Marte Meo – eine entwicklungsfördernde Methode. In: Stange, Waldemar; Krüger, Rolf; Henschel, Angelika; Schmitt, Christof (Hrsg.): Erziehungs- und Bildungspartnerschaften. Praxisbuch zur Elternarbeit. Wiesbaden: Springer VS, 290–296.

OECD (2004): Die Politik der frühkindlichen Betreuung, Bildung und Erziehung in der Bundesrepublik Deutschland. Ein Länderbericht der Organisation für wirtschaftliche Zusammenarbeit und Entwicklung (OECD).

Otremba, Katrin (2013): Kinder mit Migrationshintergrund in der Bevölkerung. In: Cinar, Melihan; Otremba, Katrin; Stürzer, Monika; Bruhns, Kirsten: Kinder-Migrationsreport. Ein Daten- und Forschungsüberblick zu Lebenslagen und Lebenswelten von Kindern mit Migrationshintergrund. München: Deutsches Jugendinstitut (DJI), 14–22. Verfügbar unter: http://www.dji.de/bibs/Kinder-Migrationsreport.pdf.

Otto, Hiltrud; Keller, Heidi (2012): Bindung und Kultur. Niedersächsisches Institut für frühkindliche Bildung (*nifbe*). *nifbe*-Themenheft Nr. 1. Osnabrück: *nifbe*. Download im Internet.

Pietsch, Stefanie; Ziesemer, Sonja; Fröhlich-Gildhoff, Klaus (2010): Zusammenarbeit mit Eltern in Kindertageseinrichtungen – Internationale Perspektiven. Ein Überblick: Studien und Forschungsergebnisse. Eine Expertise der Weiterbildungsinitiative Frühpädagogische Fachkräfte (WIFF). München: Deutsches Jugendinstitut (DJI). Verfügbar unter: http://www.weiterbildungsinitiative.de/uploads/media/WiFF_Expertise_7_Froehlich-Gildhoff.pdf.

Preiß, Christine (2013): Bildung, Betreuung und Erziehung in der Einwanderungsgesellschaft. Hintergründe und bildungspolitische Ansätze. Eine Expertise der Weiterbildungsinitiative Frühpädagogische Fachkräfte (WIFF). München: Deutsches Jugendinstitut (DJI). Verfügbar unter: http://www.weiterbildungsinitiative.de/uploads/media/Exp_31_Preiss.pdf.

Prott, Roger; Hautumm, Annette (2004): 12 Prinzipien für eine erfolgreiche Zusammenarbeit von Erzieherinnen und Eltern. In: Betrifft Kinder extra. Berlin: verlag das netz.

Renoldner, Christa; Scala, Eva; Rabenstein, Reinhold (2007): einfach systemisch! Systemische Grundlagen & Methoden für Ihre pädagogische Arbeit. Münster: Ökotopia.

Rogers, Carl R. (1985): Entwicklung der Persönlichkeit. (Originaltitel: On Becoming a Person. A Therapist's View of Psychotherapy; amerikanische Erstausgabe 1961). Stuttgart: Ernst Klett.

Roth, Xenia (2011): Warum mit Eltern zusammenarbeiten? In: KiTa aktuell, HRS, 09.2011. Kronach: Carl Link, 207–209.

Roth, Xenia (2012a): Die Zusammenarbeit mit Eltern in Kindertageseinrichtungen: Fachpolitische Perspektiven. In: Kalicki, Bernhard; Wehrmann, Ilse; Wüst, Jürgen (Hrsg.): Familien- und Bildungspolitik im Wandel. Eine Zwischenbilanz. Weimar und Berlin: verlag das netz, 71–77.

Roth, Xenia (2012b): Im Blick – Die Zusammenarbeit mit Eltern. Mit Familien im Dialog. In: Förster, Charis; Hammes-di Bernardo, Eva; Wünsche, Michael (Hrsg.): Dialog gestalten. Kommunikation im pädagogischen Kontext. Weimar und Berlin: verlag das netz, 106–115.

Roth, Xenia (2013): Quereinstiege – eine ressourcenorientierte Betrachtung. In: Frühe Bildung. Interdisziplinäre Zeitschrift für Forschung, Ausbildung und Praxis. 2. Jahrgang, Heft 2. Göttingen: Hogrefe, 92–97.

Sachverständigenrat deutscher Stiftungen für Integration und Migration (SVR) (2013): Hürdenlauf zur Kita: Warum Eltern mit Migrationshintergrund ihr Kind seltener in die frühkindliche Tagesbetreuung schicken. Berlin.

Sann, Alexandra (2013): Praxisportrait. Spielend lernen mit Opstapje. In: Stange, Waldemar; Krüger, Rolf; Henschel, Angelika; Schmitt, Christof (Hrsg.): Erziehungs- und Bildungspartnerschaften. Praxisbuch zur Elternarbeit. Wiesbaden: Springer VS, 115–122.

Schlösser, Elke (2004): Zusammenarbeit mit Eltern – interkulturell. Informationen und Methoden zur Kooperation mit deutschen und zugewanderten Eltern in Kindergarten, Grundschule und Familienbildung. Reihe: Pädagogische Kompetenz. Band 1. Münster: Ökotopia.

Schreiber, Norbert (2004): Qualität von was? Qualität wozu? Zur Perspektivität von Eltern- und Erzieherinnenurteilen. In: Honig, Michael-Sebastian: Was ist ein guter Kindergarten? Theoretische und empirische Analysen zum Qualitätsbegriff in der Pädagogik. Weinheim / München: Juventa, 39–59.

Schreiner, Sonja A. (2009): Arbeitszeiten – Kita-Zeiten – Familienzeiten. In: Bethke, Christian; Schreiner, Sonja A. (Hrsg.): Die Jüngsten kommen. Weimar und Berlin: verlag das netz, 64–71.

Schröder, Lisa; Keller, Heidi (2012): Alltagsbasierte Sprachbildung. Niedersächsisches Institut für frühkindliche Bildung (*nifbe*). *nifbe*-Themenheft Nr. 6. Osnabrück: *nifbe*. Download im Internet.

Schulz, Andreas (2012): Professionelle Gesprächsführung mit Eltern. Grundlagen und Empfehlungen für erfolgreiche Elterngespräche. Köln, Kronach: Carl Link / Wolters Kluwer.

Schulz von Thun, Friedemann (2010a[48]; Erstveröffentlichung 1981): Miteinander reden: 1. Störungen und Klärungen. Allgemeine Psychologie der Kommunikation. Reinbek: rororo.

Schulz von Thun, Friedemann (2010b[33]; Erstveröffentlichung 1989): Miteinander reden: 2. Stile, Werte und Persönlichkeitsentwicklung. Differentielle Psychologie der Kommunikation. Reinbek: rororo.

Schulz von Thun, Friedemann (2013[22], Erstveröffentlichung 1998): Miteinander reden: 3. Das »Innere Team« und situationsgerechte Kommunikation. Kommunikation, Person, Situation. Reinbek: rororo.

Schwing, Rainer; Fryszer, Andreas (2007[2]): Systemisches Handwerk. Werkzeug für die Praxis. Göttingen: Vandenhoeck & Ruprecht.

Simon, Fritz B. (2006[2]): Gemeinsam sind wir blöd!? Die Intelligenz von Unternehmen, Managern und Märkten. Heidelberg: Carl Auer.

Simon, Fritz B. (2007[4]): Die Kunst, nicht zu lernen. Und andere Paradoxien in Psychotherapie, Management, Politik … Heidelberg: Carl Auer.

Stange, Waldemar; Krüger, Rolf; Henschel, Angelika; Schmitt, Christof (Hrsg.) (2012): Erziehungs- und Bildungspartnerschaften. Grundlagen und Strukturen von Elternarbeit. Wiesbaden: Springer VS.

Stange, Waldemar; Krüger, Rolf; Henschel, Angelika; Schmitt, Christof (Hrsg.) (2013): Erziehungs- und Bildungspartnerschaften. Praxisbuch zur Elternarbeit. Wiesbaden: Springer VS.

Statistisches Bundesamt (2010): Familien mit Migrationshintergrund. Traditionelle Werte zählen. Einsehbar unter: https://www.destatis.de/DE/Publikationen/STATmagazin/Bevoelkerung/2012_03/2012_03Migrationshintergrund.html.

Stolz, Uta (2007): Elternkurse im Kindergarten. Eine weitere Möglichkeit der Elternbildung. In: Hartmann, Susanne; Hohl, Georg; Renk, Peter; Scherer, Peter A.; Walker, Ute (Hrsg.): Gemeinsam für das Kind. Erziehungspartnerschaft und Elternbildung im Kindergarten. Berlin: verlag das netz, 121–126.

Sulzer, Annika (2013): Kulturelle Heterogenität in Kindertageseinrichtungen – Anforderungen an Fachkräfte. In: Weiterbildungsinitiative Frühpädagogische Fachkräfte (WIFF): Inklusion – Kulturelle Heterogenität in Kindertageseinrichungen. Grundlagen für die kompetenzorientierte Weiterbildung. Ein Wegweiser der Weiterbildungsinitiative Frühpädagogische Fachkräfte (WiFF). München: Deutsches Jugendinstitut (DJI), 24–111.

Sylva, Kathy; Taggart, Brenda (2010) (Hrsg.): Frühe Bildung zählt – Das Effective Pre-school and primary Education Project (EPPE) und das Sure Start Programm. Übersetzt von Wolfgang Dohrmann. Berlin: dohrmann.

Textor, Martin R. (2006a) (Hrsg.): Erziehungs- und Bildungspartnerschaft mit Eltern. Gemeinsam Verantwortung übernehmen. Freiburg i. Br.: Herder.

Textor, Martin R. (2006b): Die Zusammenarbeit mit Eltern – aus der Perspektive der Erziehungs- und Bildungspläne der Länder. In: Textor, Martin R. (Hrsg.): Erziehungs- und Bildungspartnerschaft mit Eltern. Gemeinsam Verantwortung übernehmen. Freiburg i. Br.: Herder, 11–31.

Textor, Martin R. (2006c): Die Zusammenarbeit mit Eltern. Formen und Angebote. In: Textor, Martin, R. (Hrsg.): Erziehungs- und Bildungspartnerschaft mit Eltern. Gemeinsam Verantwortung übernehmen. Freiburg i. Br.: Herder, 34–63.

Textor, Martin R. (2006d): Kompetenzen nutzen – Eltern in die pädagogische Arbeit einbinden. In: Textor, Martin R. (Hrsg.): Erziehungs- und Bildungspartnerschaft mit Eltern. Gemeinsam Verantwortung übernehmen. Freiburg i. Br.: Herder, 72–81.

Textor, Martin R. (2006e): Früherkennung – Kooperative Elternberatung und Weitervermittlung. In: Textor, Martin R. (Hrsg.): Erziehungs- und Bildungspartnerschaft mit Eltern. Gemeinsam Verantwortung übernehmen. Freiburg i. Br.: Herder, 101–109.

Textor, Martin R. (2006f): Im Dialog bleiben – Elterngespräche erfolgreich führen. In: Textor, Martin R. (Hrsg.): Erziehungs- und Bildungspartnerschaft mit Eltern. Gemeinsam Verantwortung übernehmen. Freiburg i. Br.: Herder, 110–120.

Textor, Marin R. (2011): Bildungs- und Erziehungspartnerschaft in Kindertageseinrichtungen. Norderstedt: Books on Demand.

Textor, Martin R. (2013): Elternarbeit im Kindergarten. Ziele, Formen, Methoden. Norderstedt: Books on Demand.

Thiersch, Renate (2006): Familie und Kindertageseinrichtungen. In: Bauer, Petra; Brunner, Ewald Johannes (Hrsg.): Elternpädagogik – Von der Elternarbeit zur Erziehungspartnerschaft. Freiburg i. Br.: Lambertus, 80–105.

Tschöpe-Scheffler, Sigrid (2006): Konzepte der Elternbildung. Eine kritische Übersicht. Leverkusen und Berlin: Budrich.

Verlinden, Martin; Külbel, Anke (2005): Väter im Kindergarten. Anregungen für die Zusammenarbeit mit Vätern in Tageseinrichtungen für Kinder. Weinheim und Basel: Beltz.

Wagner, Petra (2013a) (Hrsg.): Handbuch Inklusion. Grundlagen vorurteilsbewusster Bildung und Erziehung. Freiburg i. Br.: Herder.

Wagner, Petra (2013b): Der Ansatz Vorurteilsbewusster Bildung und Erziehung © als inklusives Praxiskonzept. In: Wagner, Petra (Hrsg.): Handbuch Inklusion. Grundlagen vorurteilsbewusster Bildung und Erziehung. Freiburg i. Br.: Herder, 22–41.

Wagner, Petra (2013c): Vielfalt respektieren, Ausgrenzung widerstehen – aber wie kann man das lernen? Konzepte der Aus- und Fortbildung. In: Wagner, Petra (Hrsg.): Handbuch Inklusion. Grundlagen vorurteilsbewusster Bildung und Erziehung. Freiburg i. Br.: Herder, 242–259.

Weber, Kurt (2004): Konflikt- und Beschwerdemanagement. In: kindergarten heute. Basiswissen kita. Freiburg i. Br.: Herder.

Wehinger, Ulrike (2010): Eltern beraten, begeistern, einbeziehen. Beispiele für eine lebendige Erziehungspartnerschaft. In: Groot-Wilken, Bernd (Hrsg.): Kompetenz konkret. Freiburg i. Br.: Herder.

Weinberger, Sabine (2011[13]): Klientenzentrierte Gesprächsführung. Lern- und Praxisanleitung für psychosoziale Berufe. Weinheim und München: Juventa.

Weltzien, Dörte; Albers, Timm (Hrsg.) (2014): Vielfalt und Inklusion. In: kindergarten heute. Wissen kompakt. Freiburg i. Br.: Herder.

Weltzien, Dörte; Kebbe, Anne (2011): Handbuch Gesprächsführung in der Kita. Freiburg, Basel, Wien: Herder.

Welzien, Simone (2006[2]): Familien stärken – von der Kita zum Familienzentrum. In: kindergarten heute. Basiswissen kita. Freiburg i. Br.: Herder.

Wesseln-Borgelt, Gerda (2013): Zusammenarbeit mit Eltern. In: Keller, Heidi (Hrsg.): Interkulturelle Praxis in der Kita. Wissen – Haltung – Können. Niedersächsisches Institut für frühkindliche Bildung und Entwicklung (*nifbe*). Freiburg, Basel, Wien: Herder, 123–133.

Westphal, Manuela; Kämpfe, Karin (2012): Elternarbeit im Bereich Kita: empirische Forschungsergebnisse. In: Stange, Waldemar; Krüger, Rolf; Henschel, Angelika; Schmitt, Christof (Hrsg.): Erziehungs- und Bildungspartnerschaften. Grundlagen und Strukturen von Elternarbeit. Wiesbaden: Springer VS, 244–254.

Viernickel, Susanne (Hrsg.) (2009): Beobachtung und Erziehungspartnerschaft. Offensive Bildung. Berlin: Cornelsen.

Viernickel, Susanne; Schwarz, Stefanie (2009[2]): Schlüssel zu guter Bildung, Erziehung und Betreuung. Wissenschaftliche Parameter zur Bestimmung der Fachkraft-Kind-Relation. Expertise. Berlin: GEW.

World Vision (2007): Kinder in Deutschland 2007. 1. World Vision Kinder-Studie. Frankfurt a. M.: Fischer.

Zimmer, Undine (2013): Nicht von schlechten Eltern. Meine Hartz-IV-Familie. Frankfurt a. M.: S. Fischer.

Weiteres zum Thema Elternarbeit

kindergarten heute –
management kompakt
Wie Sie die Zusammenarbeit mit Eltern professionell gestalten
48 Seiten I Geheftet
ISBN 978-3-451-00244-1

Dieses Heft gibt Ihnen eine Hilfestellung, damit Sie sowohl Ihre bisherige Elternarbeit reflektieren und sich auch konkretes Handwerkszeug aneignen können, wie z.B. Know-how für die Gesprächsführung.

kindergarten heute –
management kompakt
Von der Kita zum Familienzentrum
48 Seiten I Geheftet
ISBN 978-3-451-00288-5

Viele Kitas erweitern ihr Angebot und entwickeln sich weiter zu »Familienzentren«. Das Heft bietet Ihnen als Kita-Leitung fachliche Hilfe für die Steuerung dieses Prozesses. Entscheidende Schritte auf dem Weg und damit verbundene Herausforderungen werden angezeigt und anhand von Umsetzungsideen und Praxisbeispielen vertieft.

In jeder Buchhandlung oder unter www.herder.de

HERDER

Lesen ist Leben